新常态：深化改革与
金融探索

郭 濂 著

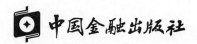
中国金融出版社

责任编辑：张哲强
责任校对：李俊英
责任印制：丁淮宾

图书在版编目（CIP）数据

新常态：深化改革与金融探索（Xinchangtai：Shenhua Gaige yu Jinrong Tansuo）/郭濂著 . —北京：中国金融出版社，2015. 7
ISBN 978 - 7 - 5049 - 7941 - 4

Ⅰ.①新… Ⅱ.①郭… Ⅲ.①金融改革—研究—中国 Ⅳ.①F832.1

中国版本图书馆 CIP 数据核字（2015）第 092712 号

出版
发行　**中国金融出版社**

社址　北京市丰台区益泽路 2 号
市场开发部　（010）63266347，63805472，63439533（传真）
网 上 书 店　http://www.chinafph.com
　　　　　　（010）63286832，63365686（传真）
读者服务部　（010）66070833，62568380
邮编　100071
经销　新华书店
印刷　北京松源印刷有限公司
装订　平阳装订厂
尺寸　169 毫米×239 毫米
印张　16
字数　260 千
版次　2015 年 7 月第 1 版
印次　2015 年 7 月第 1 次印刷
定价　35.00 元
ISBN 978 - 7 - 5049 - 7941 - 4/F. 7501
如出现印装错误本社负责调换　联系电话（010）63263947

序

为建设国家新型一流智库而努力

今年4月，国家开发银行改革方案获得国务院通过，开发性金融机构的定位得以进一步明确，国开行发展迎来了新的发展篇章。

早在1998年，自陈元董事长执掌国家开发银行以来，就把中国的国情和国际金融理论相结合，使国开行实行了从传统政策性的银行向国际一流的开发银行的蜕变，走出一条中国特色的开发性金融的发展之路。现任董事长胡怀邦坚持开发性金融以市场化方式服务于国家战略，他指出，开行既要服务国家战略，又要实现自身的可持续发展和防范金融风险。新时期，国开行在国民经济社会发展中的作用将更加突出。作为实施国家中长期发展战略的投融资主力，着力发挥稳增长和逆周期调节作用，国开行始终是实现中国梦的金融先锋。国开行的作用和它的智库功能密不可分。这一切都需要智库强大的创新力作为支撑。如何进一步加强建设具有中国特色的国开行智库呢？我认为以下几条可供参考：

第一，要加强提升国开行研究工作的地位和作用，其目标是把它建成国家新型一流智库。

第二，国开行智库要为国家深化经济金融改革进行创新性的战略研究，要为国家战略的决策和执行服务。根据开发金融的特征，要深入研究如何做好为基础建设服务，为"一带一路"建设服务。

第三，智库要研究国开行在业务发展中，如何充分体现开发性金融原则。既要充分体现原则的精神和政策，又要充分体现措施的系统性、整体性与协同性，既要考虑局部利益和整体利益，又要考虑短期的利益和长期利益之间的关系。

第四，要把国开行开发性金融的理论做进一步的深化系统研究，与政府合作是开发性金融的核心特征，在全面深化改革的背景下，国开行与政府的合作也面临深刻转型，不仅要处理好政府与市场的关系，还要考虑到产业的升级、结构的调整，特别是二元结构，城乡二元结构的调整。至今"三农"中的很多问题还没有解决。国开行开展的棚户区改造，正在为推动城镇化，为"民生基建"的发展做出努力。

第五，智库要研究产融结合问题，特别是新型城镇化领域、战略性新兴产业和高端制造业领域的产融结合。研究与探索如何推动混合所有制发展。

第六，努力办好"国开智库丛书"。不断提升丛书品牌的知名度，使丛书为国开行和我国的金融领域搭建一个理论和实践，探索与交流的智库思想平台，通过这个平台，为深入研究国开行如何进一步提升开发性金融为实体经济服务，为金融发展服务、为金融转型与创新服务作出贡献。它可以汇集广大国开行全体员工的智慧，而且这里面可以碰撞出火花。当然也要很好地吸收行外的研究力量和成果。

郭濂同志担任国开行研究院常务副院长多年，近年来，研究院的工作取得了比较突出的成绩。他的新书，突出显现了研究院在全面深化改革中，对金融深化改革的探索。书中涉及"全球治理与对外开放"、"产业发展与绿色金融"、"稳增长与调结构"以及"深化改革与机构转型"等方面的内容和对策思考，其中对当前新常态时期经济金融的特点、热点、难点问题，尤其是开发性金融的责任、运行和发展的论述，有许多独到的见解，展现了研究院宽广的研究视野，理论紧密联系实践的学术风格。在此，我祝贺该书的出版，也祝愿国开行智库在新时期能实现更大的发展。祝愿在胡怀邦董事长兼研究院院长的带领下，研究院不断取得新的进步和成绩。

2015 年 5 月于北京

（作者系中国国际金融学会副会长、

2015 年度中国金融学科终身成就奖获得者）

目　　录

第一篇

全球治理与对外开放

第一章　全球治理

TPP 谈判与中国对策[*]

跨太平洋伙伴关系协议（简称 TPP）的目标在于建立亚太区域高标准的经济一体化协定。当前谈判方包括新加坡、文莱、智利、秘鲁、美国、新西兰、澳大利亚、越南、马来西亚、墨西哥、加拿大和日本。以一个区域经济一体化协定来处理在各个方面都差异巨大的多国贸易、投资甚至国内法规标准问题，使得谈判各方不可避免地存在矛盾与冲突。如何正确、客观认识和对待 TPP 在亚太区域经济一体化进程中的地位和作用，是对我国战略与智慧的考验。

美国对华政策的演变与 TPP 的缘起

尽管在不同的历史时期，美国对华政策有不同的表现形式，但由于意识形态差异和其他历史原因，以美国为首的西方国家遏制中国崛起的图谋似乎从来都没有从根本上改变。随着中国经济和军事实力的增强，稳定发展的中国日渐成为世界一支重要的力量。当前，西方又将"中国威胁论"打造为一个热门话题，强调这种威胁不仅仅是经济实力的增长，更包括军事实力的增强以及国际话语权的提高。

自中国加入世贸组织以来，亚太地区经济得到飞速的发展。中国不断增长的经济力量使得中国在亚太地区的影响力不断增强，亚太地区成为当今世界经济的主要动力和增长源。然而，近年来，美国在亚太地区的影响力却呈现急剧下降的趋势，奥巴马政府提出了重返亚太的口号。在所有亚太政策中，最具影响力的莫过于 TPP 协议。美国期望借 TPP 改进和提升美国在这一地区的同盟关系，与地区新兴大国构建更好、更牢靠的关系。

TPP 谈判可能对我国政治经济环境造成叠加影响

TPP 可谓一种新兴的东亚地区机制构建，TPP 谈判自然会对中国在这一地

---

* 本文发表于 2015 年第 2 期的《金融博览》。

区的领导角色产生冲击，很可能对中国在东亚的经济、政治战略产生长远影响。

TPP 是美国"另起炉灶"精心打造的一种新型贸易模式，它在劳工规范、环境产品、知识产权、政府采购、国有企业等问题上设置了严格标准。这些贸易标准，在短期内对于中国都是很难逾越的鸿沟。TPP 生效后，其所产生的贸易转移效应对中国经济的负面影响相当显著，将会挤占中国的出口市场，导致中国出口下降，并影响经济持续稳定增长。

此外，美国以 TPP 为抓手强化与东亚国家的经济联系，分散了区域内经济融合的集中度，从而增加了经济和政治发展并轨难度，使中国的经济实力难以顺利转化为政治影响力，这将对中国在地区政治事务中的建设性作用产生限制。

中国应积极应对 TPP 带来的挑战

积极推动"一带一路"等区域经贸合作发展。当前，亚欧国家都处于经济转型升级的关键阶段，需要进一步激发区域内发展活力与合作潜力。"一带一路"沿线大多是新兴经济体和发展中国家，总人口约 44 亿，经济总量约 21 万亿美元，分别约占全球的 63% 和 29%。这些国家普遍处于经济发展的上升期，开展互利合作的前景广阔。"一带一路"将构筑新一轮对外开放格局，在提升向东开放水平的同时加快向西开放步伐，进而形成海陆统筹、东西互济、面向全球的开放新格局，从而增强中国在国际上的竞争力。

继续深化同东盟"10＋X"合作，分散 TPP 的冲击。中国与东盟自由贸易区的快速建设，对双方经贸联系的加强起到很大的推动作用，中国已经成为东盟的最大贸易伙伴，这为双方在下一阶段的发展打下了坚实的基础。目前，东盟内部参与 TPP 谈判的有新加坡、文莱、马来西亚、越南等国。从东盟的角度看，TPP 谈判会把东盟割裂成 TPP 成员国和非 TPP 成员国两部分，将削弱东盟在经济上的统一性和内部的凝聚力。因此，东盟发起了区域全面经济伙伴关系（RCEP）。对于中国来说，支持 RCEP 可以在一定程度上缓解 TPP 带来的冲击，避免中国在区域经济合作中陷入孤立。

深化推动国内改革，加速向国际规则靠拢。TPP 谈判将带动提升全球大部分经济体的贸易标准，中国通过对 TPP 相关准入标准的研究，可以找到与其他国家的差距和不足。中国的崛起离不开国内持续改革与对外开放，中国应该努力提高自身贸易标准。在条件成熟的情况下，中国同样可以考虑加入 TPP，将 TPP 的制度安排为我所用，为我国开放和改革国内经济服务。

加强科技创新，建设创新导向的市场发展机制。当前，新一轮科技革命和产业变革正在全球孕育兴起，迅猛发展的全球产业变革与我国的转方式、调结构形成了历史性交汇，这是难得的历史性机遇。我国应加快健全市场导向机制，加大科技创新投入，更加积极主动地应对全球产业变革。只有这样，我国才能在新一轮国际经济竞争中取得成绩，站稳脚跟。

中国在 G20：积极参与并有所作为[*]

G20 将自身定位为国际经济合作的主要论坛，突出各成员间的交流、合作与政策协调，特别是加强先进发达国家和以主要新兴经济体为代表的发展中国家之间的对话。截至 2014 年 11 月，G20 共举行了 9 次领导人峰会，在推动各国宏观经济政策协调、国际金融监管、国际金融体系改革等方面取得了重要的成果。G20 具有较广泛的代表性，站在了全球治理的最前沿和制高点，在众多政府间多边协调机构中影响力较大，作用突出。

通过积极参与 G20 机制，中国可以增强在其他国际组织中的话语权和影响力；同时，G20 也为中国与其他主要大国的协调与合作、将日益增长的综合国力转化为对国际经济秩序的塑造力和影响力提供了平台。因而，中国有必要继续致力于维护好、利用好、建设好 G20 机制。

建设性维护和发展 G20 机制

中国在推动和参与 G20 的过程中，须把握三项原则：G20 机制是目前全球经济治理中比较有效的一个平台，必须要加以维护；为提高效率、维护利益，中国有必要积极推动和主动参与一些小集团，但要避免造成 G20 分裂；中国自身要做好定位，在不同 G－N 之间，以及 G－N 和 G20 之间发挥中介桥梁作用。

我国应加大投入，建设性地维护和发展 G20 机制。积极在 G20 框架以内和框架之外，充分发挥主动性，加快角色转换，争取从规则接受者成为规则制定者，从被动参与者成为主动塑造者，从外围协商者成为核心决策者，增强维护自身利益的软实力，进一步提升中国在 G20 中的影响力，引导经济全球化健康发展。

要客观认识我国在 G20 中的定位，积极参与并有所作为。包括中国在内的新兴市场经济体尽管经济实力在相对上升，但政治、文化、外交等综合国力短期内仍将处于弱势地位。由于历史经济政治等方面原因，新兴经济体基

---

　*　本文发表于 2014 年 11 月的《21 世纪经济报道》。

本处于发达国家主导的合作机制之外，参与的合作机制相对较少且成立的时间较短，机制建设相对滞后，合作效果不太显著，新兴市场经济体之间的协调和整合仍是重大难题。要客观正视美国及其西方盟国在全球的优势地位，在 G20 中我们应成为一个重要、平等、受人尊敬的伙伴，进一步融入、学习和借鉴，以建设性姿态参与各项讨论，让世界了解中国和平、合作发展的诚意，以中国的发展为世界作出贡献，以中国的实践丰富各种国际规则的制订，又通过走向世界改造和完善自己。在此基础上，作为最大的发展中国家和最大的新兴经济体，推动新兴市场经济体之间的协调与整合。

在 G20 框架内外拓展利益共同体

G20 议题下各国利益多有不同，我们应善于发现和挖掘不同成员国家在特定议题上与我国存在的相同或相似利益，增进我们同各利益共同体之间的更紧密联系，灵活选择抱团以表达共同的利益诉求。通过推动财金部长会议常规化、推进贸易和投资便利化等途径，进一步做实"金砖五国"机制；适度推动中美欧日 G4 机制常态化，重视 G4 未来的发展，即使它不是公开正式机制，也可以实现事实上的机制化；探索构建拓展超越 G20 的利益共同体；积极与其他新兴经济体和发展中国家保持沟通协调。亚洲新兴经济体与中国经济联系密切，发展模式和发展诉求有许多共同点。可以通过在 G20 对话前利用"10＋3"、"10＋1"等会议机制加强与这些国家协调立场、听取诉求，使我国在 G20 平台上的立场主张更有群众基础，得到更广泛的呼应。

另外，尤其要关注非洲等地区最不发达国家的利益。作为大国共治的雏形，G20 的活动受到小国和弱国的高度关注。这些国家尤为关注 G20 能否照顾其发展利益，同时也担忧其在全球治理当中被边缘化。发展中国家是我国在许多全球政治、安全、经济等广泛事务中最重要的群众基础。作为发展中大国，中国有必要倾听广大发展中国家的声音，并在 G20 对话中反映中国与这些国家的整体利益诉求。

同时，对已经加入的国际组织，我国要加大参与力度，包括资金、人员、议题等方面，提升话语权和影响力；对尚未加入的国际组织，要有选择性地尽量争取加入。要努力成为新兴市场国家同美欧发达国家沟通的桥梁。

重点推出有自身特色的议题

在 G20 峰会的众多议题中，我国需要各有侧重、区别对待、突出自身特色和实际要价，在不同层面上灵活处理和巧妙应对这些议题，巩固并不断扩大中国在 G20 中的作用和影响。

一方面，要主动推出对我国有利的议题。如"推动各国基础设施投资合作"、"多边发展机构增资"、"主权债务可持续性"、"维护全球贸易体系的统一性和完整性，推进共赢、可持续的新全球化进程"、"促进资本在全球范围内的合理流动和有效配置，同时加强风险防范"、"能源粮食与大宗商品"、"推进国际货币体系改革"等。

另一方面，要主动参与对我国有益的议题。受限于我国经济全球化的发展水平和专业人员的缺乏，在某些议题上，我们不具备主动推动的能力，但若主动参与进来有助于提升我国在国际舞台上的话语权和影响力，如金融监管体系规则的制定。我国可积极参与关于提高银行资本质量、化解系统性风险、开发宏观审慎性框架和工具等方面的讨论，提出我们的观点，并积极融入到全球信用评级机构的监管、建立联合监管机制、遵守国际监管标准的制定中，以此推动我国金融业的现代化建设。

而对于我国处于弱势的议题，应妥善应对。由于我国所处发展阶段和体制机制等方面的原因，有些议题在短期内更多的是一种压力，我们要学会合理应对，化挑战为机遇。

关于当前中欧关系的几点思考和建议[*]

中欧之间长久以来保持着良好的合作关系，中国经济的高速增长同时成为促进欧洲发展的良机，而欧洲国家的经验、技术也是中国改革不可或缺的外部资源。国家主席习近平此次访问欧洲，得到了各国元首高规格接待。可以说，欧洲对于中国寄托了很高的期望。近一年来，欧洲议会和国别政要对于中国领导人更替后的中国发展给予极大关注，迫切希望推动中欧关系的回升。

中欧关系具有四大战略机遇

国家主席习近平此次出访欧洲，说明中欧关系正迎来又一个机遇期。第一，中欧之间长期合作建立起的信任与友谊，是双方合作的一笔宝贵财富。中欧之间没有其他大国之间那种战略竞争的关系，而且中欧悠久的历史文明是发展当代中欧交往关系的一个重要铺垫。

第二，中欧间都具有改革发展的内在动力。中共十八届三中全会提出要全面深化改革，实现中华民族伟大复兴的"中国梦"。而第十六次中欧领导人会晤通过的《中欧合作2020战略规划》为中欧双方在安全、繁荣、可持续发展、人文交流等方面合作提出倡议。习近平主席这次欧洲之行，是中国国家元首第一次访问欧盟总部、也是最近八年来首次访问德国，此举为双方共同推动改革注入了新动力。

第三，中国与欧盟经贸合作升级的机遇。中国是欧盟第二大贸易伙伴，欧盟是中国第一大贸易伙伴。2012年，中国对欧盟国家投资已经超过欧盟对华投资。虽然，欧洲的高新技术产业在华投资生产，仍主要解决的是国内就业岗位问题。但是，中欧经济关系正逐步从经贸主导向经济、政治、人文三轮驱动升级。从长期来看，中国同欧洲的高技术产业合作范围，将逐步延伸到研发、管理、服务等各个核心环节中去。

第四，在参与全球治理层面，中欧具有消除分歧、开展合作的机遇。《中欧合作2020战略规划》将和平与安全置于首要位置，这改变了中欧经贸关系

＊ 本文发表于2014年第6期的《当代世界》。

热闹、战略合作遇冷的窘境，中欧可以在全球和地区安全领域展开合作。欧盟方面已经表示，有兴趣参与东盟跨境基础设施建设。我们认为，多边合作可能更易为当地所接受，同时，欧洲的技术力量还可以发挥正面作用。从更长远看，可能是消除区域争端的一个切入点。此外，中欧在共同制订经贸投资、互联网、环境保护、金融创新及无线通信等规则方面都有广泛合作空间。

习近平主席访欧取得了重要成果

2014 年 4 月 2 日，国家主席习近平结束欧洲四国的访问。访欧期间，中国同荷兰、法国、德国、比利时签署了 120 多项合作协议，包括政治、金融、交通、食品、能源、新兴行业、文化合作等多个方面，推动中欧合作由量向质跨越。

习近平主席访欧取得的一系列重要成果

合作领域	合作国别	合作成果	合作意义
政治	中德	中德关系将上升为全面战略伙伴关系	中德关系在中国对欧关系中占有重要位置，德国一贯奉行"一个中国"政策，德国不仅是中国在欧洲的最大贸易伙伴，中德贸易额相当于中国同英、法、意三国贸易的总和，而且是中国从欧洲进口技术产品最多的国家。
金融	中德	中国人民银行和德国联邦银行就在法兰克福建立人民币清算和结算安排签署备忘录	人民币清算和结算将避免换算成第三国货币而导致的汇率成本和风险。结算的成本下降，将使贸易、金融交易更加便捷。
交通	中德	上海汽车集团股份有限公司与德国大众汽车在柏林签署联合声明，双方将开展燃料电池技术合作	法国总理埃罗在政府公报中对标致雪铁龙引入政府及中国东风的资本进行企业重组予以肯定，将其评价为"重大战略举措"。埃罗表示标致雪铁龙引入政府资本作为长期合作伙伴，不仅是企业的一项重大战略举措，同时也是国家给予企业的一份责任契约，是政府对重要工业支柱的责任及支撑的体现，这将成为提升企业竞争力和创造法国本土就业的表率。
	中法	东风汽车与法国标致雪铁龙集团正式签署增资入股协议	
食品	中荷	签订中荷乳制品框架协议	荷兰将派遣专家赴华，将在未来几年内帮助中国生奶年产量提高至 400 亿公斤。增加生奶产量，在一定程度上可以满足中国乳制品消费的需求。

续表

合作领域	合作国别	合作成果	合作意义
能源	中法	中国广核集团与法国电力公司签署了关于在法国新建核电项目工业合作协议；中海油与法国道达尔公司签署《液化天然气（LNG）合作协议》	根据协议，道达尔公司将在中国天然气市场增加每年100万吨长期LNG的资源供应。
文化	中荷	决定在荷兰设立首个中国文化中心、中荷签署两国文化合作谅解备忘录	习近平主席表示，中欧都具有厚重的文明，中欧关系富有文明属性和历史渊源。同时，中欧国情、体制和发展阶段不同，通过加强对话交流，能够增进了解，进而相互理解、开展合作。外交部部长王毅表示，中欧致力于做文明伙伴，互学互鉴。中方将进一步发挥孔子学院作用，推动欧洲汉语教学和中国问题研究。
	中法、中德	中法宣布建立高级别人文交流机制	
	中比	中比决定扩大互派留学生规模；西北工业大学与比利时布鲁塞尔自由大学签署多项战略协议	

深化中欧合作的有关政策建议

欧洲是我国运筹大国关系的重要支点，是我国第一大贸易伙伴和重要技术来源地。随着中国世界影响力不断扩大，中国的海外利益在世界范围内，在广度和深度上逐渐扩展，有必要考虑进一步加强与欧洲在全球范围内的合作与协商。有关部门应积极巩固习近平主席访欧成果，在以下几个方面重点推动合作：

在全球治理中加强中欧合作

中欧之间在全球治理过程中的合作，可以借鉴欧美关系的发展经验。欧盟将欧美关系定义为"全球性合作伙伴关系"，除保持双边关系稳固外，还在促进全球贸易自由化、促进世界和平、发展等方面开展合作。而中欧关系则更多地被双方定位为地区性双边关系。此次，习近平主席访欧的成果之一即是中德关系将上升为全面战略伙伴关系。随着中国世界影响力不断扩大，中国的海外利益在世界范围内日益扩展，有必要考虑进一步加强与欧洲在全球范围内的合作与协商。《中欧合作2020战略规划》中倡议中欧就具有全球重大影响的国际和地区问题加强对话与沟通，加强中欧在非洲、中亚、拉美及双方各自周边地区事务的磋商。下一步，可优先考虑建立专门的双边对话机制来参与全球治理。

全力推动中欧相互投资保障协定谈判

中欧之间相互投资保障协定依然是需要全力推动的一个重要方面。2012年，中国已经成为欧盟的第三大投资方，不仅投资规模迅速增长，在欧中国企业和雇佣人员数量也成倍增加。2013年，已有7000多家企业落脚在35个欧洲国家，雇佣人员已经超过12万人。在投资迅速扩展时期，双方的投资保护问题已经成为双边关系的一个关键性问题。推动投资保护问题谈判，对于中国应对TPP等一系列重大海外竞争有重要作用。

金融服务国家战略支持重点领域合作

2013年，中欧央行签署了规模约为450亿欧元、有效期三年的中欧双边本币互换协议。中欧经贸关系将更趋便捷、更加互惠。我国金融机构也应积极配合国家对外合作战略，大力拓展优质客户。支持中资企业与欧洲相关公司的核电、高铁等项目开发合作，推动能源油气类重大项目储备向实质性成果转化为高端领域项目。通过合作获取欧洲先进技术，丰富国际化运作经验，打造大型跨国企业集团。

科技等其他领域加强合作解决困局

欧洲是中国最主要的科技合作伙伴，中欧在新能源、新材料、新一代信息技术、航空航天等新兴产业领域具有广泛的合作空间。此外，中欧共同承诺积极应对气候变化，将绿色增长作为中欧的主要战略和重要的务实合作领域，在《联合国气候变化框架公约》和《京都议定书》等国际气候变化公约方面进行了共同的努力，在碳排放交易能力建设等方面开展了合作。

综上所述，中欧关系正随着习近平主席的访欧之行迅速升温。此外，欧洲与俄罗斯关系正因为乌克兰局势问题陷入泥潭。因此，中国必须抓住这一难得历史机遇，在全球治理过程中积极提出议题，与欧洲在经济、文化、技术等领域多方面开展合作交流。中国企业也应该积极"走出去"，打造一批具有国际影响力的跨国集团。

世界和平论坛提升我国国际安全话语权[*]

近日，第三届世界和平论坛（World Peace Forum，WPF）在北京清华大学举行。此次论坛是由清华大学举办、中国人民外交学会协办、清华大学当代国际关系研究院承办的高级别非官方国际安全论坛，旨在"为国际战略家、智库领导人提供探讨国际安全问题、寻找建设性解决方法"搭建对话平台，应对全球及地区性安全威胁，加强国际安全合作，讨论我国关切的安全议题，提高我国在国际安全问题上的话语权。

"新安全观"引发共鸣

第三届世界和平论坛并非中国官方外交政策的传声筒，但由于中国是论坛举办地，中国在周边及全球安全问题上的态度和理念格外引人关注。杨洁篪在致辞中重申了中国的新安全观，是中国新时期外交政策的重要理念。具体来说，新安全观的践行体现在四个方面：一是坚持安全问题的和平解决，反对依靠武力解决地区冲突，"己所不欲，勿施于人"；二是在和平共处五项原则基础上深化国际合作，各国应本着彼此平等、互相尊重的精神，加强沟通，共同应对全球安全领域的新挑战；三是发扬"丝绸之路"精神，和平合作、开放包容、互学互鉴、互利共赢精神，同各方携手推进"一带一路"建设，推动沿线国家共同发展；四是坚持以和平方式和主权原则作为解决地区争端并行不悖的两条主线，加强协商，把谈判作为主要手段。杨洁篪表示，在新安全观的指导下，中国将继续发展与世界各国的关系：以"亲、诚、惠、容"的周边外交理念深化与东盟的合作；进一步发展与俄罗斯的战略协作伙伴关系；与美国一道努力共同建设新型大国关系；继续将欧盟作为重要的合作伙伴；加强与金砖国家的合作；中日两国应"相向而行"，以史为鉴，面向未来。

在实践中，解决地区安全问题需要实现从理念到制度的跨越。参加论坛的各国人士对建立亚洲多边安全协商机制的目标取得共识。杨洁篪认为，解决安全问题需要做加法而不是减法，应该建立跨区域协商机制，加强与地区

---

* 本文发表于 2014 年 9 月的《学习时报》。

外国家、国际组织的合作。论坛秘书长、清华大学当代国际关系研究院院长阎学通教授指出，过去常见的解决安全问题的方式是危机管理机制，随着安全问题的进一步复杂化，危机管理不应该成为全球和地区安全解决路径的常态，特别对于亚洲而言，新安全机制的建立势在必行。

实现安全问题的合理解决，既要加强制度建设，也要重视处理方式。在和平与发展的世界趋势下，全球治理的制度化建设与协商谈判的解决手段具有内在的逻辑一致性。和平是各国人民的共同理想，发展则是当今世界面临的主要问题。重视国家间合作，以谈判为主要方式协商解决共同面临的安全难题，是地区安全解决机制建设的重要原则。中国外交部副部长张业遂在午餐会上发言指出，发展是解决地区安全问题的"总钥匙"，安全问题需要当事国协商解决，中国坚决反对打着"法治"的幌子侵犯他国的合法权益。中国不仅是国际规则的维护者，也是建设性参与者。亚洲安全秩序的建立必须以符合各国发展的需要为前提，中国坚持和平外交的原则不会改变。

安全议题的多元化表达

从全球层面来看，各国面临共同的安全挑战，而具体到安全议题上，各国往往从自己的实际利益出发，对安全领域的紧迫性存在不同理解，这种差异性也体现在不同国家参会人员的关切中。巴基斯坦前总理阿齐兹认为，恐怖主义是当前国际社会面临的最紧迫的问题，美军撤离阿富汗后留下了地区安全真空，恐怖组织 ISIS 成为影响伊拉克稳定的一股力量，中东、非洲地区都面临恐怖主义的威胁，迫切需要各国加强合作，提高领导力。俄罗斯联邦前国家安全会议秘书伊万诺夫表示，核武器扩散十分危险，对所有国家构成威胁，要求各国尽快开启新一轮多方会谈。欧盟前共同外交与安全政策高级代表索拉纳则认为，全球环境变化问题最具挑战，它影响范围之广，涉及人口之多，使之成为当前人类无法回避的问题。对此，阎学通教授表示，国家利益是影响各国安全认知的主要原因，各国在利益层面不可避免存在冲突，这导致不同国家对自身面临的安全问题存在不同理解。世界和平论坛所起到的作用，就是允许各国专家根据本国面临的具体情况，提出各自的安全关注点，在多边对话机制下寻求以协商谈判解决安全问题的可能性。

"修昔底德陷阱"不会重演

伴随着经济实力的上升，特别是 2010 年中国超越日本成为世界第二大经济体后，中国的经济地位与政治、军事实力之间存在严重的不平衡现象。中国已经崛起为世界经济大国，但在全球事务中承担的责任有限。在西方和周边国家的眼中，中国的崛起将挑战美国的世界霸权。这一推断难免使人联想起历史上著名的"修昔底德陷阱"：崛起中的大国挑战既有霸权国，必然导致战争。在讨论中，美国前总统国家安全事务助理哈德利表示出对中国的担忧，认为中国近期的举动让美国越来越失去热情并怀疑中国是否在采取行动推动新型大国关系的发展。美国前国务卿、著名学者亨利·基辛格在视频演讲中持不同观点，他一方面承认崛起大国挑战既有霸权国是大国历史的悲剧，另一方面对中美建立新型大国关系表示期待。他认为，构建国际共同体事关每个国家的利益，中美双方需要在共同利益的基础上坦率讨论分歧，做出非军事竞争的承诺，建立两种社会的沟通，以确保观点之争不至于上升为制度性对抗。此次论坛较前两届相比，把"互信""责任"提到主题层面，显然是对中国外交新理念的折射。法国前总理德维尔潘在接受采访时表示，中国可以成为维持世界平衡、稳定的因素。中国应积极承担与自身大国地位相称的国际责任，通过和平、合作的平等协商方式建立、巩固国家间的相互信任，为解决全球和地区安全问题贡献自己的力量。

　　此外，中国应该正确看待自身经济实力在全球所处的地位。2008 年金融危机以来，尽管美国、欧洲受到极大冲击，但经济基本面得以保留。美国经济总量仍排全球第一，几乎超中国一倍。美国经济在触底后迎来新一轮反弹，美元仍是世界金融体系的支柱，货币霸权地位并未动摇。因此，"二战"后建立的以发达国家为中心的国际经济格局并未发生根本变化。面对世界经济的新一轮挑战，中国需要保持冷静头脑，稳步参与国际经济秩序的制度化进程，推进国家经济要素的全球总体配置，积极实施海外投资战略，促进产业链的全球分布，为中国新一轮经济增长注入动力，为世界繁荣作出贡献。

中国经济走向世界亟须增强智力资本[*]

当前，我国参与全球经济战略面临的重大困境在于：中国经济已经走向世界并成为举世瞩目的第二大经济体，为世界的发展作出了巨大贡献，但是中国对全球及各个区域的经济、社会、法律、政治和文化等基本层面的认知和研究却严重不足，由此导致在全球博弈中处于不利地位，如何保全中国的全球利益业已成为不容忽略的重大现实问题。历史的经验告诉我们，中国在全球化过程中走向世界不能没有海外民族志调研相关的"知识储备"和"智力资本"，否则将无法指导中国在世界范围的有效投资，也无法保全中国的全球利益。

中国崛起，走向世界的风险会越来越大

从经济增长率、贸易增长率到近年来对外投资这些硬指标来看，中国的确在崛起。然而，中国正在经历的大国崛起与历史上其他国家的大国崛起有一个很大的不同，那就是还没有与崛起相匹配的知识储备与智力资本。

今天中国在非洲有巨额投资，但是有多少中国人真懂非洲，对非洲的政治、经济、社会进行过实地研究？对非洲投资战略面临挑战的关键时刻，对投资和舆论环境发生的重大变化作出准确的判断至关重要。

第一，中国投资非洲环境与 5 年前相比已发生深刻变化。首先，非洲个别政客与政府官员已开始公开散布中国在非洲投资的负面影响。批评中国在非洲投资的负面影响主要集中在两个方面，一是中国廉价制成品对非洲本土相关产业的冲击。二是中国企业管理方式，尤其是劳工政策，与当地惯例在价值理念上的冲突。尤其应该引起中国警惕的是，这二者与西方国家关于中国在非洲推行所谓"新殖民主义"的指责开始合流。

第二，美国和欧洲国家在非洲与中国正面角力的趋势进一步明显化。2008 年国际金融危机以前，美国和欧盟国家忙于"反恐怖主义"，无暇顾及中国的全球投资战略。尽管西方政府与媒体一直在指责中国是"新殖民主

---

* 本文发表于 2014 年 10 月的《华夏时报》。

义"，但是他们尚无余力在具体的实践上抗衡中国在非洲的开拓。

　　第三，中国对非洲投资战略亟须调整。必须看到，中国对非洲的投资方式呈多样化趋势，主要为"人道主义救助"、"社会基础设施建设"与"经济基础设施建设"三种类型。与中国在非洲的投资相比，西方国家的跨国公司多半只注意与业务领域直接有关的产业投资。非洲经济发展长期落后，亟须对经济基础设施的投入。在这样特殊的历史背景下，中国与非洲得以在资源和基础设施一揽子新型合作的方式下，实现非洲基础设施的提升与中国获得国内发展所需要的资源。从这层意义而言，中国在非洲的投资体现着互利共赢的精神。

　　第四，中国亟须改变全球投资战略。最近中国在非洲投资面临日益增多的批评。他们认为中国侧重的经济基础设施建设既有利于中国获取资源，又有利于中国经济实现可持续性发展。这种投资不仅不会带来非洲国家的产业升级换代，而且还会导致非洲国家的去工业化。这也是当年拉美国家的深刻教训。

近现代大国崛起中海外研究的历史经验值得借鉴

　　从历史看，各大国在崛起时都曾花巨资进行知识储备与发展智力资本。早期英国遍及海外领地的文化人类学研究，当代美国维基百科的地域研究，就是古今两个例证。尤其需要提及的是 20 世纪 30 年代前后日本的调查研究。日本占据中国东北后，建立了"满铁调查部"，负责对中国东北、华北地区及苏俄进行调查。

　　在那个时代，日本人在中国进行了最全面的县志调查，调查内容遍及地方的经济、社会、政治和文化、习俗、民风等，为其长期统治打下基础。20世纪 80 年代日本岩波书局出版的满铁调查资料达数十册之多。日本人对苏俄的研究当年在世界上也可谓首屈一指，光是在 20 世纪 30 年代翻译的俄文出版物就达 80 多册，居于当时苏俄研究的前列。第二次世界大战后，美国为了打赢冷战，在社会科学的各个领域普遍建立了当时占主导地位的"地域研究"。美国的综合性大学都设立了关于世界各地区、各主要国家的研究中心。仅在华盛顿地区的各类智库就有成百上千之多。这些研究机构及其成果为美国奠定全世界的霸主地位提供了知识和智力的支撑。

　　相形之下，中国在大国快速发展过程中的知识和智力储备显然不足。造成此种状况与目前中国体制的弊病有关。从全球化背景来看，中国体制的最大弊病在于责任与问题的错位。我们处理从世界各个角落冒出来的危机，多半依靠常规智力和权变策略来处理问题，欠缺中长期的设计和思路以及重大的、具有长远战略影响的问题研究，甚至有的出于部门利益考虑，该研究的也不去研究；而聚集了大量研究人才的高校和研究院所却多在孜孜以求地研究"吊书袋式的学问"，罔顾现实中的重大经济政治问题，或者即便有了研究意向也缺乏研究资源，因此无法开展相关研究。由此带来的结果经常是：有资源的没有能力研究，有能力研究的不去做研究，或者没有资源从事研究。

海外民族志研究是中国崛起所急需的知识板块

根据上述判断，笔者认为，中国经济走向世界所需的知识板块至少包括：第一，关于投资对象国的一般民族志资料。包括该国历史、宗教、人文、经济、社会和政治等诸多方面。这方面研究现存的主要问题是：相当一批专家欠缺现代社会科学背景，少有当代问题意识，外语水平很可能也普遍不高。第二，地域研究。即以一国为单位的政治、经济、外交（双边关系）、军事等方面的综合研究。在这些层面已经有一些人力资本的储备，存在的问题是过度向发达国家，特别是欧洲和美国倾斜。对中国有重大战略影响的其他众多国家的研究力量十分贫瘠。第三，超出一个民族国家范围的政治、经济、军事、外交现象的研究。特别是对那些民族、国家联合机构和组织的研究，如联合国、欧盟、东盟、"上合组织"、"金砖五国"、北大西洋公约组织、阿盟、非盟等。第四，重要的国际政治经济学的有关政策领域。如国际贸易、国际金融、环境问题、粮食问题、能源问题、资源问题、种族与族群问题、移民问题等。只有系统地积累和掌握了至少上述四个板块的知识，并形成一支有能力从事高质量知识生产的研究队伍，才能真实帮助中国经济走向世界，实现大国复兴的战略目标。

目前我国的金融投资机构在全球近200多个国家和地区设立了工作组，但却没有任何机构投入专门的海外民族志研究力量，也没有专门的资金投入。在国家尚未形成明确政策的前提下，建议由国家海外投资主体单位等政策性金融机构先行投入资本，尽快推动海外民族志的调查和研究。应该考虑每年向与中国利益相关的国家派遣学生和学者，按照国家经济走向世界的需要来研究对象国家的政治、经济、社会和文化，经过长期积累，达成为中国大国崛起所需的知识储备，并借此形成一支庞大的专家队伍，从宏观和微观两个层面上，研究有关国家的政治、经济、社会和文化。相信如果在这方面坚持做五年，中国就会建立起一支了解各主要国家情况的年轻的研究队伍，这将对未来的中国"走出去"的知识与人力资本储备奠定坚实的基础。

国际三大信用评级机构的比较研究*

国家风险与国家信用评级

在当前经济全球化形势下，金融投资也呈现出全球化特征，投资中的信用风险随之迅速增加。国家信用评级作为揭示国家风险信息的重要工具，能够为国际投资者提供决策参考，使其能够根据预期可承受的信用风险，选择合适的投资方案，成为解决国际投融资双方信息不对称的关键一环。

全球投资中可能面临的国家风险复杂多样，通常会以多种形式出现。一般来说，由国家层面的因素导致的国际违约及投资损失的可能性都是国家风险。具体而言，国家风险可能来源于政府或政府控制的企业主体，也有可能来源于社会文化因素或者不可抗力的自然因素等，前者被称为国家主权风险，构成国家风险的主要内容。但是不同的风险评估指标之间有不少重叠，因而，风险评级也会有较多的相似性和相关性。

国家信用评级是对全球投资中的国家风险进行的准确量化评价，是控制和防范国家风险的前提。作为衡量一国能否及时偿还其国际债务的重要指标，国家信用评级在国际资本市场中受到广泛的重视，成为跨国投资和选择国际融资的依据。本文拟从不同评级机构的信用等级、评级模式等方面对国家信用评级机构进行比较，并分析国家信用评级的局限性，对中国国家信用评级体系的构建及完善提出建议。

国家信用评级机构

按照主体的性质不同，全球主要的国家信用评估机构可以分为五类：政府间国际组织、官方或半官方机构等、非政府组织、商业机构（营利性或非营利性机构）、学术研究机构（见表1）。

在这些评估机构中，享有最高地位、信誉以及市场占有率的是穆迪、标

---

* 本文发表于 2015 年第 1 期的《中南财经政法大学学报》。

表1　　　　　　　　　　国家信用评级的主要机构分类

机构类别	举例
政府间国际组织	经合组织（OECD）、国际货币基金组织（IMF）、世界银行（WB）、联合国贸易发展大会（UNCTAD）等
官方或半官方机构	中国出口信用保险公司、法国COFACE保险公司
非政府组织	透明国际（Transparency International，TI）、世界经济论坛（World Economic Forum，WEF）
商业机构	经济学家情报社、机构投资人、欧洲货币、政治风险集团的国际国家风险指南ICRG、穆迪、标准普尔、惠誉
学术研究机构	美国传统基金会、Fraser研究所

准普尔和惠誉这三大机构，它们垄断了90%的世界信用评级市场。三大评级机构的评级结果由被评级国家的整体政治、经济、社会等宏观因素综合决定，并根据重要经济政治事件进行相应的调整。

从地域分布来看，世界上主要的国家信用评级机构大多来自美国，如标准普尔和穆迪都是美国公司。尽管欧洲和日本也曾发展自己独立的评级机构，但难以与美国的信用评级机构相抗衡。就中国而言，随着近年来政府部门的推动，逐步培育了中诚信国际、联合资信、大公国际、上海新世纪四家被监管当局认可的评级机构，但业务主要针对国内行业和公司评级。目前国内唯一从事国家信用评级的机构是大公国际资信评估有限公司。

国家信用评级模式比较

本文选取穆迪、标准普尔和惠誉这三家最有影响力和话语权的信用评级机构，作为国家信用评级的代表，从影响范围、信用等级分类、评级方法、评价指标等方面进行对比分析，总结归纳对于国家信用评级具有借鉴意义的特征因素。

三大评级机构

穆迪投资者服务公司（Moody's Investors Services）于1900年成立，1909年开始对100个国家的主权进行评级，发布了评级报告，现在评级业务已经涉及530多个主权国家、超国家机构及次主权实体相关的发行人、区域（其中主权与超国家实体170个，次主权实体360个）[1]。

标准普尔公司（Standard &Poor's）可以追溯到1860年，由普尔出版公司

和标准统计公司合并而成，从 1916 年开始对国家主权进行债务评级，现在的
国家信用评级涉及全球 128 个国家和地区[2]。

惠誉国际信用评级有限公司（Fitch Ratings）成立于 1913 年，是唯一的
欧资国际评级机构，对新兴市场较为敏感，2000 年进入中国市场，是三大评
级公司中最早进入中国市场的评级机构。惠誉在全球的份额要比其他两家公
司小，针对全球 100 多个国家提供信用研究报告，并对主权政府所发行的外
国货币及本国货币债务进行评级，而此类债务占全球所有主权国家债务发行
总额的绝大多数[3]。

三大信用评级机构的评级范围和重点领域见表 2。

表 2　　　　　　　　　三大信用评级机构的历史和评级范围

	穆迪	标准普尔	惠誉
成立时间	1900 年	1860 年	1913 年
控股资本	美国	美国	法国
评级范围	涉及 530 多个国家和次国家主权信用评级	涉及 128 个国家主权信用评级	涉及 100 个国家主权信用评级、外国货币和本国货币债务评级
重点领域	机构融资	企业评级	金融机构

信用等级分类

穆迪的信用评级分为长期评级和短期评级，又分别分为投资级和投机级。
长期评级共分为 9 个等级（从高到低：Aaa 级、Aa 级、A 级、Baa 级、Ba 级、
B 级、Caa 级、Ca 级、C 级），前四个为投资级，而后五个为投机级。短期评级分
为 3 个投资级（Prime‑1、Prime‑2、Prime‑3）和 1 个投机级（Non‑Prime）。

标准普尔的信用评级也有长期和短期评级之分，一年以下为短期评级，
五年以上为长期评级。标准普尔的长期评级主要分为投资级和投机级两大类，
共 10 级（从高到低：AAA、AA、A、BBB、BB、B、CCC、CC、C、D）。投
资级的评级具有信誉高和投资价值高的特点（包括前四级），投机级的评级则
信用程度较低，违约风险逐级加大（从第五级开始）。从 AA 级到 CCC 级可加
上"+"或"‑"号，表示评级在各主要评级分类中的相对强度。标准普尔
的短期评级共设 6 个级别（从高到低：A‑1、A‑2、A‑3、B、C 和 D），短
期评级也可另加"+"号表示偿债能力相对较强。

惠誉运用不同的评级模型来进行长期和短期评级。短期评级预测不超过
12 个月，更关注流动资金问题。如果一个国家能够应付短期债务偿还，则短
期评级可能会高于相应的长期评级。长期评级包括投资级和投机级两大类，
共分为 12 个等级（AAA、AA、A、BBB、BB、B、CCC、CC、C、DDD、DD、

D）。前四级为投资级，后八级为投机级。而短期风险程度分为 6 个等级：F1、
F2、F3 为最高、较好和一般的信用等级，F1 后面可以添加" + "表示更高
的信用级别，B 表示具有投机性，C、D 分别表示较高的违约风险和违约。

三大信用评级机构的评级期限与等级划分见表 3。

表 3　　　　　　　　三大信用评级机构的评级期限与等级划分

			穆迪	标准普尔	惠誉
信用等级数			9	10	12
信用等级	长期	投资	Aaa/Aa/A/Baa	AAA/AA/A/BBB	AAA/AA/A/BBB
		投机	Ba/B/Caa/Ca/C	BB/B/CCC/CC/C/D	BB/B/CCC/CC/C/DDD/DD/D
	短期	投资	P−1/P−2/P−3	A−1/A−2/A−3	F1/F2/F3
		投机	Non−Prime	B/C/D	B/C/D

信用等级评价指标与方法

穆迪公开的评级方法比较松散，更改的频率较高，主要是将定量方法和
定性方法结合起来综合评定。穆迪公司的分析师和评级委员会与评级对象进
行电话会议，广泛收集资料，以获得被评级对象全面的了解。穆迪的评价指
标体系包括定性因素、经济基本面和外债三个部分，其中定性因素主要是对
社会关系结构的考察，经济基本面主要是对宏观经济管理进行分析，而外债
部分主要强调外债对出口和 GDP 的相对比重。

标准普尔同样采取了定性和定量相结合的方法对 8 个类别的国家风险进
行评估。其中，定性分析的核心是政治制度的有效性和政治风险，定量分析
的核心是宏观经济状况和金融绩效，包括经济结构、持续增长的可能性、外
部流动性、财政负债及机动性、货币政策稳定和灵活性等各项指标的测算和
评价。此外，标准普尔还将许多其他因素纳入国家信用风险的考虑范畴，如
可能转化为国家债务的私人债务、国际流通手段等。

惠誉的评级以双方合作的形式展开，对被评国家政府官员的调查问卷形
成惠誉访谈的基础。目前，惠誉的评价体系包含 14 类指标，囊括了政治、宏
观经济、金融与负债、教育、人口等因素。三大信用评级机构的评价指标与
方法见表 4。

总而言之，世界三大信用评级机构的指标都包含了政治、经济、社会等
众多因素，评级方法都是定性与定量相结合。对各类风险进行全面而深入的
评价，其评级结果具有全球范围内的权威性，得到了越来越多的认可，被视
为"金融市场的看门人"。

国家信用评级的反思和建议

信用评级在金融市场中起着中介和服务的功能，权威信用评级机构利用其定价优势，掌握着金融市场的缰绳。然而金融危机、次贷危机、主权债务危机却暴露出信用评级机构在国际投资预测和指导作用中的失职。国家信用评级作为信用评级机构的重要业务内容，也面临着越来越多的质疑和诟病。

完善指标体系和评价方法，发挥指导和预测作用

指标体系作为评价和评级的基础，具有决定性作用。在当下世界各国联系日益密切、国际资本流动日益频繁的背景下，对评级指标体系和评价方法的科学性提出了更高的要求。评级指标体系需要进一步完善，并加强动态分析，优化评价方法，降低评级误差。同时，因为不同信用评级机构的评级过程和评级结果表述差异较大，对监管者和投资者的分析和判断造成了困难，因而评级符号、专业用语、指标体系、技术方法的一致性、可比性和透明度成为提升信用评级可用度的努力方向。此外，评级的变化能够显著影响债券和股票市场，从而加剧金融领域的传导和溢出影响，加剧金融危机和金融风险[4]。因而，如何根据不同国家和不同市场状况采取不同的评级方式和指标，从而起到信用评级机构应有的指导和预测作用成为信用评级机构的重要任务。

表4　　　　　　　　　　　**三大信用评级机构的评价指标与方法**

	穆迪	标准普尔	惠誉
	定性因素	政治风险	人口、教育和结构因素
	种族划分	收入与经济结构	劳动力市场分析
	财富分配	经济增长展望	产出与贸易结构
	文化和意识形态差异	财政的机动性	私人部门的活力
	利益集团	公共债务负担	供给与需求的平衡
	经济基本面	价格稳定性	国际收支
评价指标	财政货币政策	国际收支平衡	中期增长约束的分析
	国家资源及开发	外部债务和流动性	宏观经济政策
	进出口		贸易和外资政策
	外债		银行与金融
			对外资产
			对外负债
			政治与国家以及国际地位
评价方法	定性＋定量	定性＋定量	定性＋定量

降低依赖性，防范"评级失灵"

信用评级是一把"双刃剑"，高质量的信用评级可以缓和金融市场的信息不对称、保障金融市场的稳定，但不准确的信用评级、评级失灵则会加剧金融市场的信息不对称、引发金融市场的动荡。信用评级机构因为特有的专业性、行业特殊性，在发展历史上主要是以维护"声誉资本"、促进市场竞争为出发点的行业自律，形成了事实上的市场垄断，却缺乏应有的行政监管和法律责任承担。此外，信用评级机构内部控制制度的匮乏，信用评级人员的漫不经心和效率低下也被认为是导致评级机构对美国安然公司破产预测和预警失职的重要原因[5]。因而，对于信用评级机构，应当从内外检查、从业人员资格认证、评价流程和记录等方面完善内部控制制度，同时加强外部行政和法律监管。对投资者和政府监管部门而言，减少对评级机构的盲目信赖，防止对评级结果的单一援用，甚至完全用评级代替风险评估的倾向，降低依赖性，从而防范"评级失灵"可能带来的严重后果。

打破评级垄断，创造中国话语权

当前，信用评级机构常被称为"美国第二证监会"，或者"美国金融霸主"，这是因为世界上最主要的信用评级机构都出自美国。这些信用评级机构在美国、欧洲乃至全世界取得了行业垄断地位，从而对企业经营、国际投融资乃至国家宏观政策带来连锁性影响。这实际上是将美国一国的国家意志、法律法规、标准自动地延伸到了世界各主权国家，是一种对世界各国经济金融安全与主权的侵犯、危害与威胁。因而，包括欧盟在内的很多国家都迫切需要发展本土信用评级机构，从而增加自身在评级市场和国际投资领域的话语权。

我国的信用评级市场刚刚起步，面临着很多问题。2010年中国的大公国际发布了首批50个国家的信用等级，与三大评级机构相比，一半以上的国家存在明显的级别差异，反映出风险认知和评价模型、过程的差异[6]。

此外，评级市场的开放造成美国三大评级机构的资本渗透，而中资评级机构却没能在美国等境外国家开展业务，评级资质、市场信誉、市场开放度等不对等状况使得中国的评级机构发展受限。不仅如此，中国的国家信用评级机构还面临着很多的内部风险，如缺乏统一、透明、行之有效的监管制度，专业人才匮乏、评级技术落后、法律法规尚不健全等。

总而言之，国家信用评级是将国际金融与国际政治相结合的重要产业，以三大信用评级机构为代表的发达国家信用评级业则占据垄断地位。国家信用评级对国际投融资乃至国际经济和政治都有较大影响，因而，评级机构和评级过程的客观、公正、科学性至关重要，打破市场垄断，完善信用评级体系成为迫切需求。中国在信用评级行业起步较晚，评级市场有待于进一步建立和完善。在此过程中，应当充分吸取国际经验和教训，创新评级模型，克服技术难关，增强中国在国家信用评级领域和国际资本市场的话语权，从而维护国际投资中的企业和国家利益，减少资产损失，保障中国的经济和金融安全。

参考文献

［1］ Moody's Corporation ［EB/OL］. https：//www. moodys. com/Pages/atc. aspx.

［2］ Standard & Poor's/Asia ［EB/OL］. http：//www. standardandpoors. com/en _ AP/web/guest/home.

［3］ Fitch Ratings ［EB/OL］. http：//www. fitchratings. com/web/en/dynamic/fitch – home. jsp.

［4］曹荣湘. 国家风险与主权评级：全球资本市场的评估与准入［J］. 经济社会体制比较，2003（5）：91 – 98.

［5］吴风云，赵静梅. 论美国证券信用评级霸权［J］. 世界经济，2005（12）：44 – 50.

［6］冯奇，李孟刚. 我国信用评级产业发展问题与对策［J］. 管理现代化，2013（6）：37 – 39.

人民币离 SDR 还有多远*

2015 年下半年，IMF 将对人民币加入 SDR 进行新一轮的评审。目前的 SDR 货币篮子缺少发展中国家的货币，而人民币加入 SDR 可以极大地提高其代表性和合法性，这是我们面临的有利环境。加入 SDR 可以加快人民币的国际化进程，倒逼国内金融领域的改革，对我国具有重要的经济意义。但人民币与 SDR 的标准还有一些距离，为了积极推动人民币加入 SDR，我们不仅要进一步加快人民币可自由兑换的进程，而且要积极争取 IMF 和美国的支持。

人民币加入 SDR 既是机遇也是挑战

在 2010 年，人民币就积极寻求加入 SDR，但未能如愿，而 2015 年则是人民币第二次尝试加入 SDR。之所以政府要如此积极地推动人民币加入 SDR，是因为它对于中国经济的发展具有极为重要的意义。

（一）加入 SDR 可以加快人民币的国际化进程。首先，人民币加入 SDR 可以得到 IMF180 多个成员国的官方认可。这有助于增强持有人民币的信心，提高人民币的国际可接受性和金融便利性，提升人民币的影响力。其次，SDR 属于当前国际货币体系与规则的一部分，人民币加入 SDR 意味着人民币跻身全球主要货币之一，也意味着我国对现有国际规则的承认与接受，可以提升我国在国际货币体系中的主体地位。

（二）人民币加入 SDR 可以促进我国的对外直接投资。人民币加入 SDR 可以降低市场主体持有人民币的成本，增强外界使用人民币的信心和热情，改善我国经济发展的外部环境，推动我国的对外直接投资及加快企业"走出去"的步伐。

（三）人民币加入 SDR 可以促进中国金融业的改革和开放。加入 SDR 的一个重要标准就是货币"可自由使用"，因此，加入 SDR 可以倒逼国内资本账户的开放，利率市场化的改革以及汇率制度的调整，并提升金融体系的监

＊ 本文发表于 2015 年 5 月的《上海证券报》，合作者为申万宏源证券研究所宏观研究部总监李慧勇。

管效率。

（四）人民币加入 SDR 可以改善国际货币体系。人民币加入 SDR，可以提高 SDR 的代表性和合法性，撬动国际货币体系改革，并最终实现国际储备货币的多元化。

但是，人民币加入 SDR 也面临以下几方面的挑战：

首先值得一提的是，加入 SDR 并不一定意味着人民币就成为全球储备货币。全球储备货币主要取决于其他国家对该货币的接受程度。目前，可以将货币是否被纳入 IMF 的 COFER 数据库单独统计作为储备货币的一个参考标准。譬如，瑞士法郎虽然没有进入 SDR，但却是储备货币；日元虽进入了 SDR 的货币篮子，但由于经济低迷，2014 年第四季度，日元在已分配的官方外汇储备中的占比仅为 3.96%。

其次，人民币加入 SDR，可能会提高金融系统和宏观经济的风险。加入 SDR，需要加快人民币浮动汇率制度的建设和资本账户开放的进程，可能放大金融系统和宏观经济的波动。特别是在当前世界经济动荡，金融资本跨境流动频繁的情况下，资本项目自由兑换进程的加快带来的风险必须提前防范。

最后，人民币加入 SDR 之后，中国需要在国际经济中承担更多的责任。随着人民币国际化程度的提高，以及人民币储备货币地位的上升，需要付出更大的努力来维持人民币币值的坚挺；人民币加入 SDR 要求我国做遵守国际规则的负责任大国，在国际上承担更多的义务，譬如在经济紧张时承担最后贷款人的职能。

权衡利弊，人民币加入 SDR 是推动中国经济发展的重要战略机遇。但是在积极将人民币纳入 SDR 的过程中，也要对可能出现的挑战有所准备，加强监管，防范金融和经济风险。

人民币加入 SDR：机会与不确定性并存

（一）中国已逐步接近 SDR 的标准，但需要进一步推进人民币的可自由兑换

目前，在货币的"可自由使用"方面，以下因素有利于人民币加入 SDR。

1. 人民币在全球范围内的使用量越来越大。环球同业银行金融电讯协会（SWIFT）数据显示，目前人民币是全球第二大贸易融资货币，也是全球第五大最被广泛使用的交易货币。

2. 全球有近 15 个离岸人民币清算中心，包括我国的香港、澳门和台湾，还有新加坡、伦敦、法兰克福、首尔、巴黎、卢森堡、吉隆坡、悉尼、多伦

多、多哈、苏黎世和霍尔多斯。从流动性角度来看，2009 年以来，中国人民银行（央行）先后与 30 个境外货币当局签订了总规模超过 3.11 万亿元人民币的双边本币互换协议。离岸人民币存款超过 2 万亿元，且离岸人民币债券和其他人民币资产市场蓬勃发展。

3. 从即期市场和衍生品市场交易量来看，根据国际清算银行的数据，2013 年人民币现货和衍生品市场日均交易额达 1200 亿美元，其中离岸衍生品市场日均交易额超过 500 亿美元，上述交易额在 2013 年之后均进一步增长。

4. 我国的利率市场化进程快速推进。利率市场化工具指标要求外国可以自由购买人民币利率市场化的金融资产。我国已于 2013 年全面放开金融机构贷款利率管制，而存款利率的上限也有望在今年放开，利率的市场化有望基本实现。

但以下两个方面对于人民币加入 SDR 谈判不利：

1. 资本项目可兑换程度还有一定差距。根据《IMF 汇兑安排与汇兑限制 2012》，在资本账户分类的 40 个小项中，我国不可兑换的项目还有 5 项。它们分别是非居民在本地出售或发行货币市场工具、非居民在本地出售或发行集合投资证券、非居民在本地购买衍生品及其他工具、非居民在本地出售或发行衍生品及其他工具以及个人跨境投资。而部分可兑换的有 21 项，占比超过 50%，主要集中在资本市场证券的购买；货币市场工具的购买；居民在国外购买、出售或发行衍生品及其他工具；商业信贷、金融信贷；居民在国外购买以及非居民在本地购买房地产等方面。基本可兑换的有 13 项，主要集中在资本市场证券的出售或发行；集合投资证券的非居民本地购买以及居民在国外出售和发行；担保、保证与金融背书；直接投资清盘等方面。

2. 人民币在各国外汇储备中所占的比重还是较低的。IMF 统计了各类货币在官方外汇储备中的比重。2014 年第四季度，在已分配的官方外汇储备中，SDR 篮子货币所占的比重分别为美元 62.88%，英镑 3.8%，日元 3.96%，欧元 22.21%。尽管没有直接公布人民币的数据，但可能包含人民币的"其他货币"所占的比重仅为 3.14%。

为了积极促成人民币加入 SDR 的目标，需要进一步推进人民币的可自由兑换。当然，资本账户的开放也不意味着各项目都要完全自由兑换。在路径选择上，应首先放松资本项目中不可兑换项目的管制，并且需要积极防范风险。按照周小川行长近期在第 31 届国际货币与金融委员会的发言，资本账户开放的政策措施主要包括：1. 为个人投资者跨境投资创造渠道，包括开展具有试验性质的合格境内个人投资者（QDII2）计划；2. 引入深港通，允许非居民在境内市场上发行除衍生品之外的金融产品；3. 取消多数情况下外汇管理的事前审批，建立有效的事后监管和宏观审慎管理制度；4. 进一步采取措施方便海外机构投资者进入中国内地资本市场；5. 通过扫除不必要的政策障碍和提供必要的基础设施，努力进一步便利人民币的国际使用；6. 采取必要的步骤健全风险防控。

鉴于中国的利率市场化以及资本账户的开放仍会继续推进，在 2015 年下半年 IMF 审议 SDR 货币篮子前，相关措施也会陆续出台。这些措施的影响以及中国在推进人民币自由使用方面的诚意，都会对人民币加入 SDR 产生积极意义。

（二）加入 SDR 需要积极寻求 IMF 和美国支持

由于 IMF 没有公布量化的货币可自由使用的标准，并且新的 RAC 标准还强调 IMF 可以在定量分析的基础上作出定性的评估，IMF 理事会有权在数据缺失的情况下对达标与否进行判断，因而该标准的主观性很大。从 SDR 的历史来看，日元在 1980 年之前就已经进入了 SDR 货币篮子，而日本在 1980 年才基本实现资本项目的开放，资本账户的完全开放则是在 1998 年。

因此，货币可自由使用的标准并非没有回旋的余地，各方对于人民币加入 SDR 的态度也是一个重要的考量。路透社援引欧元区央行消息人士称，英国、德国、法国和意大利均有意将人民币加入 SDR 货币篮中，唯独日本同美国态度谨慎。而 IMF 自身对于人民币加入 SDR 也持积极态度。

由于目前美国在 IMF 的投票权重为 16. 76%，而 IMF 重大事项的通过需要得到成员国 85% 以上的支持率，美国事实上享有 IMF 重大事项的一票否决权。因此，人民币加入 SDR 关键是要征得美国的同意，这一问题要放在中美关系的大背景下进行分析。

从 SDR 自身来讲，1981 年以来，发展中国家的货币从未进入 SDR 的货币篮子，弱化了 SDR 的代表性和合法性。而中国是最大的发展中国家和全球第二大经济体，人民币加入 SDR 有利于提高 SDR 的代表性和合法性，是大势所趋。

综上所述，人民币在 2015 年有较大的机会加入 SDR，但是也面临着不确定性。应通过加快人民币可自由兑换的进程以及加强与 IMF 尤其是美国的谈判，使人民币早日加入 SDR。

第二章 对外开放

构建 21 世纪亚欧大陆经济
整合大战略与丝绸之路经济带[*]

构建 21 世纪亚欧大陆经济整合大战略与丝绸之路经济带主要有以下几个
方面的意义。

一、促进欧亚大陆经济整合实现中国最大的战略利益。

二、当前外交环境下中国实现战略的必要性，向西开放推动欧亚大陆经
济整合战略符合世界经济发展的大趋势。务实推进丝绸之路经济带的建设。
还会减少中国走向世界的风险。

首先，促进欧亚大陆经济整合对中国具有很大的战略意义，我们知道，
前不久习近平主席在上海合作组织成员国的元首理事会上表示，丝绸之路经
济带的建设正进入务实合作新阶段，金融合作作为丝绸之路经济带的重要支
撑，将丝绸之路经济带的金融需求与发挥上合组织银联体结合起来，充分发
挥上合组织银联体对于丝绸之路经济带的推动作用，与上合组织金融能源互
动为切入点，进入欧亚大陆的战略研究并将丝绸之路经济带周边国家互联互
通结合起来，我们认为有助于打造中国 21 世纪经济新的增长极，是丝绸之路
经济带和亚欧大陆经济整合的有效手段，也是实现国家发展战略的历史使命。

第一，向西开放与中国的战略意图。我们知道，中国的蓝海战略在过去
30 年里的成功离不开有利的外部环境，2008 年全球金融危机使中国经济的发
展外部环境发生巨大变化，人民币升值导致劳动密集型产业以出口为主要特
征的经济模式面临着前所未有的挑战。第二，中国应该利用自身优越的地理
位置实现战略对冲。中国既是一个可以成为海权国家，也可以成为陆权国家
的大国，如果中国在重庆、新疆等地建设中巴、中欧的铁路，打通欧亚大陆
经济体的大陆桥将促进亚欧大陆的整合，使之成为美国主导的环太平洋经济
整合计划的战略对冲。

其次，欧亚大陆经济整合还为中国经济的发展在西部装上第二台发动机，
我们可以通过修建铁路，或者说得具体一点，就是以高铁为主向亚欧大陆内
部国家开放的重要交通基础设施的建设，中国将把经济发展主要依靠沿海地

* 本文发表于 2015 年第 1 期的《经济体制改革》。

区向海洋国家开放的单向驱动转变为同时依靠沿海、内陆国家的双向开放与新的丝绸之路对冲过去的海洋战略、蓝海战略，这样的发展有助于全面消解蓝海发展不平衡的状态。

对中国未来十几年的经济转型发展扩大内需的重要战略而言，我们知道，工业化、城镇化、现代化与国际化的发展必有蓝海战略、陆权战略、欧亚大陆经济战略相辅相成，其中，向西部开发开放利用高铁设施的手段将给我们带来陆权时代，我们向西开放的同时要注重新一轮对口援疆的工作，要在这个大的背景下谋划推动以交通基础设施为支撑欧亚大陆的整合，构建21世纪中国新的经济增长极。

最后，根据当前外交环境，这对中国实现战略对冲十分必要，第一，2008年以前，我们的30年间尤其近20年中国的经济之所以能够快速发展存在着特定的有利的外部环境。第二，有些外部的环境是随着金融危机的后续发展特别是美国重返亚太之后开始发生深刻的变化，中国国际环境的外部风险日益增加。第三，面对当前复杂的外交环境，中国既不能一味忍让，也不要全面对抗，通过欧亚大陆整合进行陆权和海权对冲，使外部环境重新向有利方向转变。第四，中国21世纪大战略要吸取历史上各个国家，尤其是大国崛起的历史经验教训，但是更应该认清并有利于确保我们所处时期的历史特殊性。

金融务实推动"丝绸之路经济带"建设[*]

习近平主席在上海合作组织成员国元首理事会第十四次会议上表示，丝绸之路经济带建设正进入务实合作新阶段。将丝绸之路经济带建设的金融需求与发挥上合组织银联体等作用结合起来，充分发挥上合组织银联体对丝绸之路经济带建设的推动作用，以促进"上海合作组织"与"丝绸之路经济带"金融、能源互动发展为切入点，兼顾"亚欧大陆经济整合"的战略研究，并将丝绸之路经济带建设与周边国家互联互通基础建设结合起来，是打造21世纪中国经济新的增长点、金融务实推进丝绸之路经济带和亚欧大陆经济整合的有效手段和实现国家发展战略的历史使命。

如何加强上合组织金融合作

共建"丝绸之路经济带"是2013年习近平主席根据解决市场需求问题首次提出的国家战略的伟大构想。中国积极推进上合组织金融合作不仅有助于我国多元化能源战略的实施、有助于成员国联手防范金融危机、有助于推动区域经贸的可持续发展，并且有助于推进人民币区域化。同时，可以相互借鉴区域金融合作模式的成功经验。虽然上合组织在金融合作的平台机制方面取得了一些成效，但仍然存在一些困难及需要解决的问题。

上合组织的金融合作需要俄罗斯的积极配合。对于俄罗斯来说，上合组织的安全功能更为重要。而俄罗斯在区域内的经济主导作用则主要是通过独联体空间内的次区域合作来发挥的。对于这一问题可以尝试采取"以双边合作突破多边瓶颈"的迂回战略。特别要注意加强与俄罗斯多方面的双边合作。从金融合作的角度讲，我们可以从意识形态上以金融危机和国际货币体系改革为契机进一步拉近与俄罗斯在"对抗美元的战线上"的"战友"关系。不要刻意地渲染人民币与卢布之间可能存在的竞争关系，而是突出在共同的假想敌人"美元"面前的合作关系，在推动国际货币体系改革中支持对方的合理诉求。

---

* 本文发表于2014年12月的《21世纪经济报道》。

　　人民币在上合组织区域化中遭遇了来自卢布的强大竞争，这一问题的解决可以考虑像当年美国通过"马歇尔计划"推进美元国际化进程一样，先通过援助性贷款向各成员国提供人民币，然后通过本币结算来使各国使用人民币进口中国商品，以求一定程度上推动人民币在上合组织框架下的区域化。

　　上合组织成员国间突出经济发展"异质性"也是制约金融合作的因素，而鉴于中国当前的经济形势在区域内相对而言是最好的，发展推进上合组织的金融经济合作符合我们的根本利益，所以可以适当考虑"先付出、后收获"，在资金投入、人才培养、技术突破、产品创新等方面先期多投入一些人力、物力、财力，帮助相对弱小的成员国的金融和经济的发展，以求互利双赢、共谋发展。

　　对于上合组织金融合作与发展的方向性政策，可以拓展上海合作组织区域金融合作的空间及战略思路，采取以"中俄联合开发银行"为依托扩展成为"上海合作组织联合开发银行"，以中巴货币互换为模板推进人民币结算在上合组织框架内的"网络建设"，逐渐形成人民币"交流"的氛围，加强上合组织成员国间的货币政策协调等战略思路。其他可以挖掘的合作空间还有"能源金融"领域的合作和建设区域性贸易结算支付体系等。

如何为"丝绸之路经济带"建设提供金融保障

　　将"丝绸之路经济带"建设的金融需求与发挥上合组织银联体等作用结合起来。金融是建设"丝绸之路经济带"的重要支撑，如果全部依靠中国的金融支持显然不是最佳方案。建议现阶段充分发挥上海合作组织银联体、国开行和即将成立的"一带一路"基金作用，今后发挥金砖银行作用，形成"四位一体"的供给渠道为"丝绸之路经济带"提供金融保障。这要比成立"上合组织银行"更容易运作，见效也更快。

　　将"丝绸之路经济带"的建设与加强上合组织成员国之间能源合作结合起来。能源领域合作是上海合作组织成员国加强经济合作的优先方向。上合组织成员国既有能源资源国，又有能源消费国和过境运输国，具有巨大互补优势。能源合作是上合组织经济合作中最具吸引力、最有发展前景的领域。要争取早日建成能够惠及各成员国的多边能源合作平台，推动国际能源结构治理。中国一向是上合组织能源合作的积极推动者。在上合组织能源合作中，中国既具有市场优势、区位优势、国家关系优势，又具有资金优势和技术优势。我们要赢得与上合组织国家的能源合作主动权，通过"丝绸之路经济带"与上合组织成员国开展全方位的合作是一个良好的平台。上合组织国家的能源合作，既是中国能源国际化、多元化战略的重要成果，也是在上海合作组织框架内能源合作之成功所在。

　　将"丝绸之路经济带"的需求作为与中国周边国家互联互通的"八路"布局结合起来。形成"铁路、公路、输油管、输气管、电信线、水路、电力线、航空线"等八条线路，是中国周边国家互联互通的可能通道。具体开辟哪些通道，开通的优先顺序，如何构造线路综合通道等，都是急需事先明确的问题。由于"丝绸之路经济带"的建设非常务实和深入，因此，充分考虑"丝绸之路经济带"的要求，有利于增强"八路"决策和实施的科学性与实用性。

浅论金砖国家开发银行的成立与发展[*]

2014 年 7 月 15 日，金砖国家领导人第六次会晤决定设立金砖国家开发银行（以下简称"金砖银行"）和应急储备基金。这将是世界金融发展史上具有划时代意义的重大事件，它将开启自布雷顿森林体系建立以来全球金融秩序再平衡的新纪元。

高瞻远瞩

金砖国家作为世界新兴经济体的中坚力量，其相互合作不仅有利于发展中国家整体力量的提升，也有利于维护世界和平与稳定。金砖国家在许多重大国际和地区问题上共同发声、贡献力量，致力于推动世界经济增长、完善全球经济治理，是国际关系中的重要力量和国际体系的积极建设者。参与金砖国家合作，符合中国维护世界和平、促进共同发展的外交宗旨，也遵循了和平共处五项原则，既反映了发展中国家的共同利益与愿望，也体现了中国关于建立国际政治经济新秩序的主张。金砖银行及应急储备基金的成立为金砖国家合作迈出了跨时代的一步，对于金砖国家积极参与国际金融治理，推动国际金融体制改革，扩大金砖国家之间及其与世界其他国家间的经济合作有着深远的影响和意义。它将为发展中国家特别是金砖国家的政治经贸发展提供强有力的金融支持，也将助推发展中国家在国际社会地位及发言权的提升。

金砖银行作为首个由发展中国家自筹资金建立的金融机构，有望进一步充实和改进国际金融体系，成为世界银行（WB）和国际货币基金组织（IMF）的重要补充。长期以来，由美国主导的世界银行和由欧盟主导的国际货币基金组织掌控着全球金融市场。作为新兴经济体的主体力量，金砖国家人口占世界总人口超过 42%，面积占比 28%，经济总量与贸易总量分别占比 18% 和 15%，国际储备占全球 50% 以上，成为当今世界越发不可忽视的新兴力量。然而，在金融层面，发展中国家包括金砖国家在世界银行和国际货币

---

* 本文发表于 2014 年第 9 期的《银行家》。

基金组织提高话语权的要求被持续遏制，国际金融秩序始终向着有利于欧美发达国家的方向倾斜。自 2007 年美国"次贷危机"进而引发全球金融危机以来，世界银行和国际货币基金组织对发展中国家在经济发展和基础设施建设方面的援助都远远不够，发展中国家在贷款申请中永远处于劣势地位。金砖银行及应急储备基金旨在为发展中国家的基础设施建设和可持续发展项目筹集资金，成为发展中国家除世界银行和国际货币基金组织以外的重要资金来源，将减轻发展中国家对欧美发达国家主导的国际金融体系的依赖。一方面金砖银行和应急储备基金的成立无疑将提高包括金砖国家在内的发展中国家在金融体系中的话语权，另一方面也倒逼世界银行和国际货币基金组织向着更加公平的方向改革，使其改变向欠发达贷款国设置苛刻条件的做法。

求同存异

金砖银行的各项具体运作规则以及在成员国间的利益分配是长期以来备受关注的核心问题。与此同时，金砖各国还存在着较大的政治与经济差异，比如政治体制、民族宗教、历史文化、对外战略、与欧美国家关系紧密程度及经济模式等。因此，金砖银行能够完成其成立使命的前提是在业务运作与开发及权利分配上寻求各国可接受的共同点。

然而，金砖银行的初期资本投入额度、组织结构、股东职责权利以及总部的选择等实质性内容直接关系着各成员国的利弊得失。如果在话语权与出资比例直接挂钩的制度安排下，中国作为其中世界影响力最大、经济实力最强、出资比例最高的国家，应该获得相应比例的投票权，但这是否会重蹈世界银行和国际货币基金组织"一国独大"的覆辙并受到其他成员国的反对还有待观察。目前来看，总部位于上海，高层管理人员分别来自俄罗斯、巴西、印度。中国作为金砖银行的主要发起国及出资国，为了改变国际金融格局的目标，秉承着求同存异、和平发展的外交原则，在制度安排上做出一些牺牲与让步。也正是因为倒逼国际金融秩序变革、提高发展中国家国际地位的共同理想，使得金砖各国能够克服既存的差异和分歧，共同推动建立并发展金砖银行。

共谋发展

金砖银行是金砖各国金融合作的重要突破，而金融合作需要经济合作做基础，金砖国家在资源禀赋和产业结构上的差异为相互之间深化贸易合作创造了条件。比如，中国能够提供大量廉价的工业制成品，印度擅长提供信息软件和服务产品，俄罗斯、巴西和南非又能够为中国、印度提供能源和矿产。

基础设施建设已经成为制约发展中国家经济发展的瓶颈之一，支持基建将是金砖银行的重头戏。巴西由于铁路等基建不足，导致了其重要经济支柱农牧业运输效率低下，发展受到限制。印度、南非、俄罗斯也都存在着巨大的基建融资需求。相比之下，中国基础设施建设的经验更加充足，融资需求没有那么强烈，遭遇大规模资本外逃、陷入国际收支困难从而需要流动性货币支持的概率也不高。通过基础设施建设这一领域的合作，金砖银行可以成为发展中国家共享基础设施建设技术和经验的平台，也可以成为新兴市场国家和发展中国家突破发展瓶颈的关键助力。

金砖银行及应急储备基金的成立还对成员国间加强贸易以及推进人民币国际化具有重要的积极意义。金砖国家自建立合作关系以来，各国间贸易联系不断加强，但仍处于初级阶段，有很大的改善空间。以进口贸易为例，1995—2010 年，金砖各国从其他金砖国家进口的贸易量占其总进口的比重均呈上升趋势。例如，巴西从中国、印度、俄罗斯和南非四国进口占巴西总进口的比重从 1995 年的 1.93% 上升至 2010 年的 17.97%；中国从巴西、印度、俄罗斯和南非四国进口占中国总进口的比重由 1995 年的 4.62% 上升至 2010 年的 7.15%。贸易合作的深入需要完善的金融体系作支撑。目前，金砖国家之间的贸易仍然以美元为主要计价货币。自 2008 年金融危机以来美元汇率起伏不定，给金砖各国之间的贸易成本带来波动，不利于多边贸易的深化与发展。金砖银行通过着眼于探索贸易国本币结算，扩大结算货币选择范围，可以有效地解决上述问题，推进金砖各国贸易结算便利化。从我国视角出发，这也为推进人民币国际化及自贸区金融改革提供了难得的契机。

创新与借鉴

金砖银行是一个新生体，必将面临大量新的问题、新的形势，需要善于借鉴成功经验，更需要积极创新。对于金砖银行的结算货币、储备货币以及汇率政策等，目前尚未达到统一的定论。但基于金砖国家摆脱欧美金融控制的共识，采取金砖国家本币进行贸易结算，汇率盯住成员国货币，对于降低交易成本和汇率风险、加强经济合作、完善各国储备结构，都是有利的。目前，中国和巴西、俄罗斯之间的跨境贸易人民币结算业务已经起步，这对三国的贸易无疑是一个利好因素，也会对其他成员国产生示范作用。

金砖银行及应急储备基金作为世界银行及国际货币基金组织的重要补充，

旨在为发展中国家包括金砖国家基础设施建设提供融资。根据世界银行方面发布的资料，每年发展中国家的基础设施投资需求在 1 万亿美元左右，仅仅依靠世界银行及现有多边开发银行的资助，这一资金需求远远得不到满足。金砖银行作为发展中国家自己建立的国际银行，在项目的选择和提供融资的条件审核上可能会与现有的开发银行存在不同之处，比如在提供融资时将首先考虑金砖成员国急需的基础设施建设需求，会偏重对非洲国家基础设施提供融资，同时也需要建立完备的征信体系，进行严格的风险控制。

中国国家开发银行（以下简称"国开行"）通过 20 年来的发展和探索，形成了具有中国特色的公共基础设施建设融资的开发性金融模式，已经积累了相当丰富的基建融资经验，相关模式可为新成立的金砖银行提供借鉴和参考。例如，国开行探索的市政建设"芜湖城投"、融资支持基建"走出去"、"贷款换资源"等融资模式，以及国开行海外发债模式等。这是国开行的成功经验也是我国经济发展模式的成功经验，因此可为其他发展中国家提供借鉴。

另外，国开行探索并发展的开发性金融就是在不断的创新中自我完善的。国开行建立了"研究、规划、运行、发展"的流程模式，将研究与规划放在最前端，而且始终坚持"规划先行"的理念。经过不断地探索、研究、总结，现已初步形成了一套较完整的中国特色开发性金融理论体系。未来的金砖银行承担着国际经济金融秩序治理的重任，面临着复杂的国际形势和各国一系列的发展难题，必须重视研究和创新，才能突破和解决。

任重道远

金砖银行的发展任重道远，目前面临着一系列的问题有待解决。

首先，金砖国家之间的贸易仍处于初级阶段，各成员国之间仍存在复杂的利益冲突。第一，作为国际经济中的后发群体，金砖国家的发展模式相似，均处于国际价值链的底端，出口依赖型的经济模式使成员国之间存在着不可避免的竞争。比如中国廉价劳动力和相对较高的生产效率，使中国产品在巴西市场上具有明显的价格优势并屡屡招致巴西的反倾销调查。第二，金砖国家在石油等大宗商品的定价权上也展开了争夺。例如，中国和巴西围绕铁矿石价格、中国和俄罗斯围绕石油和天然气价格的谈判进展相当艰难。第三，除了经济利益冲突外，金砖各国在历史文化、对外战略以及经济转型等方面也存在着一定的差异，导致它们短期内难以形成在国际治理中的向心力。本着求同存异的原则，寻求各国可以接受的共同点对金砖银行制定业务政策提出了较高的要求。

其次，金砖银行制度安排尚不完善。当前，金砖国家合作形式仍比较松散，没有形成固定机制，仅仅依靠"轮流坐庄"的合作形式势必会影响合作效果。针对金砖银行的结算及储备货币、汇率政策、组织结构等都还没有具体的规定，受资助的发展中国家征信体系尚未建立，金砖国家金融合作的不断成熟仍有相当长一段路程要走。应不断加强研究，既借鉴现有多边开发性银行的经验教训，又结合金砖银行的特殊性积极创新。

最后，金砖银行成立并落户上海无疑为正值金融改革的中国提供了宝贵的机遇。中国作为基建资金可以自给的国家，在金砖银行中出资接近一半，理应获得相应的话语权，这对中国摆脱欧美的金融压制非常重要。并且，如果使用金砖国家本币作为贸易结算货币，人民币跨境贸易结算业务将得到进一步发展，这对于资本项目尚未放开的中国，将是人民币国际化的重要推动力，同时也将对深化上海自贸区各项金融改革产生明显的推动作用。

因此，推动金砖银行的不断完善与发展，充满了挑战与机遇。中国应该积极把握机遇，借力金砖银行，一方面帮助其他发展中国家进行基础设施建设，另一方面，积极推动中国的金融改革深化及国际金融秩序变革。

破茧而生　任重道远*

金砖国家作为世界新兴经济体的中坚力量，其相互合作不仅有利于发展中国家整体力量的提升，也有利于维护世界和平与稳定。参与金砖国家合作，符合中国维护世界和平、促进共同发展的外交宗旨，也遵循了和平共处五项原则，既反映了发展中国家的共同利益与愿望，也体现了中国关于建立国际政治经济新秩序的主张。金砖银行及应急储备基金的成立为金砖国家合作迈出了跨时代的一步。

长期以来，在金融层面，包括金砖国家在内的发展中国家在世界银行和国际货币基金组织提高话语权的要求被持续遏制，国际金融秩序始终向着有利于欧美发达国家的方向倾斜。金砖银行的成立对于金砖国家积极参与国际金融治理，推动国际金融体制改革，扩大金砖国家之间及其与世界其他国家间的经济合作有着深远的影响和意义。它将为发展中国家特别是金砖国家的政治经贸发展提供强有力的金融支持，也将助推发展中国家在国际社会地位及发言权的提升。

借鉴成功经验　积极创新

金砖银行是一个新生体，必将面临大量新的问题、新的形势，需要善于借鉴成功经验，更需要积极创新。

要坚持求同存异、共谋发展的原则。金砖各国之间存在着较大的政治与经济差异，因此，金砖银行能够完成其成立使命的前提是在业务运作与开发以及权利分配上寻求各国可接受的共同点。金砖银行的初期资本投入额度、组织结构、股东职责权利以及总部的选择等实质性内容直接关系着各成员国的利弊得失。在话语权与出资比例直接挂钩的制度安排下，中国作为其中影响力最大、经济实力最强、出资比例最高的国家，应该获得相应比例的投票权，但这是否会受到重蹈世界银行和国际货币基金组织"一国独大"的质疑并遭到其他成员国的反对还有待观察。目前来看，中国作为金砖银行的主要

---

* 本文发表于 2014 年第 9 期的《金融博览》。

发起国及出资国，为了改变国际金融格局的目标，秉承着求同存异、和平发展的外交原则，在高级管理人员等制度安排上作出了一些牺牲与让步。

可借鉴世界银行等机构经验，并倒逼其改革。世界银行、亚洲开发银行等国际金融组织成立并运营了近70年，已积累了较丰富的多边金融机构运营和管理经验。尤其是其项目开发和评审、风险控制、资金募集等经营模式可作为金砖银行很好的参考。但世界银行、亚洲开发银行贷款条件的严密性、贷款资金的有限性、审查程序与后评价体系的复杂性，甚至附带的政治条件都广受贷款国诟病。金砖银行作为发展中国家自己建立的国际银行，在项目的选择和提供融资的条件审核上可能会与现有的开发性金融机构存在不同之处。

金砖银行及应急储备基金旨在为发展中国家的基础设施建设和可持续发展项目筹集资金，将成为发展中国家除世界银行和国际货币基金组织以外的重要资金来源。这无疑将减轻发展中国家对欧美发达国家主导的国际金融体系的依赖，提高包括金砖国家在内的发展中国家在金融体系中的话语权，此外也将倒逼世界银行和国际货币基金组织向着更加公平的方向改革，使其改变向欠发达贷款国设置苛刻条件的做法。

应基于共识，勇于创新。对于金砖银行的结算货币、储备货币以及汇率政策等，目前尚未达成统一的定论。但基于金砖国家摆脱欧美金融控制的共识，采取金砖国家本币进行贸易结算，汇率盯住成员国货币，对于降低交易成本和汇率风险、加强经济合作、完善各国储备结构等方面都是有利的。作为一个由发展中国家自己组建的全球性开发性金融机构，将会面临大量的新情况、新问题，没有现成经验可借鉴，这就需要有良好的创新机制，鼓励通过创新来克服困难，探索出一个符合由发展中国家组建的全球性多边金融合作机构运营模式。

支持基础建设　　促进贸易合作

支持基建将是金砖银行的重头戏。金砖银行在提供融资时将首先考虑金砖成员国急需的基础设施建设需求，会偏重向非洲国家基础设施提供融资，同时也需要建立完备的征信体系，进行严格的风险控制。通过基础设施建设这一领域的合作，金砖银行可以成为发展中国家共享基础设施建设技术和经验的平台，也可以成为新兴市场国家和发展中国家突破发展瓶颈的关键助力。

金砖国家自建立合作关系以来，各国间贸易联系不断加强，但仍处于初级阶段，有很大的改善空间。以进口贸易为例，1995—2010 年，金砖各国从其他金砖国家进口的贸易量占其总进口的比重均呈上升趋势。例如，巴西从中国、印度、俄罗斯和南非四国进口占巴西总进口的比重从 1995 年的 1.93%上升至 2010 年的 17.97%；中国从巴西、印度、俄罗斯和南非四国进口占中国总进口的比重由 1995 年的 4.62%上升至 2010 年的 7.15%。贸易合作的深入需要完善的金融体系作支撑。目前，金砖国家之间的贸易仍然以美元为主要计价货币。自 2008 年金融危机以来美元汇率起伏不定，给金砖各国之间的贸易成本带来波动，不利于多边贸易的深化与发展。金砖银行通过着眼于探索贸易国本币结算，扩大结算货币选择范围，可以有效地解决上述问题，推进金砖各国贸易结算便利化。从中国视角出发，如果使用金砖国家本币作为贸易结算货币，人民币跨境贸易结算业务将得到进一步发展，这对于资本项目尚未放开的中国，将是人民币国际化的重要推动力，同时也将对深化上海自贸区各项金融改革产生明显的推动作用。中国和巴西、俄罗斯之间的跨境贸易人民币结算业务已经起步，这对三国的贸易无疑是一个利好因素，也会对其他成员国产生示范作用。

金砖银行是金砖各国金融合作的重要突破，而金融合作需要经济合作作基础，金砖国家在资源禀赋和产业结构上的差异为相互之间深化贸易合作创造了条件。但与此同时，各国在政治体制、经济制度、贸易规则、民族宗教等方面存在的差异又会阻碍相互的合作。甚至在某些领域还存在较多的竞争和利益冲突。因此，金砖银行的发展，既充满了机遇，又面临着挑战，任重道远。

第二篇
产业发展与绿色金融

第三章　产业发展

第三次工业革命与中国[*]

在不久的将来，每一处建筑都将转变为就地收集可再生能源的迷你能量采集器或微型发电厂，将氢和其他可储存能源储存在建筑里。互联网技术将全球的电力网连接转化为能源共享网络。由汽车、公交车、卡车、火车等构成的传统运输网络，将转变为插电式和燃料电池型，并且以可再生能源为动力的新型交通运输网。

这便是第三次工业革命为我们描绘的未来生活图景，从生产方式的革命推动更为深刻的经济组织形式的变革。

第三次工业革命的蓝图

生产系统将借助网络信息技术，全面趋向数字化和智能化，即所谓的"数字化制造"。以3D打印技术为代表的新型生产设备，正在推动设计与制造的一体化，使复杂产品的制造流程大大简化，生产制造成本大幅降低，企业生产周期大为缩短。而"数字化制造"则意味着高技能劳动力、科研设施、专业技术知识等高级生产要素的作用日益凸显。

这意味着，现有的大规模流水线生产方式将转向大规模定制。"数字化制造"使大规模个性化生产成为可能，产品的异质化程度提高。它可以在更大范围、更高层次上满足消费者日益广泛的个性化需求，而企业依靠规模经济降低成本的竞争战略受到挑战。我们预测，大规模流水线生产方式有可能被终结。

在此基础上，产业的组织将更趋于网络化和分散化。一方面，企业借助互联网，从工厂化生产转向社会化生产。这将使得外部分散的合作式商业模式更为普遍，进而促进制造业和服务业深度融合，第二、第三产业的边界日益模糊；而生产者与消费者的互动关系也将变得更为紧密。另一方面，为更快地响应市场需求，企业会更多地选择在消费地进行本地化制造，因此，分散的、就地化生产愈加普通。

---

　　* 本文发表于《2014年博鳌亚洲论坛年会会刊》。

与此同时，互联网与可再生能源深度融合，即"能源互联网"。受新技术突破以及规模运用等因素的影响，新型可再生能源价格持续下降，使用比重将不断上升。同时，互联网技术与可再生能源深度融合，形成"能源互联网"，实现能源生产和利用的分散化、合作化。

世界经济将发生重大变革

第三次工业革命到来之际，中国经济保持稳定增长的压力也在加大。许多发达国家和发展中国家的发展趋势正开始由释放市场力量，迅速向保护主义方向转变。从历次大规模经济危机的演化历程分析，经济最困难时期也正是技术与产业革命酝酿的关键时期。每一次危机之后的经济复苏，除了宏观经济政策刺激之外，都不外乎科技创新革命引致的新兴产业革命启动。这些都必将给世界经济格局带来重大变革。

我们预测，首先，全球制造业重心有可能再次转向发达国家。个性化定制、分散化生产使得产品竞争优势不再是价格，而是创意、设计、技术和个性化。发达国家拥有技术、资本和市场等优势，更有可能成为未来全球高附加值终端产品、主要新型装备产品以及新材料的主要生产国和控制国，重获生产制造环节的比较优势。相比之下，发展中国家将丧失以低要素成本大规模生产同质产品的比较优势。

其次，全球能源重心将发生位移。随着可再生能源逐步替代化石能源，工业发展摆脱对传统常规能源的依赖。因此，西亚、北非等依靠石油、天然气作为经济支柱的国家的地缘作用将发生改变。

最后，中国崛起的步伐或将减缓。第三次工业革命广泛使用新能源、新材料，特别是强调人才、创新、创意、技术、资本等优势。因此，对中国大量处于国际产业链中低端、劳动密集型、能源资源消耗型产业将构成严重冲击。发达国家经济进行再工业化、实体化，实行本国消费、本国制造。大量曾经转移到中国的就业岗位将重新回流到发达国家，中国长期依赖的出口拉动的增长模式难以为继。

中国的应对策略

回溯历史，第二次工业革命时期，有一批新兴国家崛起。19 世纪 80 年代，第二次工业革命最先从美国开始，其工业产值在世界工业总产值中的比重迅速增加到 30% 以上。紧接着，第二次工业革命又在 1900 年至 1910 年间深入德国的各个部门，改变了德国工业的面貌，使之在很短的时间内超过英国而居于世界第二位。日本也紧随其后，经济得到了空前的发展。19世纪末20世纪初，由于第二次工业革命的作用，美国、德国都超过了英国，世界的格局也就此改变。

尽管国际上对第三次工业革命还没有统一的认识和判断标准，作为第三次工业革命基础的技术仍处在发展完善当中，但世界主要国家依然在积极行动，力图在竞争中占据主动。

美国两次发布创新战略，将研发投入提高到占GDP 3%的历史最高水平，力图在新能源、无线网络、先进车辆、医疗卫生信息技术、基础科学和航天等领域取得突破。最近又提出科技创新的主攻方向，包括节能环保、智慧地球、大数据等。同时力推再工业化，积极发展新能源产业，启动高端制造计划，在纳米技术、高端电池、能源材料、生物制造、新一代微电子研发、高端机器人等领域加强攻关。

与此同时，欧洲议会在2007年宣布，把第三次工业革命作为长远经济规划及欧盟发展路线图。目前，欧盟及其成员国正在执行第三次工业革命路线图，支持卓越科学研究，保障产业创新领导力，并宣布2013年前投资1050亿欧元发展绿色经济，保持在绿色技术领域的领先地位。

德国则大力发展风能、生物能等可再生能源和节能环保技术，努力建造能源互联网。明确提出2020年绿色能源将占其能源总需求的35%。日本也是重点开发能源、环境技术相关科技，加紧开发智能电网，计划到2030年全部普及。

中国在新能源、新材料、物联网等高新技术及新兴产业领域起步较早。例如，我国研制了世界最大的3D打印机，而可再生能源发展也相当迅速，不但光伏发电制造能力世界第一、装机容量世界第六，而且风力发电装机容量世界第四。

同时中国高度关注世界科技发展趋势，在"十二五"规划中明确了新一代信息技术、节能环保、新能源、生物、高端装备制造、新材料、新能源汽车等七大战略性新兴产业，并制定了相关产业专项发展规划。但也要看到，我国的新兴产业发展规划与第三次工业革命有关生产方式的革命性改变、技术领域的突破性创新等核心内容，还有一定距离。

我们认为，中国必须牢牢把握第三次工业革命的战略机遇期，以全新的姿态把握和应对全球战略性新兴产业可能重新定义的机遇与挑战。中国的经济发展情况是政府调控能力强而市场创新能力弱。科技的发展离不开"资本"的孵化与支持、"产业"的培育与扩张以及"市场"的占领与稳固三个方面的紧密配合。

中国必须在创新环境、金融服务、政策配套以及新技术产业化等方面实行深入的改革，激发市场主体技术创新的积极性，使其在未来国际分工地位的关键产业领域突破核心技术"瓶颈"并形成产业化，在各行业打造一批能够支撑中国经济社会长期发展且具国际竞争优势的跨产业集群。

在第三次工业革命的关键时刻，中国需要全面分析危机后全球工业化的历史趋势，以创新思维发展新兴产业，释放基础设施建设的潜力。就金融业而言，当下最紧要的就是更加去行政化、立足于市场，给予资本市场和开发性金融以更大的空间。

在一些商业银行目前不愿介入的领域，让开发性金融机构来做，并让其处于基础和骨干地位。例如，电动车要实现跨越式发展和普及，要先解决的是诸如加电站这类基础设施的产业化。这种超前的和铺底的新兴产业项目的培育就需要开发性金融来做。

国内金融同业应积极努力，力争有所作为。一是加强前瞻性研究。加强行业分析，关注产业发展及业态变化，准确把握发展趋势。同时做好相关专业人才培养与储备。二是做好战略规划。加强与国家部委和研究机构合作，推动相关规划的研究、制定与实施。三是支持战略性新兴产业发展。加大力度支持行业内领军企业发展，培育扶持一批技术领先、成长性强、市场前景好的中小企业。特别是需要创新金融服务模式，综合金融服务手段，促进金融创新和科技创新有机结合，推动科技创新向产业领域广泛渗透。同时要注重防范风险，支持战略性新兴产业健康有序发展。

最后，需要推动企业科技创新"走出去"和"引进来"。支持企业开展境外科技项目的投资和并购，支持国际机构、跨国公司在华设立研发机构，利用国际资源促进我国科技创新和产业提升，提高科技发展的国际化程度，力争占据主动。

论金融支持文化产业发展[*]

当今时代，文化越来越成为民族凝聚力和创造力的重要源泉，丰富精神文化生活越来越成为人民群众的热切愿望。2008 年金融危机爆发后，各国为促进经济复苏，把发展文化产业作为推进创新、调整产业结构的重点领域以及在国际竞争中获得竞争优势的新举措。近年来，我国文化产业发展快速增长，产业影响力不断提升，2013 年文化产业增加值增长 15% 以上，超过了国民经济多数行业的增速，已发展成为国家文化软实力的骨干力量和国家综合实力的重要组成部分。

加快发展文化产业，是新时期新阶段文化建设一项十分重大而又紧迫的战略任务，是兴起社会主义文化建设新高潮、推动社会主义文化大发展大繁荣的迫切需要。首先，加快发展文化产业是促进经济发展方式转变的重要途径。文化产业具有优结构、扩消费、增就业、可持续的独特优势和突出特点，既为生活服务，又为生产服务，是经济结构调整的重要支点。其次，加快发展文化产业是满足人民群众精神文化需求、保障人民群众文化权益的重要内容。随着我国国际影响的日益提升，国际社会对中国发展道路和发展模式更加关注，了解中华文化的愿望更加强烈，迫切需要我们加快发展文化产业，扩大中华文化国际影响力。

我国文化产业资金瓶颈仍在

《文化产业振兴规划》和《文化部关于加快文化产业发展的指导意见》出台以来，全国各地的相关部门和金融机构根据文件精神，勇于创新，开拓进取，纷纷出台了多种政策支持和信贷产品，为当地的文化产业发展提供了活力和强有力的支持。文化产业资金瓶颈虽然已有初步缓解，但由于文化产业资产大多表现为知识产权等无形资产，投资收益具有不确定性，其与金融市场对接依然存在诸多问题亟待解决。无论从间接融资还是从直接融资看，文化产业获得金融资本的支持远远不够，融资难仍是文化产业发展、企业做

 ＊ 本文发表于 2014 年第 8 期的《银行家》。

大做强的瓶颈之一。

文化产业间接融资存在的问题

金融机构普遍对文化产业的商业价值和综合效益难以把握，缺乏针对文化企业知识产权、版权、收费权进行质押的金融产品，对文化企业的内部信用评级、贷款条件设定缺少差异化处理。一是文化产业轻资产、无形化、知识化特点较为明显，抵押担保物通常较少，目前我国文化企业自主创新能力不高，知识产权的作用发挥不充分，较难获得银行信贷支持。二是银行业服务文化产业发展的融资担保、产权界定、项目评估、登记备案、权益转让等中介体系还很不健全，是银行与文化企业对接存在的主要问题。三是银行要求提供其认可的抵押或担保物与国家相关规定也存在冲突。诸如出版许可证这类抵押品虽然自身拥有价值，但是其不能交易的特点会造成银行在客户违约后抵押品难以处置，这在某种程度上也加大了银行的贷款风险。

文化产业直接融资存在的问题

2003年我国文化产业的转企改制上市开始提上日程，通过资本市场直接融资也日益成为文化企业重要筹资途径。但目前我国文化企业市值总体上占比较低，改制上市仍然面临诸多问题：一是我国文化产业的经营格局以中小文化企业为主，企业规模小而分散，经营能力和抵御市场风险能力较弱，大多企业不具备直接融资条件。二是文化产业的现代企业制度建设依然滞后，企业法人治理结构不健全，所有者缺位和越位并存，企业内部激励机制和动力机制不足，国有文化实体难以真正摆脱传统体制束缚。三是国务院虽然下发文件要求试点地区政府应对鼓励的新办文化企业给予减税政策，但此类税收优惠属于地方政府的暂时性优惠，拟上市公司对该类税收优惠的依赖可能影响公司的持续盈利能力。

促进金融支持文化产业的着力点

文化产业持续发展是一个循序渐进的过程，既需要政府的政策导向加以指引，又需要文化企业自身探索市场化运作规律，更需要加强金融对文化的融合和支持。

建立健全文化产业融资的基础性制度和保障体系

健全文化产业融资的基础性制度。目前我国知识产权等无形资产抵质押登记、托管制度不完善，保险介入不深。有关部门应抓紧制定和完善规范专利权、版权等无形资产评估、质押、登记、流转和托管的管理办法，培育流转市场，突破文化产业融资难的基础性制度障碍。

进一步建立健全文化企业资产评估体系。建立知识产权专利评估机构，为银行信贷、无形资产入股与转让等提供专业咨询，促进无形资产融资变现。加大文化产业保险介入力度，进行文化产业贷款信用保险尝试，降低文化产业项目运作风险，转移信贷风险。另外，地方政府可根据文化产业的特殊性，成立相关的专业文化评审部门，对文化相关项目进行内容评审和市场预测，向金融机构推荐优秀项目。

完善文化产业相关法规制度。我国的文化产业长期以来都存在市场化不健全，法律法规非市场化的问题。法规和监管一定程度上存在"管死管严"的问题，造成了对文化产业市场化的制约。为了促使文化产业健康活泼的发展，法律法规应该从管理层面向导向层面发展，适当放松文化创作环境，促进文化产业的市场化。

结合文化产业特点，加强金融产品和服务方式创新

创新信贷产品和服务方式。第一，鼓励银行业金融机构发挥各自比较优势打造适合文化企业特点的金融服务特色产品。在有效控制风险的前提下，逐步扩大融资租赁贷款、应收账款质押融资、产业链融资、股权质押贷款等适合文化企业特点的信贷创新产品的规模，探索开展无形资产抵质押贷款业务，拓宽文化企业贷款抵质押物的范围。第二，开发适合文化产业发展的信贷产品及贷款模式，鼓励商业银行探索联保联贷等方式向中小文化企业提供金融支持，鼓励保险机构开发适合文化产业发展需要的保险产品，分散银行对文化产业的信贷风险。第三，对主营业务突出、盈利能力强、信用记录好的产业集团，通过实施快速审批机制对其重点项目建设给予优惠和优先。第四，对无形资产占比较大的文化企业和项目，通过对企业信用、未来成长性等非财务因素考察，有效划分文化企业信用等级。第五，对有市场前景的文化产业投资项目，适当扩大项目融资、银团贷款等产品使用范围。第六，对农村文化企业，积极拓展农户小额信用贷款、联保贷款的覆盖范围，推动农村地区文化产业金融服务创新。

构建多层次、多元化的直接融资市场体系。第一，通过"政府鼓励、行业推动、企业主导、投资机构参与"模式，加快文化企业在中小板、创业板或者主板的上市步伐，推动文化企业在股票市场融资的规模。第二，逐步放松发债企业规模限制，完善信用评级制度，鼓励文化企业通过发行企业债券、

私募债、中票等方式筹集资金。第三，建立文化产业发展基金，为文化产业信贷担保、贷款贴息、技术创新补贴等，鼓励民营资本成立风险投资、私募股权公司，直接投资文化项目。第四，建立文化信托投资公司，发起文化产业专项信托计划，所发行的信托产品可以由社会资本认购，募集的信托基金投向由评审专家筛选的、有潜力并能够体现政府扶持意愿的优秀中小文化企业。第五，鼓励文化产业重大项目资产证券化，延长融资链条，利用金融衍生品市场获得资金。第六，支持文化企业以版权、著作权等在产权交易所进行知识产权交易。

继续发挥开发性金融的独特作用

国家开发银行紧密结合中央支持文化产业发展的工作机制和目标、任务，深化与中央部委、地方政府和重点企业的合作，建立长期互信、互利合作机制，与各方形成合力，共同支持文化产业发展。通过合作，把政府的组织协调优势与国家开发银行的中长期融资优势结合起来，以开发性方法、市场化运作支持文化产业可持续发展。截至 2013 年年底，国家开发银行文化产业的贷款余额达到了 1568 亿元，保持着支持文化产业发展主力银行的地位，已连续四年大幅攀升并位居首位。

规划先行，发挥开发性金融的引领、导向作用。国家开发银行把握文化产业大发展的难得机遇，深化与各方的规划合作。按照高起点、高水平、高效益和防风险的要求，通过发展顾问、融资顾问等各种方式，配合地方政府和重点企业做好文化产业发展规划；围绕文化产业发展的热点和重点，通过规划先行从源头上大批量开发项目，充实项目储备。

综合运用投资、贷款、债券、租赁、证券等金融方法，积极探索适合文化产业特点的融资模式。探索项目融资模式，支持西安大明宫国家遗址保护、庐山红色旅游遗址保护等文化基础设施项目；探索以自身现金流还款、收费权质押为主的融资模式，支持湖南电广传媒等广电行业项目。

培育龙头企业，带动整个文化产业发展。以骨干企业为纽带，推动跨地区、跨行业、跨所有制兼并重组、资源整合，提升文化产业规模化、集约化、专业化水平，打造知名品牌，提高国际竞争力。

新能源产业中长期发展离不开金融支持[*]

中国的传统能源储量早已不能满足经济高速增长的需求。作为世界能源消耗大国以及能源进口大国，我国对国际能源市场的依赖程度越来越高，很容易受到国际能源价格波动的影响。

近年来，全球经济发展与气候环境问题的矛盾日益突出。自英国能源白皮书《我们能源的未来：创建低碳经济》首次提出低碳经济的概念之后，各国政府纷纷鼓励以新能源替代传统能源。目前，西方发达国家将培育新能源产业，促进产业优化升级作为经济发展决策的重要环节。而新能源产业的中长期发展离不开金融的支持，特别是银行信贷支持对新兴产业的孵化作用尤为显著。国家近期出台的一系列扶持政策，将可能把新能源产业带入加速发展阶段。

GDP 增长不能以牺牲环境为代价

长期以来，中国经济的高速增长过程伴随着能源消耗和环境污染。政府已经提出要实现经济结构转型，将粗放型增长方式转变为资源节约型增长方式。发展可再生的新能源产业，对保障国家经济社会安全、缓解常规能源资源相对不足以及改善环境污染现状有着重要意义。

发展新能源产业是改善生态环境的重要手段。中国的经济社会发展在很长一段时间里过度依赖对能源资源的消耗，GDP 增长多以牺牲环境为代价。如何在经济发展过程中减少传统能源的消耗、避免对环境的破坏，成为制约中国经济下一步发展的瓶颈问题。新能源以可再生材料为基础，使传统的可再生能源得到现代化的开发和利用，大力开发新能源在一定程度上取代资源有限、对环境有污染的传统能源，将有助于降低能源消耗对生态环境的破坏。

发展新能源产业是优化能源结构，提高能源效率的必然选择。传统能源利用效率不高，具有高污染、高能耗的特点。西方发达国家都将优化能源结

* 本文发表于 2014 年第 22 期的《中国战略新兴产业》。

构、提高能源效率作为能源发展战略的重要目标，而中国的新能源产业尚未发展成熟。但是，伴随着国家对能源供应体系多元化的要求，国家对新能源产业的投入力度势必将加大，对传统能源投入占比势必将逐步降低。随着新能源占比日益上升，我国传统能源利用效率不高的问题将有待解决。

发展新能源产业是保障国家能源安全的重要手段。中国的传统能源储量早已不能满足经济高速增长的需求。作为世界能源消耗大国以及能源进口大国，我国对国际能源市场的依赖程度越来越高，这将很容易受到国际能源价格波动的影响。近年来，国际能源价格居高不下，对我国能源进口造成了很大的成本压力。而这种价格波动传导到实体经济后，将对我国经济社会造成不利影响。因此，大力发展新能源产业，是我国减少对传统能源的依赖，降低国际能源市场价格波动影响，保障我国能源安全的重要手段。

研发、补贴、市场推广"一个都不能少"

西方发达国家历来重视能源安全，对发展新能源产业高度重视。美国、日本、德国等发达国家新能源产业起步早、推动力度大。从新能源产业发展经验上来看，政府为新能源产业发展提供了一系列优惠政策，如在研发、补贴、市场推广等方面提供大力支持。

国家牵头制订支持新能源产业发展的关键性法律，地方政府及企业作为主体积极参与其中。以德国为例，德国作为世界能源消耗大国之一，自身能源资源匮乏。石油、天然气、煤炭等主要传统能源依靠进口。随着国际能源价格的不断上涨，德国政府将发展新能源提升到国家安全的战略高度。国家通过制定《可再生能源法》等，要求新能源占比要超过50%。此外，美国于2007年通过《可再生燃料标准法》，该法案的生效使得生物燃料的发展获得了政府的巨大支持。法案为混合燃料的产量制定了最低目标。随后出台的能源独立与安全法案，将注意力集中在能源安全和能源效率上，同时为加快可再生能源和能源储存技术的研发提供资金支持。

国家采取税收减免和补贴等方式降低新能源产业发展成本。发达国家普遍采取减税和补贴的方式支持新能源产业发展，如美国对新能源汽车和零部件生产商提供贷款支持和税收减免。《美国农村能源计划》法案通过资助和贷款担保的方式，鼓励农村小型企业和农户采用可再生能源以及节能技术。该法案还资助能源审计工作并提供其他可再生能源技术支持。此外，《能源政策法》聚焦于能源供应和需求方面的政策，并将生产税额减免政策扩展到风能和合乎标准的生物技术领域内。这项法案也授权了为发展可再生能源技术提供的资金支持。日本政府对消费者采取"绿色税制"免除多项税收。

国家视自主创新为新能源产业发展的核心。西方发达国家以自主研发为突破口，通过投入大量资金和人力成本，逐步掌握了新能源产业发展的主动权。如美国为了支持新能源汽车企业自主研发，在《美国创新战略》中提出拨款20亿美元，支持研发整车、零部件及动力电池技术。而早在2005年，德国政府新批准了太阳能、风能、地热能等领域总计102个研究项目，金额为9800万欧元。德国政府还在2009—2011年提供了5亿欧元资金支持电动汽车研发和推广。截止到目前，德国在新能源领域总共投入近2000亿欧元。综上所述，发达国家将新能源产业发展上升为国家战略。通过资金投入、技术优势以及法律保障的有机结合，为新能源产业发展运营铺平了道路。

配套协调制度政策提升竞争力

从国外新能源产业发展经验的总结表明，国家政策在新能源产业发展中起着关键性作用，西方发达国家政府出台了一系列促进新能源产业发展的政策措施。近年来，我国在发展新能源领域已经取得较大进展，但由于缺少对产业发展的统筹规划，我国新能源汽车产业仍面临制约产业发展的瓶颈问题。

政策法规等配套制度不够完善。尽管我国政府已经出台了一系列政策、制度来鼓励新能源产业的发展，但是缺乏财政、法律、产业、金融等一系列配套协调制度，政策支持尚不够完善。此外，新能源产业的准入标准并未统一，产业发展的监管体系不够完善，均导致行政审批效率低下，行业内部良莠不齐，加大了新能源产业的发展成本。

部分地方政府盲目投入导致部分行业产能过剩。国家出台新能源产业扶持政策后，部分地方政府将大量的信贷资金引入新能源领域。部分省区提出要打造新能源产业基地，多个城市提出要把新能源作为支柱产业。各地都在为发展新能源产业大力招商引资。但是，新能源产业在我国起步晚，尚未形成完善市场环境，行业准入门槛较低。此时信贷资金大量流入该行业，将造成信贷资金利用率不高，甚至资金浪费等现象，不利于引导新能源产业的良性发展。

核心技术依靠进口，自主产品缺乏竞争力。经过数年的投入，我国新能源产业研发技术方面有了一些提高。但是，相比西方发达国家，我国新能源产业整体研发技术水平较低。比如，我国光伏电池产业的生产设备大量依靠国外进口，产品平均成本远高于国外同类型产品。其他行业的核心技术也主要被西方发达国家所掌握。随着中国充分参与国际市场竞争，国内生产厂商不得不面临国际巨头的挑战。不久之前，美国汽车生产商特斯拉公司正式面向中国销售其全新纯电动车 MODELS，此举引起了国内外汽车市场的轩然大波。有人甚至认为，这将对传统的汽车产业造成巨大冲击。伴随着市场经济环境日益公开、透明，国内部分新能源厂商依靠政府提供补贴、政策支持的发展方式将难以延续。

金融助力新能源企业"走出去"

建议主管部门制订政策引导信贷资金有序流入。中国人民银行、银监会等金融主管部门应借鉴对西方发达国家关于支持新能源产业发展的政策法规，建立适合中国国情的新能源产业发展政策体系。可考虑由人民银行或银监会牵头制订政策，引导信贷资金支持新能源产业创新和技术发展，鼓励企业依靠技术创新，降低生产成本。此外，可以以信贷资金作为突破口，鼓励银行信贷资金以外的民间资本进入新能源产业，可考虑由国家开发银行等机构设立新能源产业引导投资基金等支持新能源产业发展。

加大研发创新支持力度，培育核心竞争力。由于我国部分省市盲目拓展新能源项目，导致部分新能源行业出现了产能过剩的情况。由于产能与销量不匹配，造成了严重的资源浪费。由此可见，单靠增加产量将难以扶持新能源产业的健康发展，掌握核心技术仍是行业发展的重中之重。因此，支持新能源产业发展的同时，一定要注意加大对新能源领域基础性、前沿性技术的研发投入，加大对产业优化升级的支持，保质保量地支持新能源产业发展。此外，新能源产业的龙头企业应积极设立新的研发机构，吸收新能源产业的研发人才。

开发资产证券化产品筹措资金支持行业发展。建议在完善新能源产业监管体系的基础上，可考虑由金融机构开发新能源资产证券化产品。将新能源勘探开发权、产业基础项目等资产汇集成资产池，由政府选择或新设项目发展商，将资产卖给特设信托中介（SPV）。SPV 组合增信后，由资信评级机构进行信用评级，最后将证券出售给投资者。资产证券化产品将为支持新能源产业提供更多的资金支持。

支持企业"走出去"，促进新能源项目国际开发合作。由于各个国家的资源禀赋不同，新能源产业发展侧重点不同。比如，中国某些新能源原料资源比较匮乏，这就要求金融机构与相关企业加强国际合作谈判，开发新能源上游的勘探、开采领域。政府应鼓励企业实施"走出去"战略，通过金融支持，满足我国日益增多的原料需求。尽管发达国家在新能源技术、管理经验和研发环节处于主导地位，但是依靠我国金融机构的资金优势，可以考虑支持企业"走出去"进行兼并收购谈判，推动中国新能源技术迈向新台阶，加快新能源技术提升和新能源产业化发展。

　　综上所述，新能源产业发展对传统能源产业的挑战已经逐步形成。面对国外新能源产业迅猛的发展势头，我国政府和企业应做好充分的准备迎接挑战。对于金融机构而言，在为我国新能源产业提供信贷支持的同时，要善于分析和捕捉市场机会，将信贷资金投向具有培育核心技术的领域中去。

互联网连通城乡市场[*]

随着互联网的发展，蓬勃兴起的互联网经济正为解决城乡市场的融通提供新思路。

推动城乡发展一体化，增强农村发展活力，逐步缩小城乡差距，让广大农民平等参与现代化进程、共同分享现代化成果，解决好"三农"问题，一直是中央工作的重中之重。然而，自然和制度的因素限制了城乡市场的融合与统一，不仅阻碍了城乡共同发展繁荣，也降低了市场配置资源的效率。

我们看到，一边是农村优质农副产品无人问津，另一边是城市居民花高价全球购物；一边是城市企业物美价廉的产品急寻市场，另一边是农村居民跋山涉水去赶集；一边是农民只能到农村信用社存款而无其他投资渠道，抑或农业生产无法获得贷款，而另一边却是城市银行使出各种手段、设计各种理财产品拉存款，又挤破脑袋抢贷款项目。

如今，这样的问题正因为互联网经济的发展而发生改变。

农村网购已逐渐兴起　受到市场和政府重视

我国农村人口庞大，但长期消费不足，有着巨大的市场潜力。事实上，这一市场已引发了电商巨头的竞相抢滩。

据统计，2014 年"双十一"全网单天交易额高达 805 亿元人民币。而据阿里巴巴的数据，在淘宝和天猫平台上注册的农村淘宝店数量累计已达 160 多万个。阿里巴巴已将农村发展战略列为未来发展的三大战略之一，并准备在三至五年内投资 100 亿元打造"千县万村"计划，建立 1000 个县级运营中心和 10 万个村级服务站。京东也表示其在农村市场的利润增长比城市高 3 倍。

农村互联网经济的发展也引起了中央高层的关注。2014 年 11 月初，李克强总理在经济形势专家企业负责人座谈会上关注到了京东在农村地区的发展，指出农村居民也应该与城里人享受同样的消费服务，京东不仅在拓展市场，也在推进公平。11 月 19 日，李克强总理冒雨夜访中华网店第一村——浙江义

---

* 本文发表于 2014 年 12 月的《第一财经日报》。

乌青岩刘村，对网店创业者、快递员等农村电商从业人员给予了肯定和鼓励。

互联网经济正从城市走向乡村、从经贸和金融两个层面联通城乡市场，在激活我国农村经济的同时，也促进城市经济的发展。

电商联通城乡市场　助力实现城乡"双赢"

互联网、电子商务沟通城乡市场、激活农村经济的积极作用，首先体现在贸易领域。

我国广大的农村市场，绝大部分农村居民往往通过定期的集市或小型农贸市场来出售农副产品和购买生产、生活资料。由于基础设施落后、市场信息不对称等原因，农副产品的交易范围十分有限，中间商层层压价，许多优质农产品的售价往往偏低。而农民购买到的工业制成品往往价高质劣，假种子、假农药、假化肥甚至影响农业生产，而且消费权益难以获得保障。分割而狭小的市场限制了农民收入的增加和消费质量的提高。

然而在互联网时代，农民一方面可以借助电子商务把养在深山不为人知的优质农副产品推向全国乃至全球市场，减少中间环节的加价，增加收入。另一方面，商品琳琅满目的电商平台方便农民选购物美价廉的产品，节约开支。有了农村淘宝服务站，不知互联网为何物的老大娘也能赶着"双十一"，花99元买双名牌皮鞋。在这一增一减之间，鼓起的是农民的腰包，提高的是他们的消费品质。

电商在给农民带来实惠的同时，也给城市经济带来了机遇。作为世界工厂的中国，近来面对劳动力成本上升和外需疲软的双重压力，城市制造业部门的庞大产能亟待市场吸纳。通过电商平台打开广大的农村市场，拓宽企业产品的销路不失为良策。

此外，城市居民对安全优质的农副产品有着巨大需求，甚至花费重金漂洋过海去购买外国"土特产"，而本国许多名优土特产品由于缺乏营销推广，却找不到销路。新西兰进口猕猴桃卖到近10元一个，而陕西生态猕猴桃却烂在枝头无人问。通过电商平台，有条件的地区和企业可以把不为人知的优质农副产品推向市场，云南褚橙、新疆玉枣等都是网络农产品营销的成功案例。优质产品近在身边，城市居民大可多消费国内优质农副产品，不仅自己得实惠，还能带动农业发展和农民增收，一举两得。

可见，新兴互联网牵手传统农业，不仅可以减少城乡市场之间的信息不对称，缩短中间环节，节约交易成本；还能以城带乡，以工促农，缩小城乡发展差距，促进社会公平，实现互利双赢。一个互联互通的城乡大市场，细化了城乡分工，深化了城乡合作，更利于市场在资源配置中发挥决定性作用。

扩展金融市场　弥补农村金融短板

农村经济的发展离不开农村金融的支持。虽然经过长期发展我国农村金融市场有了一定的进步，但与城市相比差距较大。农村金融的区域发展水平极不平衡。农村地区的"金融短板"是解决"三农"问题的一大挑战。绝大多数农村居民缺乏基础的金融知识，农村家庭投融资渠道单一，获得金融服务的成本高；大多数乡镇企业的融资需求难以通过正规渠道得到满足。然而，受制于效益、制度等因素影响，传统商业银行投资农村金融市场的意愿不强。而农村信用社不但网点少，服务和产品等各方与商业银行都有较大差距，不足以支持农村经济的发展。

而互联网金融的兴起为农村金融市场带来了新的机遇。利用越来越普及的互联网技术，互联网金融业务能够跨地区、跨时域运营。不仅提供存取款、支付、理财等传统金融服务，而且具有收费低、效率高、操作简便等优势。

在广大乡村地区，互联网金融的发展潜力巨大。农村通过互联网可以获得更加便捷和多样化的金融服务：支付、转账能用支付宝；存款到"宝宝"军团，不用填单排队，还能获得较高的收益；想借钱贷款，可以上 P2P 网贷平台。

例如，由国家开发银行全资子公司——国开金融有限责任公司和江苏省内国有大型企业共同投资设立的"开鑫贷"互联网金融服务平台，推出的公益性惠农金融产品"惠农贷"专项支持"三农"发展、解决农户融资难题。其推出的公益性金融服务产品，不收任何服务费。力求帮助广大农户以相对较低的成本获取资金，确保农户最终融资成本不超过8%（年化利率），从而改善农户的生产、生活，最终达到帮助农户致富的目的。

对于新兴互联网金融平台来说，需求大、潜力深的农村市场是他们可以大显身手的蓝海。如果能突破基础设施、知识观念等约束，完善互联网金融的风险管控，尽快填补相关法律法规空白，互联网金融可以联通城市和乡村，改善我国经济中城市和乡村资金的"血液循环"，为服务完善、资金充裕的地区找市场，为急需资金和服务的地区找资源。

面临的问题和建议

电子商务、网络金融在联通城乡市场，激活农村经济方面大有作为。然而要实现这些城乡双赢的目标，还面临许多实际问题，需要市场主体和政府有关方面共同努力解决。

一、就贸易流通领域而言，主要存在数字鸿沟、物流瓶颈、质量管控和消费者权益保护等问题。

1. 数字鸿沟，具体表现为农村地区互联网基础设施落后，区域差异很大；互联网知识亟待普及。要想富，首先要修好互联网这条"信息高速路"。一方面有条件的地区可积极探索，积累经验；条件差的地区要加快完善互联网基础设施建设。另一方面，通过技能培训、网店启动资金扶持等措施让农民会上网，懂操作，能开店。

2. 物流瓶颈。乡村地区客源、货源分散，交通条件和物流成本千差万别，物流行业中"最后一公里"的难题比城市更加突出。田间地头的优质产品运不出，城里物美价廉的商品进不去。阿里集团在农村淘宝的试水中，也将首家农村淘宝店选在拥有"三通一达"四家物流企业和村级物流全通达的浙江桐庐。可见要想让互联网和电子商务打通城乡经济通道，必须解决好物流问题。除了电商、物流企业和农民等市场主体的努力之外，还需政府加强交通基础设施建设、出台相应扶持政策，优化物流运输管理，减轻物流企业负担。

3. 质量管控和消费者权益保护。互联网交易突破传统上"一手交钱一手交货"的信任交易模式，是建立在买卖双方信用基础上的信用交易。只有保证产品质量，资金安全，才能充分发挥互联网平台降低交易成本，促进城乡消费公平，提高经济效率的种种优点。如果网上假冒伪劣泛滥，农民还不如去赶集；假如网购的农副产品质量安全问题频发，那只能使得大家对洋品牌趋之若鹜。为促进电商市场可持续发展，政府应弥补市场调节的不足，加强对网上交易产品的质量监管，规范电商平台交易信用评价体系，严肃处理伪造良好信誉、骗取消费者信任的行为，对由于产品质量问题造成消费者人身及财产损失的有关责任方从严查处。

二、在互联网金融领域，需要解决的问题：一是有关互联网金融的政策法规的制定和完善；二是互联网金融的风险控制。这些问题是促进互联网联通城乡市场、激活农村经济面临的问题，更是整个互联网金融市场面临的问题。

互联网金融的政策法规的制定、完善，互联网金融风险的控制等问题牵涉面广，内容复杂，需要深入研究，加快解决。当前可以做的是互联网金融知识和观念的普及。要让广大城乡居民对互联网金融有正确认识。互联网金融既不是洪水猛兽，也不是稳赚不赔的摇钱树。获得较高的收益就要面临较高的风险，关键是合理设定收益预期，充分估计风险承受能力，理性选择金融产品。

　　目前农村的互联网经济处于起步阶段，继续前行面临诸多挑战。但只要有公平开放的竞争和市场，勇于创新的人会越来越多，互联网也将发挥更大的能量，联通城乡市场，降低交易成本；激活农村经济，促进社会全面发展。

开发性金融助力产业升级[*]

当今世界经济体中，虽然市场经济占主导地位，市场在资源配置中起决定性作用，但由于市场失灵等原因，即使是在社会经济发展程度很高、市场机制十分健全的发达国家，都有必要发展一定程度的开发性金融。开发性金融在促进市场建设、弥补市场失灵方面具有重要的作用，对促进产业结构升级也具有重要效果。

帕特里克在《欠发达国家的金融发展和经济增长（1966）》一文中提出需求带动和供给引导的金融问题。他认为，由于金融体系可以改进现有资本的构成、有效地配置资源、刺激储蓄和投资，在欠发达国家，需要采用金融优先发展的货币供给带动政策。与需求推动的金融发展政策不同，它不是在经济产生了对金融服务的要求以后再考虑金融发展，而是在需求产生以前就超前发展金融体系，即金融可以主动和相对先行。

中国作为后发国家，在工业化初期和中期金融体系不够完善，基础性产业亟须大量的长期资金，然而市场发育落后，只靠市场配置资金来调整产业结构，时间成本太高，通过建立开发性金融机构，实施产业政策来有效地引导市场，有助于经济发展和产业结构调整。开发性金融主动运用国家信用，在市场缺损的地方建设市场，在有市场的地方充分利用市场，具有"供给导向"特点。

产业结构的调整，本质上是资源在不同产业之间的转移以及资源生产效率的提高。产业结构升级包括产业结构的高级化和合理化，是实现产业结构与资源供给结构、技术结构、需求结构相适应的过程。无论是产业间比例的合理化，还是产业结构质量的提高，都离不开金融的支持，开发性金融主要通过四种途径促进产业结构升级。

一是选择支持支柱产业，提高资源配置效率。

美国经济学家罗斯托是最早提出"主导产业理论"的学者，他把经济成长阶段划分为传统社会、为起飞创造条件、起飞、成熟、高额群众消费和追求生活质量六个阶段，而每个阶段的演进都是以主导产业部门更替为特征。

———————————
* 本文发表于 2014 年第 3 期的《财经国家周刊》。

　　由于发展中国家社会资本总量是一定的，而各产业的技术水平、生产规模不同，因此，走的是一条不平衡增长路线。中国开发性金融将"两基一支"作为重点支持领域（"两基"即基础设施和基础产业，"支"即支柱产业），是符合经济结构调整规律的。

　　国家开发银行在长期的投融资活动中积累了各行业的丰富信息，它能够将政府的产业政策意图向市场传递，带动民间投资。这个过程，本质上表现为社会资源配置效率的提高，意味着产出的增加和产业结构的升级。

　　二是支持基础设施建设，带动关联产业发展。

　　基础设施的发展将通过产业间的关联效应带动产业结构升级。通过前向联动效应，基础设施产业的发展为国民经济中的其他产业部门提供了基础性服务，从而推动其他产业的产出增加。如道路的贯通、管道铺设等为社会生产所提供的服务而创造的间接效益，体现了基础设施产业部门对其他产业的支持；通过后向联动效应，基础设施产业的发展需要相关部门提供必要的原材料、资金、技术和服务，从而带动相关产业的发展。如在工业化初期，铁路运输业的发展推动了当时新兴产业钢铁、建材和运输设备制造业的大力发展。

　　然而，基础设施项目通常具有投资规模大、建设周期长的特点，需要长期资金。由于商业性银行贷款期限相对较短、资本市场发展尚不完善，均难以提供长期资金。国开行运用开发性金融理念，与地方政府搭建融资平台，资金具有长期、集中、大额的批发性特点，成为了中国基础设施产业发展的重要推动力量。近20年来，国开行以中长期投融资促进重点领域、重大项目建设，把80%以上的贷款投向煤电油运、农林水、通讯和公共基础设施等"两基一支"领域，推动了中国的城镇化进程。

　　三是以融资推动信用建设，降低交易成本。

　　开发性金融是国家推行产业政策的重要工具，其业务动向往往成为产业发展的信号，也是政府承诺的有形证明。开发性金融通过与政府达成投资共识，由政府对项目的风险进行过滤，并对私人投资形成集聚效应，降低项目的成本和不确定性，提高投资成功的可能性。

　　另外，在经济转轨过程中，信用缺损与制度落后是制约经济发展的最大"瓶颈"。作为市场的建设者与制度的推动者，开发性金融最终目标是建设一个完善的市场经济体系，补充市场而非替代市场。

　　因此，开发性金融以政府信用为基础，以准政府的金融机构参与运行，具有弥补体制和市场缺损的组织优势。将政府信用运用于国家、地区和产业的重大项目融资中，承担大额集中长期风险，而且在融资过程中，培养融资主体的信用，积累其声誉资本，促进信用形式向高级阶段演化。在此基础上不断提高地方政府和企业对信用建设的认同度，从而使社会信用体系的建设获得制度保障和持久动力。

四是弥补商业性金融不足，促进产业结构升级。

开发性金融为产业结构升级调整提供长期资金和补助金，在"量"和"质"两方面对商业性金融的融资进行了补充。

如果仅靠市场机制自由运作，无法保证长期资金的分配效率。由于商业性金融机构长期资金供给能力和风险承担能力不足，对企业的融资主要是短期贷款，不能充分满足企业设备投资资金的需要。而开发性金融机构由于有政府信用的担保，主要从事长期投资，从而对主要进行短期融资的商业银行进行有效补充，弥补金融市场上长期资金的供给不足。这是开发性金融机构从"量"的方面对商业性金融机构进行补充。

另外，传统商业性金融机构对高风险的高科技产业以及投资回收期较长的基础产业的融资缺乏足够的动力。而开发性金融机构严格按照政府产业发展政策对不同产业和行业的发展进行鼓励或限制，对待淘汰落后产业、过度发展行业的贷款限制额度，而对发展潜力大、具有很好社会效应的基础性产业、风险大的高新技术产业或新兴产业以及投资不足的公共行业予以资金支持。这是开发性金融机构从"质"的方面对商业性金融机构进行补充。

第四章　绿色金融

绿色经济发展中的政府与市场[*]

绿色经济的全球经验与中国实践

随着经济高速成长的环境成本日益凸显，社会各界对于生态文明建设和绿色经济的关注也在不断增加。生态文明建设和发展绿色经济需要绿色金融的大力支持。深化中国绿色金融实践，需要立足于兼具国际视野和中国特色的绿色金融视角，需要一个系统、全面、更具能动性的金融机构的积极参与。

综观全球的绿色改革浪潮，美国已将发展绿色经济作为振兴经济的突破口；巴西的生物能源发展位居世界前列；在欧洲，英国、德国、法国三国成为发展绿色经济的主导力量；在亚洲，日本、韩国发展绿色经济政策积极有力，印度也十分重视发展低碳经济。

在世界绿色改革的浪潮中，我国政府高度重视发展绿色经济，制定了一系列的绿色经济扶持政策，实施了许多有利于绿色经济发展的措施。

在具体实践中，中国政府支持在农村和边远地区开发利用生物质能、太阳能、风能、地热能等新能源和可再生能源；中国政府认真引进先进风能技术，进行了许多项技术示范工程，推动风电的发展。近年来，中国政府还开展了十万千瓦级风电场特许权的试点工作，用市场手段促进风电的发展。

由中国人民银行、中国银行业监督管理委员会和环保部共同推动的绿色信贷，既由多部门联合对商业银行进行行政监管，又通过金融手段在市场中鼓励发展可持续融资，这一系列的管理办法和实施方案等政策文件，为绿色信贷的实施奠定了坚实的基础。

政府职能的再认知

我国的政府职能对于国家发展和社会建设都发挥了巨大的作用，但也存在一定程度的制度缺陷，还需要进一步完善。

---

* 本文发表于 2014 年 1 月的《21 世纪经济报道》。

首先，传统行政职能往往偏重于区域性、局部性的产业规划，没有在发展层面立足于整体、长远的全面规划，不利于产业的合理布局和发展。绿色产业是呈规模型发展的产业，不合理的布局和结构安排都会影响产业的发展。

其次，个别地方政府对绿色产业理解上的偏颇也致使行政职能在规划绿色产业发展时考虑缺失。要避免在绿色产业发展的过程中颠倒了特色产业和全面产业的规划发展顺序，这也是成功构建和发展绿色产业的关键。对绿色产业的内涵准确的理解和把握是正确发展绿色产业的前提和关键。

在新时期，政府职能也需要有新的定位

首先，制度供给实现恩威并举。我国已经制定出关于环境保护的各种规章，但外部性的普遍存在使得企业仍会倾向于继续破坏生态。解决这个矛盾就需要将外部成本内部化，可操作的方法就是征收环境税，并采用超额累进税制等进行规范。企业为了获得与以前同样的利润率，就要想办法加大对环保设施的投入，以降低环境税率，从而达到自觉注意生态保护的目的。

讲究效果的政府应根据效果而非按投入拨款。地方政府是追求预算最大化的经济人，那么解决问题可以设定一个思路：在最初的预算到位后，可以成立环境测评小组，其责任是为各地的生态保护工作评级，评定的级别越高，下期得到的补偿金额就越多。我们现在也有专家环评组，但主要责任是检查处罚。这样的后果是专家来了地方就应付，专家走了一切照旧，地方政府缺乏改善生态的内在驱动力。改变一下方法，地方上为了争取到尽可能大的奖励，会产生提供优质公共产品的原动力。同时从官僚个人的心理成本来说，名正言顺的嘉奖比瞒天过海的欺骗要有价值得多。

其次，引导社会自治，构筑多元治理结构。发展低碳经济，推动我国进入低碳社会，不只是政府的责任和义务，也需要全社会的力量共同参与，这就需要进一步引导公众生态环境政治参与热情，完善社会生态环境自治机制。倡导包括政府在内的多元主体生态环境合作治理成为时代发展的必然趋势。政府应及时公开生态环境信息，主动提升公民生态环境决策政治参与意识，积极拓展公民决策参与渠道。此外还应发挥非政府组织在生态环境保护中的价值引导和组织动员作用，逐渐形成政府引导并主导社会组织和公民个人共同参与的生态环境保护的多元治理结构，推动我国低碳转型。

最后，健全政府绿色采购制度。透过政府庞大的采购力量，优先购买对环境冲击较少的绿色产品，一方面可直接获得环保效益并鼓励厂商生产可回收、低污染、省资源的产品，另一方面以示范方式，带动绿色消费，达到教

育一般消费者的目的。目前，发达国家政府采购都有明显的"绿色"特征，我国政府还应在工程、货物和服务的采购中，搜集和监测相关产品、材料等数据，制定明确的采购标准。从长远来看，应逐步与世界大多数发达国家和地区一样，形成一种以"标准法"为基础、多种方法并用的有效节能与环保采购政策体系。

发展碳交易市场

西方国家碳金融市场发挥巨大的作用，主要体现在交易机制的设定和交易平台的搭建。发达国家的碳金融发展水平全球领先，作为一个新事物，其发展相对采取了谨慎的步骤，除了严格的交易机制安排，发达国家都遵循着分步走的原则，尽量降低发展过程中的风险。

发达国家的碳金融参与主体非常广泛，既包括政府主导的碳基金、私人企业、交易所，也包括国际组织（如世界银行）、商业银行和投资银行等金融机构、私募股权投资基金。广泛的参与主体使得发达国家碳金融市场规模迅速扩张，为发达国家的低碳经济发展筹集了大量资金，有力推动了低碳经济的发展。此外，多样化的碳金融交易工具大大活跃了碳金融市场，满足不同的投资者和企业的需要。

随着碳交易市场规模的扩大，碳货币化程度越来越高，碳排放权进一步衍生为具有投资价值和流动性的金融资产。因此，发达国家围绕碳减排权，已经形成了碳交易货币以及包括直接投资融资、银行贷款、碳指标交易、碳期权期货等一系列金融工具为支撑的碳金融体系。碳金融大大推动了全球碳交易市场的价值链分工。碳交易权的计价结算与货币的绑定机制使发达国家拥有强大的定价能力，这是全球金融的又一失衡。

目前，我国碳金融发展存在几个方面的主要障碍。

首先，对 CDM 和"碳金融"的认识尚不到位。CDM 和"碳金融"在我国传播的时间有限，国内许多企业还没有认识到其中蕴藏着巨大商机；同时，我国政府及国内金融机构对"碳金融"的价值、战略意义、操作模式、项目开发、交易规则等尚不了解，目前关注"碳金融"的除少数商业银行外，其他金融机构鲜有涉及。到目前为止中国还没有用市场化来解决环境问题。此外，中国碳金融交易存在法律、监管和核查等问题。

其次，中介市场发育不完全。在国外，CDM 项目的评估及排放权的购买大多数是由中介机构完成，而我国本土的中介机构尚处于起步阶段，难以开发或者消化大量的项目。另外，也缺乏专业的技术咨询体系来帮助金融机构分析、评估、规避项目风险和交易风险。同时，中国碳金融交易行业的基础设计能力建设目前还没有到位。

最后，CDM 项目开发时间长、风险因素多。与一般的投资项目相比，CDM 项目需要经历较为复杂的审批程序，这导致 CDM 项目开发周期比较长，并带来额外的交易成本。此外，开发 CDM 项目涉及的风险因素较多。

作为最大的发展中国家，我国正处在工业化、城市化、现代化进程的关键阶段。目前，我国已成为世界温室气体第二大排放国，向低碳经济的全面转型将成为我国经济发展的必然趋势。碳交易本身是种金融运作，它是对排放权额度的转化。将排放权作为产权来进行交易，意义在于引领实体经济的发展。

我国的实体经济企业虽然为国际碳交易市场创造了大量的减排额，但自身却仍处在整个碳交易产业链的最底端。当前 CDM 机制下，主要认证机构都来自欧洲，而国内的金融机构对碳交易知之甚少。由于没有相应的碳交易市场规则与制度，无法建立属于自己的碳交易市场。又因没有自己的交易体系，从而被迫丧失了相应的定价权。从长期看，碳减排问题更是一个争夺未来新兴碳金融市场话语权的战略问题。

当前，发展低碳经济已成为世界各国的共同选择。因此，必须在未来的低碳经济战略中重视发展碳交易市场。首先，应了解、整合现有的国内碳交易市场，摆脱以国外买家为主的碳项目初级市场（碳远期合约市场）。其次，在条件允许时，努力建立碳商品市场（碳现货市场）。最后，为了能拥有定价权，必须建立碳金融市场（碳金融衍生工具交易市场）。在这个过程中，要不断摸索每个阶段所需的政策边界和监管模式，出台配套的法律法规，唯有设计出与国际法则接轨的、符合中国国情的碳交易规则及碳金融机制，并将其与调整产业结构和变革经济增长方式结合起来，才能确保我国在未来走上自主的低碳发展道路，并最终实现跨越式发展。政府在制定经济政策时，要将环境与发展问题作为一个整体来考虑，进行综合决策。同时，让碳金融交易市场发挥出应有的更大作用。

德国环境治理：不靠命令靠经济[*]

20 世纪 50～70 年代，世界各国需要解决的首要问题是如何从第二次世界大战中恢复，在此背景下，各国相继发展了一大批重工业、重化工业项目，但却忽视了环境保护，形成了环境污染型经济结构。

德国也不例外。20 世纪 70 年代初，德国 CO_2 排放量大幅增加，水生物急剧减少，发生了垃圾场土壤和地下水污染等一系列环境公共危害事件。

德国最大的环保非政府组织"自然保护联盟"主席契普克描述，那时"莱茵河沿岸企业把工业废水直接排入河中，致使河流污染严重。有人形象地比喻，把照片底版扔到莱茵河里都能显影。"柏林技术大学环保专家曲希勒教授谈道，那时，在德国工业重地鲁尔区，人们看不到蔚蓝的天空，早晨穿的白汗衫到晚上就脏了。

环境恶化给政府带来了压力，环境冲突演变为社会冲突。当时的西德政府为了给民众一个满意的答复，不得不采取立法、征税、生态补偿和调整能源结构等一系列的环境经济政策治理环境，并开始反思工业现代化。

环境经济立法

从 20 世纪 70 年代起，德国出台了一系列环境保护方面的法律法规。

1984 年，德国颁布了针对大型焚烧厂烟气排放的限制性法令，计划削减70% 以上的二氧化硫排放量；1986 年，德国成立环境、自然资源保护和核安全部，并于同年出台《废弃物法》；1987 年德国率先实行环保标志制度，旨在对产品的全过程环境行为进行控制和管理；20 世纪 90 年代初，德国议会将环境内容写进修改后的《基本法》，在《基本法》第 20 条 A 条款中这样写道："国家应该本着对后代负责的精神保护自然生存基础条件"，这一条款对德国整个政治领域产生了重大影响。

目前，德国已拥有世界上最完备、最详细的环境保护法律体系，联邦及各州的环境法律、法规有 8000 部，还实施了约 400 个欧盟的相关法规。

---

[*] 本文发表于 2014 年 8 月的《21 世纪经济报道》。

在德国与环保相关的法律法规中，经济环保法构成了德国环保立法的另一重要方面，并在一定程度上促进了德国经济生态化和绿色经济的形成与发展。以下主要介绍《循环经济法》、《商品包装条例》与《可再生能源法》等三部有代表性的法规。

为了解决经济增长与资源消耗、环境保护的问题，德国于 1994 年颁布了《循环经济法》，自 1996 年 10 月开始施行。该法规定了避免废弃物产生、物品循环利用和最终无害化处置的三项原则：首先，在生产阶段要避免废弃物的产生；其次，无法避免的废物和经过消费者使用的包装废物、旧货等要回收和循环利用；最后，对不能再利用的最终废物应进行无害化处置，使整个生产和消费系统成为一个循环经济体系。

1991 年 6 月，德国实施的《商品包装条例》首次以法律形式确定了产品责任原则和商品包装回收原则，即商品生产者有义务回收和利用使用过的产品，包装生产商有义务回收使用过的包装材料。该法直接促使德国 95 家生产、销售商于 1990 年组成 DSD 组织，从而形成了德国垃圾处理的"二元体系"。

退出核能和开发可再生能源是 1998 年后红绿联合政府最重要的生态经济发展政策之一。德国联邦议院于 2000 年 2 月通过的《可再生能源法》于当年 4 月 1 日实施，以促进太阳能、风能、水能、生物能和地热能的进一步开发。

该法律的目标是到 2010 年将可再生能源的份额至少提高到 12.5%，到 2020 年至少提高到 20%。在该法的框架下，2003 年联邦政府制定了住房改造计划，采用节能技术改造建筑，2004 年推出了新车油耗标准，在可持续发展的原则下使能源不断生态化，减少能源消费的同时开发可再生能源。

可以看出，德国的环境经济立法有以下三个特点：第一，立法时间早，与其他发达国家相比，德国的环境经济立法普遍提前三至五年，而与发展中国家相比，则普遍提前十年以上；第二，意识先进，德国不仅较早地将环境内容写入《基本法》，也较早意识到了用经济杠杆调节发展与环保的关系，而且也较早地提出了一些新的概念、体系并以法律的形式加以鼓励或调节，如循环经济、可再生能源等；第三，范围广阔、规定细致，这样不仅可以做到有法可依、有法必依，也将钻法律漏洞的可能性降到最低。

生态环保税收

征收生态环保税是促进环保、保护生态的法律杠杆，在一定程度上可以使经济界开拓节能潜力，开发和利用可再生能源，研制节能产品和节能生产工艺，提高公民对低耗能节能型产品的使用意识。

随着 1999 年 4 月《生态税改革实施法》的生效，德国在生态税改革方面迈出了第一步，改革主要涉及石油、汽油、取暖油、天然气和电力等能源。2003 年，德国又颁布了《进一步发展生态税改革方案》，将税收从按劳动力因素负担转为按环境消费因素负担。

除了专门的生态税，德国还在其他法律法规中制定了多项税种作为其环境经济政策的一部分，其中的典型代表是机动车辆税与包装税。

德国的机动车辆税是真正意义上的税，该税向机动车使用者征收。对于交通法上许可的总重量在 3.5 吨以下的载重汽车、公共汽车以及机动车辆，每 200 公斤（或以下）每年须缴纳数额不等的税款。

包装税根据上文提到的《商品包装条例》征收，目的在于避免或减少包装对环境产生的负面作用。首先要避免包装垃圾，其次要将包装的重复利用、原料利用以及其他形式的利用置于包装垃圾清除的优先地位。

生态补偿：易北河的治理

易北河上游在捷克，中下游在德国，1980 年以前从未开展过流域整治，水质日益下降。1990 年以后，德国和捷克达成共同整治易北河的双边协议，目的是长期改良农用水灌溉质量，保护两河流域生物多样性，减少流域两岸污染物的排放。

易北河流域整治的经费来源于四个方面：一是排污费。居民和企业的排污费统一交给污水处理厂，污水处理厂按一定比例保留部分资金后上交国家环保部门；二是财政贷款；三是研究津贴；四是下游对上游的经济补偿。

2000 年，德国环保部拿出 900 万马克给捷克，用于建设捷克与德国交界的城市污水处理厂，整个项目的完成约需要 2000 万马克。现在，易北河水质已大为改善。此后，德国又开始在三文鱼绝迹多年的易北河中投放鱼苗，并取得了可喜成绩。

这个例子不仅说明生态补偿机制的建立必要且可行，生态补偿机制不仅可以在省内、国内建立，也可以跨国建立。

德国生态补偿机制的最大特点是资金到位，核算公平。

资金支出主要是横向转移支付。所谓"横向转移"，就是由富裕地区向贫困地区转移支付，就是通过转移支付改变地区间的既得利益格局，实现地区间公共服务水平均衡。德国转移支付的另一个重要特点是州际间横向转移支付，横向转移支付基金由两项资金组成：扣除划归各州的销售税的 25% 后，余下的75%按各州居民人数直接分配给各州；财政较富裕的州按照统一标准拨给不富裕的州。

能源利用生态化

能源利用生态化主要涉及能源利用方式的转变，即从能源的来源上看，逐步摆脱对一次能源的依赖，转为发展二次能源和可再生能源；从能源的利用方式上看，逐步提高单位能源的利用效率。自20世纪80年代至今，德国的环境经济政策在能源利用生态化方面取得了显著的成果。

德国能源需求量大但能源资源紧缺，其褐煤、石煤储量丰富，石油、天然气相对匮乏。这就造成了德国能源结构中对褐煤的强烈依赖，据统计，1996年德国的能源消费结构中褐煤占11.5%。

随着德国环境经济政策开始注重生态，德国工业界承诺降低二氧化碳排放量，褐煤开采和消耗呈下降趋势，1999年能源消耗中褐煤下降了2.9%，石煤下降了6.5%。若从一次能源的整体消耗看，截至2010年，德国一次能源的消耗量为14044×1015焦耳，是1990年的94.2%。

在降低一次能源消耗量的同时，德国大力发展清洁能源和可再生能源。近年来，德国可再生能源占能源总产出比重从1990年的1.5%提升到2011年的11.3%，并于2007年超过OECD国家的平均水平。

发挥开发性金融优势
助力环境保护工作目标的实现[*]

资源相对短缺、环境容量有限已经成为我国国情新的基本特征，环境保护不仅是为人民群众提供宜居安康生活环境、提升生活质量的重要手段，也是推动经济转型、为经济发展提供环境容量的重要保障。

环境问题的解决需要一套综合系统的解决方案，首先，有效的资金投入是实现环境保护工作目标的一个重要前提。我国当前环境问题的复杂性也对资金投入提出了具体的要求。发达国家在过去一百年间逐步出现的环境问题在我国现阶段集中出现，这不仅意味着我国要在较短的时间内同时解决高速工业化和城市化进程中的各种环境问题，也决定了环境保资金投入巨大且集中。其次，环境问题的解决绝非一朝一夕可以完成，而是需要数十年的持续努力，这也要求资金投入必须稳定、可持续。最后，环境治理污染项目由于缺乏盈利能力或者盈利能力较低，也对投入资金的使用成本提出了要求。如何提供稳定、充足、低成本的资金服务于环境污染治理成为推动实现环境保护工作目标的关键。

尚缺符合需求的稳定融资渠道

财政资金和企业自筹资金是当前我国环境污染治理两个最为重要的资金来源。财政资金的政策性和低成本特征使其成为环境污染治理理想的资金来源。但是，作为一个发展中国家，我国既面临着经济发展过程中经济实力的制约，也面临着优先投资基础设施建设带来的环保投资滞后等问题，仅靠财政资金难以满足环境污染治理的需求。企业是工业污染治理的投资主体，其主要资金来源是自有资金和商业银行贷款。大量占用自有资金用于工业污染治理不利于工业企业的快速发展，从而进一步限制了企业投资污染治理项目的能力。一般性的商业银行贷款成本较高，与环境项目对低成本的资金需求难以匹配。因此，综合来讲，我国目前尚缺乏一个能够满足环境污染治理投

---

 * 本文发表于 2014 年 11 月的《21 世纪经济报道》。

资需求特征的、持续稳定的融资渠道。

综观发达国家环境保护的发展史可知，一些国家通过建立有效的资金机制顺利度过了环境污染治理的投资高峰期，这其中，政策性金融发挥了重要的作用。以日本为例，为了缓解公害时期企业工业污染治理的投资压力，日本专门成立了环境事业团，服务于中小企业的工业污染治理投融资。日本环境事业团的贷款利率是所有工业污染治理融资方式中最低的，而且其对项目的贷款比例可以达到项目总投资的80%，这对于中小企而言非常具有吸引力。此外，日本政策投资银行（原日本开发银行）也专门成立了相关部门，为大型企业工业污染治理提供投融资服务。并且从1974年至1976年的三年里，日本开发银行提供的与工业污染治理相关的融资额超过日本开发银行年度融资总额的25%。政策性优惠贷款在20世纪70年代为日本各类企业的污染防治工作起到了积极的推动作用，投资额所占比例达到了整个工业污染治理投资的四分之一，很大程度上分担了企业自身的投资压力，有力激励和帮助企业开展工业污染治理工作。

政策性金融是开发性金融的初级阶段。作为实现政府发展目标、弥补体制落后和市场失灵的一种金融形式，开发性金融广泛应用于政府主导和推动的各个社会经济领域，尤其是一般性商业银行承接能力不强的领域。具体到环境保护领域，开发性金融也具有其他金融机构所不具备的优势。开发性金融以国家信用为基础，融资成本低；不以盈利为首要目的，支持涉及国家社会经济发展的战略性领域，能够提供大额长期资金。区别于商业性金融，开发性金融的这些独特优势能够充分满足我国环境污染治理的资金需求。

开发性金融可从三方面服务环保

基于开发性金融的优势特点，开发性金融可以从以下几个方面服务于环境保护工作目标的实现：

一是利用开发性金融的融资优势，搭建多元化的融资平台，为环境保护提供长期、稳定、充足的资金来源。面对环境保护巨大的资金需求，有效整合各种资金来源成为一个关键问题。开发性金融的独特融资优势使其能够整合各方资源，联合政府资源和社会资本共同发挥作用。一方面，通过构建开发性金融合作机制，与地方政府共同开展信用建设，发挥政府及财政资金在环境保护中的引导作用。另一方面，开发性金融通过债券市场吸引各类社会资本，带动更大规模的社会资金服务于环境保护项目。此外，开发性金融依托国家信用融资的特征能够实现相对商业融资更低的融资成本，从而为环境保护项目提供低成本的资金。

二是利用开发性金融的制度建设优势，建立规范化的市场运作机制，构建环境项目投融资新模式。长期以来，大多数的环境保护项目的投融资仍局限于传统的政府财政拨款、企业自有资金或普通商业贷款模式上，投融资模式单一。近年来，环境保护领域各项经济政策的实施，尤其是节能减排约束性目标下的排污权交易政策等，给环境保护项目带来了新的现金流，也为构建环保项目新的融资模式，建立财政资金、企业自有资金、金融机构资金和社会资金的联动机制，提供了政策基础。发挥开发性金融的制度建设和市场运作优势，通过设计开发符合环保项目特征的创新投融资模式，不仅能够改善环保领域的资金使用方式，也为商业性融资跟进提供了入口。

三是利用开发性金融的组织优势，配合政府规划及需求，优化资金投入方向，提高资金使用效率。环境保护项目既有细分领域，同时也有空间上的分布特征。开发性金融所具有的政府和市场两大优势，使其能够惠及更多的地区和项目领域。在这个过程中，建立以环保领域、地理位置、盈利能力、社会性等为特征项目等级划分体系，并按照不同项目类型的特征匹配投融资模式和资金类型，从而提高资金投入的效率。

发挥开发性金融的优势特点服务于环境保护工作目标的实现，需以配套政策和专业化的组织机构为保障。发达国家利用开发性金融推动环保事业无不以国家的政策保障为前提。鉴于环境保护工作的特殊性和专业性，成立专业化的环境事业部门更有利于实现开发性金融与环保项目特征的对接，推动环保项目投融资的组织实施。

发挥开发性金融作用　推动生态文明建设[*]

　　有效的资金投入是推动生态文明建设的重要保障。我国当前所处的环境保护发展阶段对资金投入提出了很多具体要求。首先，全面开展生态文明建设，同时推进三大领域的项目实施是一项艰巨任务。从发达国家的历史经验来看，发达国家的环境保护工作通常先后经历了以环境污染治理为主和以生态环境修复为主的阶段后，逐渐过渡到以资源能源节约为主的阶段。即便是在以环境污染治理为主的阶段，其环境污染治理的重点也分阶段进行。与发达国家环境保护的分阶段特征不同，发达国家一两百年间逐步出现的环境问题在我国现阶段集中出现。我国要在较短的时间内同时解决高速工业化和城市化进程中的各种生态环境与资源能源问题，这也决定了推进生态文明建设需要的资金投入量巨大且集中。其次，生态文明建设绝非一朝一夕可以完成，而是需要数十年的持续努力，这也要求资金投入必须具有稳定且可持续的特征。

　　财政资金和企业自筹资金是当前我国环境污染治理中两个最为重要的资金来源。财政资金主要以直接投资、国债资金和补贴等形式进入资源与生态环境类项目及相关的环保行业。财政资金的主要优点是其使用成本非常低，符合资源与生态环境类项目的需求。然而，作为一个发展中国家，我国既面临着经济发展过程中经济实力的制约，也面临着优先投资基础设施建设带来的环保投资滞后等问题，仅靠财政资金难以满足生态文明建设的巨额资金需求，财政资金的覆盖面十分有限。

　　企业是生态文明建设的重要推动力量。企业不仅是工业污染治理的事权投资主体，也是资源与能源节约与循环利用的投资与实施主体。随着环保领域市场机制的建立，环境基础设施建设等原本由政府负责投资的项目也通过公私合作等方式转由专业化的投资运营企业负责投资。此外，与资源与生态环境类项目实施配套的环保产业的发展也要依靠从业企业的投资。除了争取少量的财政资金支持外，自有资金和商业融资是企业的主要资金来源。对于资源与生态环境类项目而言，这两个渠道都有较大的局限性。大量占用自有

---

　　* 本文发表于 2014 年 12 月的《中国经济导报》。

资金不仅不利于工业企业的快速发展，也进一步限制了企业的投资能力，不利于形成企业发展与环保投入的良性循环。多数资源与生态环境项目的经济效益欠佳，难以承受商业融资的高成本。

综合来讲，我国目前尚缺乏一个能够满足生态文明建设投资需求的稳定、可持续的融资渠道。如何提供稳定、充足、低成本的资金服务于资源与生态环境项目成为推动实现生态文明建设目标的关键。

政策性金融是开发性金融的初级阶段。作为实现政府发展目标、弥补体制落后和市场失灵的一种金融形式，开发性金融广泛应用于政府主导和推动的各个社会经济领域，尤其是一般性商业银行承接能力不强的领域。具体到环境保护领域，开发性金融也具有其他金融机构所不具备的优势。开发性金融以国家信用为基础，融资成本低；不以盈利为首要目的，支持涉及国家社会经济发展的战略性领域，能够提供大额长期资金。区别于商业性金融，开发性金融的这些独特优势能够充分满足我国生态文明建设的资金需求。

此外，在生态文明建设初期，开发性金融除了满足资金需求以外，还能够发挥更多的作用。生态文明建设具有很强的外部性，政府的调控作用不可或缺。开发性金融能够体现国家意志，通过调整资金支持方向、利率等支持政府鼓励的领域，抑制限制领域，从而发挥政府的调控作用。

基于开发性金融的优势特点，开发性金融可以从以下几个方面服务于生态文明建设目标的实现。

一是利用开发性金融的融资优势，搭建多元化的融资平台，为生态文明建设提供长期、稳定、充足的资金来源。开发性金融的独特融资优势使其能够整合各方资源，联合政府资源和社会资本共同发挥作用。一方面，通过构建开发性金融合作机制，与地方政府共同开展信用建设，发挥政府及财政资金在环境保护中的引导作用。另一方面，开发性金融通过债券市场吸引各类社会资本，带动更大规模的社会资金服务于资源与生态环境项目和从业企业。此外，开发性金融依托国家信用融资的特征能够实现相对商业融资更低的融资成本，从而为生态文明建设提供低成本的资金。

二是利用开发性金融的制度建设优势，建立规范化的市场运作机制，构建资源与生态环境项目投融资新模式。长期以来，大多数资源与生态环境项目的投融资仍局限于传统的政府财政拨款、企业自有资金或普通商业贷款模式上，投融资模式单一。近年来，资源与生态环境领域各项经济政策的实施，尤其是节能减排约束性目标下的排放权交易政策等，给环境保护项目带来了新的现金流，也为构建新的融资模式，建立财政资金、企业自有资金、金融机构资金和社会资金的联动机制，提供了政策基础。发挥开发性金融的制度建设和市场运作优势，通过设计开发符合环保项目特征的创新投融资模式，不仅能够改善环保领域的资金使用方式，也为商业性融资跟进提供了入口。

三是利用开发性金融的组织优势，配合政府规划及需求，优化资金投入方向，提高资金使用效率。资源与生态环境项目既有细分领域，同时也有空间上的分布特征。开发性金融所具有的政府和市场两大优势，使其能够惠及更多的地区和项目领域。在这个过程中，建立以细分领域、地理位置、盈利能力、社会性等为特征项目等级的划分体系，并按照不同项目类型的特征匹配投融资模式和资金类型，从而提高资金投入的效率。

发挥开发性金融的优势特点服务于生态文明建设目标的实现，需以配套政策和专业化的组织机构为保障。发达国家利用开发性金融推动环境保护无不以国家的政策保障为前提。鉴于资源与生态环境项目的特殊性和专业性，成立专业化的环境事业部门更有利于实现开发性金融与环保项目特征的对接，推动资源与生态环境项目投融资的组织实施。

从绿色信贷到赤道原则[*]

绿色、可持续发展已成为当今世界的时代潮流。改革开放 30 多年来，中国经济在持续强劲增长的同时，在降低能源、资源的消耗强度上已取得了一定的成效，但后续发展中仍面临很大的资源和环境约束。为解决这一问题，中国政府大力倡导发展环境友好型经济、循环经济、绿色经济，保护和修复生态环境，以实现经济社会与自然环境协调发展。

实现绿色发展目标需要金融支持

金融作为现代经济的核心，通过杠杆作用和资源配置功能引导社会资源流向，进而直接影响国家绿色发展政策的进程和实施成效。绿色发展目标的实现离不开金融的支持和保障。"十一五"以来，中国政府致力于推动"绿色信贷"，通过合理配置信贷资源，支持企业节能减排，限制高污染、高能耗行业发展。截至 2013 年 6 月末，国内 21 家主要银行机构绿色信贷余额达 4.9 万亿元，贷款项目预计年节约标准煤 3.2 亿吨，节水 10 亿吨，减排二氧化碳 7.2 亿吨、二氧化硫 1013.9 万吨、化学需氧量 464.7 万吨、氮氧化物 256.5 万吨、氨氮 42.8 万吨，为节能减排起到了较好的引领作用。国家开发银行作为开发性金融机构，积极并切实在绿色信贷、支持环保及节能减排事业中发挥先锋先导作用。截至 2012 年末，国开行环保及节能减排贷款余额达 8453 亿元，占全行贷款余额的 13.2%。国开行贷款支持的项目每年可节约能源折合 1091 万吨标准煤，削减化学需氧量排放 97 万吨。

随着社会经济的发展，我国银行业逐步认识到，关注环境与社会问题既是银行的社会责任，也与银行业务、银行发展密切相关。赤道原则正是世界先进金融机构在探寻如何更好地履行企业社会责任的过程中形成的为各界广泛认可的金融机构企业社会责任标准。

---

[*] 本文发表于 2014 年 2 月的《21 世纪经济报道》。

接轨国际标准，推行赤道原则

赤道原则是国际金融机构最常用的社会和环境风险准则，2002 年由国际金融公司提出，随后花旗银行、巴克莱银行、荷兰银行、西德意志州立银行等 10 家国际领先银行宣布实行赤道原则。目前接受赤道原则的金融机构共计 79 家，其中亚洲 5 家，中国国内仅兴业银行 1 家，覆盖了全球 80% 的项目融资。

赤道原则要求金融机构对融资项目可能对环境和社会造成的影响进行综合评估，并利用金融杠杆促进该项目在环境保护以及周围社会和谐发展方面发挥积极作用。赤道原则适用于项目资金总成本超过 1000 万美元的所有新项目融资和因改扩建对环境或社会造成重大影响的原有项目。与赤道银行所实施的先进标准相比，在项目的环境社会风险管理方面，国内金融业还存在着较大差距，主要表现在：

赤道银行在项目环境和社会影响方面制定了一整套完整的评价要求和工作流程，制度体系广泛全面，制度执行也较为严格，要求环境风险较大项目需撰写独立的评估报告。而国内金融业普遍环评标准体系较为简单，评价广度不足，公众参与度较低。

赤道银行要求所有使用资金的项目均需按其规范和流程进行环境影响评价，对较落后国家的环境影响较大的项目，除适应本国环评法规外，还应适用国际准则，并约束借款人建立披露和向民众征求意见的机制。而国内金融业普遍以取得当地政府行政许可作为环境影响评价的基础，缺少对当地民众意愿和国际环评准则的适应性要求。

赤道银行的环境评估报告需由外部独立的社会和环境专家审查，并在贷款存续期聘请独立的环境和社会专家评估项目。而国内金融业在引入第三方独立评估和审查环境影响方面缺乏硬性要求。

赤道银行对借款人建立环评信息公开披露机制作出了明确规定，并要求其建立投诉机制，充分考虑项目利益相关方意见。而国内金融业未对单个项目信息公开披露作出明确规定，而是以"社会责任报告"等形式选择一些项目案例公开发布。

接受赤道原则意味着要自觉接受来自银行外部的社会力量的监督。如何更好地应对外部力量的监督、处理好与媒体之间的关系是国内银行必须给予充分重视的问题。接受赤道原则还意味着部分涉及国计民生的项目会由于其环境和社会因素的评估没有达到赤道原则的严格审批条件而难以获得必要的资金支持。

对于中国银行业而言，要在国际竞争中取得地位和优势，接受国际金融业的共同游戏规则是必然选择。中国银行业如果接受了赤道原则，并切实落实本土化的工作，将会扩大自己在国际上的影响，有利于整个行业全面风险管理和金融风险评级的增强，有助于获得良好声誉，保护或增加市场份额，从而更好更快地融入金融全球化的浪潮中。同时，对致力于走国际化道路的银行而言，实施赤道原则将有利于其防范项目国际合规风险，有利于持续改善与客户、当地政府、当地民众及媒体的关系，促进其国际业务的健康可持续发展。

开发性金融的"低碳经济学"*

随着低碳经济的逐步完善，碳金融，已经成为新的金融集聚带。金融支持低碳经济，主要表现在两方面：一是传统融资，即低碳基金、环保基金或贷款等；二是围绕现行的碳排放权交易体系而进行的各种融资、产品创新和金融服务。

麦肯锡预计，到2020年，全球银行业仅从碳交易、基础设施融资和咨询业务中获得的收入就高达150亿美无，相当于目前银行所有企业相关投融资业务的6%。

开发性金融对支持低碳经济的发展，发挥着不可替代的作用。

三大机制作用

开发性金融支持低碳经济发展，可在信用增进机制、风险防范机制、信息溢出机制三方面，发挥显著优势。

大多数新兴低碳产业项目在建设初期，信用状况无法达到商业性金融的融资标准，这就需要通过政府信用来承担低碳项目的融资风险。开发性金融的前期支持，提升了企业信用状况，从而为商业性融资创造了条件。

同时，开发性金融机构可以运用其与政府的合作优势，过滤碳金融市场中的政策风险。首先，开发性金融在从事低碳产业业务时会充分发挥其与政府紧密合作的优势，会要求与地方政府签订合作协议。其次，开发性金融介入低碳产业的初始融资，有利于潜在投资者的跟进，形成集聚效应。最后，开发性金融的参与，有利于降低单个低碳项目盈利的不确定性，并可通过投资组合，有效降低单个项目的非系统性风险。

需要关注的一点是，开发性金融可以通过组织优势来缓解碳金融市场信息不对称问题。例如，开发性金融机构在和地方政府签订合作协议时，会要求地方政府成立专门的投资公司或项目法人作为借款主体，强调借款主体必须要完善其自身的各种制度，并要求借款主体定期提供项目自身的财务信息，在这个

---

* 本文发表于2014年第1期的《财经国家周刊》。

过程中本身就使借款主体的各方面信息更为公开和透明；同时，由于地方政府签订了合作协议，其必然会对项目的投资及运营情况加大监督力度。由此开发性金融就通过其善于使用的组织优势来缓解碳金融市场的信息不对称问题。

此外，开发性金融具有将国家产业政策意图向市场传达的中介能力。具体而言，开发性金融机构利用自身的优势收集各方面有关碳金融市场的信息，并向社会加以公布；而其他金融机构可以参考开发性金融机构的行动来完成自己的战略决策，从而节约自身审查成本。

开发性金融的低碳实践

中国发展低碳经济面临巨额的资金需求，低碳发展面临投入不足的制约，绿色信贷在商业银行资产占比仅为1%左右，资金缺口高达20倍，仅靠政府资金或者民间资本根本无法解决，而开发性金融由于自身的特殊性，具备了这种聚集各种社会资本、实现资源优化配置的功能，所以开发性金融将成为实现低碳经济发展的重要的推动力和杠杆。

开发性金融促进低碳发展的具体作用有：第一，开发性金融能够将信贷政策与低碳经济产业政策相结合，从而实行绿色信贷政策；第二，开发性金融能够将金融机构与政府部门结合起来，建立多方参与的多元融资体系。从全球的碳金融交易来看，开发性金融参与 CDM 项目，把项目所实现的核证减排量（CER）所得到的转让收入作为还款来源，不但可以为可再生能源项目的开发和利用、能源使用效率的提高（主要表现为支持低碳经济发展）提供资金支持，而且可实现对项目主体参与者环保责任施加一定的软约束。

发展低碳经济离不开开发性金融的支持，也特别符合开发性金融的宗旨。近几年来，开发性金融在低碳发展方面迈出了重要的步伐，大力推进绿色信贷和低碳金融，为中国低碳经济发展作出了重要贡献。2007 年开发性金融节能减排和环保贷款余额 890 亿元，2008 年 833 亿元，2009 年 1751 亿元，2010 年 2320 亿元，2011 年 6583 亿元，年均增长 64.91%。

近几年，开发性金融在支持低碳发展方面进行了具体的尝试，其中包括印发了相关节能减排支持项目政策，提供绿色贷款、提供低碳咨询服务、支持污水处理、水环境综合整治等重点领域建设，推动低碳城市建设，等等。

国开行六大着力点

第一，开发性金融可支持产业低碳发展。开发性金融可以通过发行不同期限的"低碳金融债券"筹措资金，为低碳产业融通资金；开发性金融可以通过利用自身优势，将与项目有关的政府机关、金融机构、投资者和项目发起人紧密联系在一起，协调发行债券、基金、股票或者抵押、拆解等组织项目资金；还可以为低碳产业发展提供咨询服务，为环保企业提供海内外公开发行上市、债券发行、并购重组、提供咨询研究等。在促进低碳产业过程中，一是应把存量贷款的结构调整、新增融资突破口和国家低碳产业发展方向密切地结合在一起；二是应及早制定、完善支持新兴低碳产业发展的信贷政策。

第二，开发性金融可支持低碳技术创新。优先加大对先进的节能减排技术的信贷支持力度，支持的主体可以是科研机构，也可以是低碳企业的研发部门，加大对低碳企业在关键低碳技术研发、试点、推广和商业化计划的扶持力度，支持低碳技术企业做大做强、形成集群优势，建立长期牢固的银企战略合作关系。开发性金融可以借助国家信用以市场化方式通过在金融市场发行债券的方式进行融资，并以所获得的资金支持低碳技术的融资需求。

第三，开发性金融可支持新能源发展。开发性金融可以推出一系列"绿色信贷"产品。发行"低碳金融债券"筹措资金，由于新能源发展的周期性，可以发行期限较长的债券，通过创立投资基金发展新能源。

第四，开发性金融可支持低碳生态园区建设。开发性金融可以通过利用自身优势，将与低碳园区发展有关的政府机关、金融机构、投资者和项目发起人紧密联系在一起，通过发行债券、基金、股票或者抵押、拆解等组织项目资金。

第五，开发性金融可支持低碳城市建设和低碳城市化。开发性金融可以通过拓展绿色信贷业务支持低碳城市发展，重点支持低碳交通和绿色建筑的发展。要重点向国家试点的"五省八市"以及第二批低碳试点城市倾斜，通过绿色信贷和投资基金的方式优先满足这些地区的融资需求。在低碳城市建设的初期，重点在于解决低碳建设中的资金需求问题，当低碳城市日渐发展成熟，重点在于向城市提供配套的融资服务，同时，要总结经验，为更多的低碳城市发展提供资金需求与咨询服务。

第六，开发性金融应支持低碳重点项目。国开行重点支持以下节能环保工程：一是城镇环境保护基础设施建设，包括城镇污水处理及回用、城市大气环境保护、城市生态环境修复等；二是水环境综合整治，包括水源地保护、重点流域水污染防治等；三是工业污染治理和循环经济，包括工业企业污染治理、资源循环利用等；四是十大重点节能工程和清洁能源，包括区域热电联产、余热余压利用、电机系统节能等。

引导和鼓励社会资本投向绿色产业[*]

中共中央、国务院日前印发的《关于加快推进生态文明建设的意见》明确，大力发展节能环保产业，加快培育新的经济增长点，同时指出，规范节能环保市场发展，多渠道引导社会资金投入，形成新的支柱产业。近日，财政部、环保部又联合印发了《关于推进水污染防治领域政府和社会资本合作的实施意见》，对水污染防治领域政府和社会资本合作（PPP）项目操作流程做出明确规范。这将推动金融对污染治理和实体经济绿色产业的支持。

环保投融资现状：需求巨大、投入不足、路径偏差

近年来我国环保投入总体呈上升趋势。据统计，过去十五年中，我国环保投入占 GDP 比重从 2000 年的 1.12% 增长到 2010 年的 1.90%，在 2011 年和 2012 年又稍有回落，总体稳定在 1.6% 左右。但是与发达国家相比，我国的环保投资统计口径较宽，包含了大环保和节能的范畴，修正后的环保投资占比大致仅在 0.9% 左右。国际经验表明，经济发展过程中环保投入占 GDP 的比重达到 1.5% 才能阻止环境恶化，达到 2%~3% 才能真正改善环境。目前，发达国家环保投入占 GDP 比重高于 2% 是常态，在其投资高峰期占比更高（日本 70 年代民间用于防止公害投资占全部设备投资均在 5% 以上，最高达 18%），且投资高峰一般可持续 10 年左右。

根据环境库兹涅兹曲线理论，一个国家或地区的环境污染水平与经济增长的关系呈现先升后降的"倒 U 形"曲线。而我国仍然处在库兹涅兹曲线与环保投入曲线双上升的阶段，工业化和城市化驱动下污染水平与环保投入双双上升的局面短期内无法避免。我国仍需加大环保投入来遏制环境污染上升的趋势，国内专家呼吁未来十年应力争使环保投入占 GDP 的比重达到 3%。

投资需求巨大，转型迫在眉睫。以低碳产业为例，"十二五"期间，中国低碳发展投资总额为 41550 亿元，其中二氧化碳减排投资为 36330 亿元，森林碳汇投资为 5220 亿元。根据国家相关规划，"十三五"期间中国低碳发展投

---

* 本文发表于 2015 年 5 月的《21 世纪经济报道》。

资总额将达到 65070 亿元，用于二氧化碳减排和森林碳汇投资的数额分别将达到 50410 亿元和 14660 亿元。但当下中国正处于改革与经济转型的关键期，新常态下经济增速明显下降，财政收入减少伴随着环保支出需求的增加，一降一升之间，使得改变现有财政主导扶持的行业投融资体制迫在眉睫。

投资路径偏差，谋求与社会投资对接。当前我国环保投资主要是由财政资金直接与相关企业"点对点"对接，这种方式虽然在一开始看来是提高了投资效率，但一方面制约了投资规模，反过来又加剧了行业投资对财政资金的依赖程度。这种资金投入路径的偏差还易造成财政资金使用的低效率。具体表现在部分领域部分行业盲目追求速度和短期效益，忽视产业健康发展，甚至在某些领域出现投资过剩、产能过剩的情况。

除此之外，在环保财政资金运用的过程中，政府主管部门既是政策执行者，又是政策效果评价者，多重身份的叠加使得资金使用的规划和考核的效果大打折扣。因此，当务之急是充分调动金融机构的投资意愿，实现环保资金需求与整个社会投融资能力和意愿的对接。

绿色金融四大抓手：绿色信贷、
环责险、产业投资基金、开发性金融

政策利好，环保业进入景气周期。近年来，国家密集出台了多项环保政策和法规，一方面给出了国家环保投资规划的相关数额，展示了国家扶持的力度和决心；另一方面，环保标准的趋严增加了企业环境污染成本，进一步刺激了社会环保需求。加之我国环保投入占 GDP 的比重相对较低，未来环保投入有望持续提升。研究认为，在到达环境菲利普斯曲线和环保投入曲线的拐点之前，我国环保业将引来近十年的景气周期。而无论是环境保护基础设施类资产所呈现的安全稳定的反周期特征，还是处于成长期的环保产业发展前景，都对资本产生了较强的吸引力。

绿色信贷，加速推进低碳金融。绿色信贷指商业银行在贷款时，注重资源消耗和环境保护，追求贷款生态效益，促进生态建设和经济可持续协调发展的一种融资方式。一方面通过规避环境风险，降低金融风险，促进银行信贷业务的健康发展；另一方面，减少或停止对高污染、高能耗企业或项目的资金投放，使企业污染环境的成本内部化，自然淘汰落后产能，追求经济效益与环境效益的统一。

自 2007 年推出绿色信贷以来，由于缺乏相应的监督和激励机制，绿色信贷政策上的强制性和执行过程中的自愿性很大程度上影响了商业银行的积极性。除此之外，银行业内部的激烈竞争也使商业银行承担了较大的利润压力，因而对部分投资期限长、未来收益不明显的环保标的缺乏投资的热情。而在环境领域专业的第三方评估人才与服务的缺失更是影响到绿色信贷的可执行性。另外，由于信息披露方面的不足，社会对各银行内部绿色信贷的执行标准也并不了解。

考虑到银行信贷在我国投融资领域的主导地位，完善绿色信贷监督和激励机制，建立合理的相关信息披露制度，将绿色信贷与绩效考核挂钩，并推动专业的环境风险评估团队发展等十分必要。

环责险试点推广，建立环境风险管理长效机制。环境责任保险，是以企业发生污染事故对第三者造成的损害依法应承担的赔偿责任为标的的保险。作为一种在国际上被广泛采用的风险管理手段，环境责任保险的发展对于正处于环境事故高发期的中国意义重大。

经历了长时期的粗放型发展，环境风险广泛存在于部分行业的生产环节中，仅靠行政监管难以有效预防。而保险公司作为专业的风险管理机构，出于减少赔付风险的目标，将建立长期并高效的环境风险评估和监督机制，形成对投保企业的动态监督，作为行政监管的重要补充。另外，环境责任保险有助于完善我国的环境污染赔偿机制，通过保险工具控制和分散企业风险，使污染受害者能够得到及时赔付，并有效减少政府在环境事故处理中的支出负担。企业通过定期缴纳保费的方式降低经营风险，也有利于保障银行信贷安全，促进经济的健康运行。

产业投资基金，挖掘社会投资需求。由于环境设施投资具有资本沉淀性强、期限长和收益相对稳定的特点，因此需要大量国家政策性资金牵头支持，引导具有稳健投资偏好的社保基金、养老基金等加入，同时吸引公益性资金参与。2010年以来，各地相继成立多个环保产业基金，由政府或大型企业牵头，资金规模超过千亿元，可以预见将对我国环保领域产生深远影响。

除此之外，鉴于对环保产业的良好预期，私募股权基金也逐渐进入环保产业投资领域。根据亚洲私募股权基金研究中心的数据，2013年私募股权公司对中国环保相关业务的投资总额达到12亿美元，创纪录地占到中国私募投资总额的7%。

可以预见，随着社会对环境问题的关注度的增加以及环保产业的健康发展，社会资本将越来越深入地介入环保产业投资，推动我国经济转型和生态文明建设。

开拓投融资新渠道，开发性金融承担社会责任。与环保产业投资相比，环境基础设施建设投资更多地呈现出公共品特征，除了投资期限长以外，其较强的外部性和非排他性导致项目投资收益并不明显。传统的投资方式无疑不适用于这种情况，开展金融创新势在必行。本文重点介绍两种模式：

一是PPP模式。我们已经意识到，治理环境问题仅仅依靠政府的模式无法长久持续，需要将政府干预与市场机制有机结合，PPP（Public-Private-Partnership，即"公共部门—私人企业—合作"的模式）作为一种新型的项目融资方式在我国有着巨大的应用前景。其典型结构是公共部门与中标单位组成的SPV（特殊目的公司）签订特许合同，由SPV负责融资、建设及经营。而政府通过与信贷机构达成直接协议，承诺将按与SPV签订的合同支付有关费用，帮助SPV获得贷款。这种融资形式的实质是政府通过给予私营公司长期的特许经营权和收益权来换取基础设施建设，以解决政府的财政困境。

将PPP模式应用于环保基础设施建设的优势在于能够使政府和企业风险、收益共担，以吸引更多的民营资本参与，降低融资难度的同时提高建设和运营效率，同时有助于缓解地方政府债务问题。此次，财政部、环保部联合印发的《关于推进水污染防治领域政府和社会资本合作的实施意见》，要求水污染防治领域推广运用PPP模式。通过建立投资回报机制，以费价机制透明合理、现金流支撑能力相对较强的存量项目为主，并通过土地开发、生态旅游等收益创造能力较强的配套项目资源吸引社会资本参与。

二是BT模式＋环境税。PPP模式应用的前提是私营部门能够通过政府让渡的特许经营权获得收益，然而现实中存在一些环保项目，如河流湖泊治理等，私营部门无法通过设立收费站等方式运营得到收益，因而对于这类项目，我们建议政府采用"BT模式＋环境税"的方式建立运营。

首先，无论从完善环境保护的激励惩罚机制还是扩充环保资金来源来看，征收环境税在当下中国都显得十分迫切。事实上，OECD和欧盟国家20年来的国际经验都表明，征收环境税对于提高资源利用效率和改善生态环境都是有效的。我们建议政府部门用征收的环境税建立生态环保基金公共账户，专门用来定期偿还购买企业环保服务的价款。

其次，政府与企业签订环保项目建造合同。同时政府将生态环保基金账户开设于银行作为抵押，并保证账户内留有下期还款额度，以承诺分期还款的方式与银行达成贷款协议，所贷款项由银行直接投放到建造企业账户，用于环保项目建设。

最后，考虑到此类项目贷款具有大额长期、收益不明显的特征。而作为以服务国家战略为宗旨的开发性金融机构——国家开发银行主要通过开展中长期信贷与投资等金融业务，筹集和引导社会资金，缓解经济社会发展的瓶颈制约和薄弱环节，为国民经济重大中长期发展战略服务。

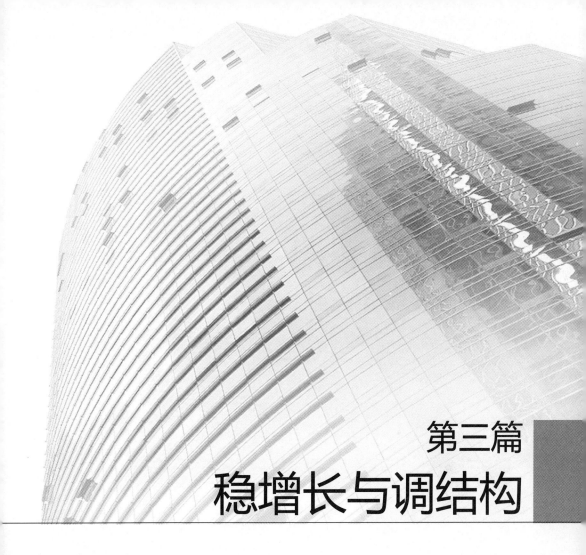

第三篇
稳增长与调结构

第五章　经济全局

预计 2014 年下半年货币政策总体中性偏松[*]

"今年以来，在外需不振、产能过剩和房地产市场调整等因素的共同影响下，我国经济面临着一定的下行压力。"国家开发银行研究院常务副院长郭濂对 21 世纪经济报道记者分析。

国家统计局公布数据显示，我国上半年国内生产总值269044 亿元，按可比价格计算，同比增长 7.4%，其中第一季度同比增长 7.4%，第二季度增长 7.5%。

上半年，国民经济运行总体平稳、稳中有进。这在一定程度上得益于国务院出台的一系列稳增长的"微刺激"政策。

稳增长政策效应正在显现

《21 世纪》：如何看待上半年的经济态势？

郭濂：我们的整体评价是，国民经济运行总体平稳、稳中有进。

第一，从需求结构上看，内需继续成为推动经济增长的主动力。上半年最终消费对 GDP 增长的贡献率是 54.4%，拉动 GDP 增长 4 个百分点，资本形成总额对 GDP 增长的贡献率是 48.5%，拉动 GDP 增长 3.6 个百分点。货物及服务净出口对 GDP 增长的贡献率是 -2.9%，负拉动 GDP 增长 0.2 个百分点。

第二，从产业结构上看，第三产业增加值占比持续提升，产业结构由工业主导型向服务主导型转变。上半年第三产业增加值占 GDP 的比重是 46.6%，比上年同期提升了 1.3 个百分点，累计增速连续 8 个季度超过第二产业。其中高技术产业和装备制造业发展势头良好，高技术产业增加值的增长速度为 12.4%，比规模以上工业的平均水平高 3.6 个百分点。

第三，从吸收就业上看，上半年城镇新增就业人员超过 700 万人，农村外出务工劳动力数量同比增长 1.8%，增加 307 万人，就业形势总体稳定。

第四，从控制物价上看，上半年居民消费价格同比上涨 2.3%。1～6 月居民消费价格指数基本在 1.8% 和 2.5%，工业生产者出厂价格同比下降

* 本文为《21 世纪经济报道》记者访谈，发表于 2014 年 7 月 25 日。

1.8％，工业生产者购进价格同比下降2.0％，物价上涨相对平稳。

总之，在市场作用和政策引导下，上半年国民经济运行总体良好，但由于国内需求较为疲弱且房地产行业调整尚未结束等因素影响，下半年经济运行存在一定的下行压力。

预计实现全年经济目标可期

《21世纪》：今年以来国务院出台一系列稳增长的"微刺激"措施，您如何评价这些稳增长政策的效果？

郭濂：在全面深化改革和转变经济发展方式大背景下，目前制定的稳增长政策具有"温和持续、统筹考虑、相互结合"的特点。

"温和持续"是指出台"微刺激"经济增长政策，并保证政策执行的持续性。当前稳增长政策没有采取大规模的投资经济刺激的方式，而是根据经济运行情况适时出台基础设施建设、小微企业税收减免、民生、环境治理和产业升级发展等领域的微型刺激政策。"统筹考虑"是指统筹考虑稳增长、促改革、调结构和惠民生。稳增长需要增加的投资更多是本来就要做的有助于经济转型和经济均衡的投资，只是在经济下行压力加大的时候在节奏上提前而已，并不是另起炉灶另外增加一块投资。例如，棚户区改造是重大的民生工程和发展工程，是推进以人为本的新型城镇化建设的迫切需要。在当前经济形势下，可以发挥棚户区改造产业链条长、乘数效应大的优势，促进相关产业发展，刺激消费增长，为经济持续健康发展提供基础和动力。"相互结合"是指鼓励政府和社会的联动，实现政府和市场的结合，当前稳增长政策更加注重调动社会的积极性。例如，对于中西部铁路建设，明确推出了公私合营伙伴（PPP）模式的铁路发展基金模式。新增铁路建设里程的资金需求主要寄希望于设立铁路发展基金，吸引社会资本投入。

从上半年的经济数据来看，稳增长政策效应正在显现，取得了较好的效应，第二季度和6月的经济运行情况比第一季度明显要好。以6月数据为例，固定资产投资增长速度止跌企稳，1~6月增速为17.3％，比1~5月回升0.1个百分点；工业也在回升回暖，6月规模以上工业增加值同比增长9.2％，比5月提升0.4个百分点。

《21世纪》：能否详细分析一下，下半年国民经济主要面临哪些下行压力？

郭濂：从内需来看，1~6月全社会消费品零售总额同比增长12.1％，其中，6月消费增速12.4％，与年初14.5％的目标仍有较大差距。由于反腐冲击影响并未消除，地产链消费具有较大不确定性，而汽车行业可能进入增长衰退期，加之城镇人均 GDP 增速在放缓，下半年消费增长压力较大，预计其对 GDP 的拉动作用将有所减弱。

从投资来看，固定资产投资完成额 1~6 月累计同比增长为 17.3%，持续自去年第三季度以来的下滑趋势，较去年同期增速下滑近 7 个百分点之多，目前已经回落到近 2 年来的最低水平。其中房地产投资增速的放缓是导致投资增速放慢的主因，从数据上看，今年上半年房地产投资增速每月下降六七个百分点，房地产投资额 1~6 月累计同比增长 14.1%，已回落到三年来的最低值。

从进出口的情况来看，上半年进出口增速出现了较大程度的回升，贸易差额也有较大幅度的增长，其中 5 月贸易差额达到了近 3 年来的最高水平。但长期来看，在全球贸易复苏乏力的大形势下，欧美经济体复苏对中国出口的拉动作用有限，我国进出口快速增长的态势仍存在较大的不确定性，6 月出口增速不及预期，预计第三季度出口平稳增长，依靠出口带动经济全面复苏的预期很有可能会落空。

从工业增加值来看，上半年规模以上工业增加值同比增加 8.8%，增幅较去年同期和全年分别放缓 0.5 个和 0.9 个百分点。工业生产中，主要行业除基建和计算机外，其他行业表现仍然较差，工业企业生产隐患未消。6 月工业增加值同比实际增长 9.2%，较前期回升 0.4%，但主要是靠基建领域的投资拉动，这种结构的不合理显示出工业增加值回升背后的一丝隐忧，固定资产投资并未摆脱对基建投资的依赖。

从货运量、发电量、用电量和工业品价格等数据来看，目前整体经济依然缺乏活力。2014 年 6 月，我国铁路货运量同比增长 -1.40%，已经连续 6 个月出现负增长，发电量、用电量当月同比增长 5.70%、5.90%，均维持在近年来的较低水平且无明显回升迹象。从主要工业产品价格情况来看，除原油维持缓慢震荡上行的态势外，钢铁、煤炭、玻璃等主要工业产业的价格仍处于明显的下降通道。以上数据显示我国全社会整体需求依然较为疲软，贸易活动持续积弱，整体经济缺乏活力。

《21 世纪》：您认为今年预定的 7.5% 的经济增长目标，能否实现？

郭濂：随着我国改革发展的不断深入，各项存量稳增长政策的持续发力及新增稳增长政策的适时出台，预计实现全年经济目标可期。

首先，从经济发展所处的阶段来看，目前我国工业化、城镇化进程还未完成，不断推进的新"四化"将创造巨大发展需求，是我国经济长期持续发展的基本动力。在此背景下，中国经济发展的基本面没有变，支撑经济增长的动力要远大于下行的压力，所以中国经济有能力、有潜力、有回旋余地，有条件保持经济持续较快发展。

其次，前期出台的部分存量政策效应尚未完全显现，将促进下半年经济的回升。一方面，由于上半年某些政策出台较晚或实施需要一定时间，政策效应尚未完全显现。比如在投资领域，目前部分"微刺激"项目处在审批或货币投放阶段，尚未正式进入实施阶段，第三、第四季度正式实施之后将进一步促进经济增长；在消费领域，6月30日中共中央政治局通过的《深化财税体制改革总体方案》提到将进一步完善税制改革，未来部分商品的消费税税率降低将有助于商品价格的下降，从而促进消费的增加。另一方面，国务院近期狠抓政策落实整改，也将进一步发挥存量稳增长政策的积极作用。

最后，为保证全年经济目标顺利实现，预计有关部门将会根据下半年经济运行的实际情况，适时推出新的稳增长政策措施。货币政策方面，预计下半年总体保持中性偏松，定向宽松有望深入推进，央行将进一步完善货币政策调控框架，丰富调控工具，通过创新拓宽基础货币投放渠道。财政政策方面，预计下半年将继续加大结构性减税政策力度并适当扩大财政支出，加大对铁路核电等基础设施建设和小微企业的支持力度。

价格水平下降未必通缩[*]

近期，国家统计局公布 10 月 CPI 同比上涨 1.6%，环比持平；PPI 同比下跌 2.2%，环比下降 0.4%，连续 32 个月负增长。

而之前公布的第三季度 GDP 增长 7.3%，低于第一季度 7.4% 和第二季度 7.5% 的增速。GDP 增速放缓，CPI、PPI 数据持续下行，引发对中国经济是否面临通缩压力，能否进入新常态的讨论。

有观点认为，尽管面临国内外各种复杂因素，在深化改革、推进经济转型升级的背景下，中国经济将适应从高速快跑到中速长跑的新常态；但相反观点认为，在告别高增长的"黄金时代"之后，中国经济难以稳健转型，可能一路下行。一些人士认为中国已陷入通缩，呼吁政府推出刺激性的货币政策，给中国经济打"强心针"。

价移水平下降未必通缩

《21 世纪》：连续走低的 CPI、PPI 等指标能否判定中国经济已陷入通缩？

郭濂：对于"通缩"经济学家各有论述，意见不一。较有代表性的观点有三。一是从价格水平、货币供应量和经济增长率三个要素的连续下降来判断通缩的"三要素论"；二是从价格水平和货币供应量来看问题的"两要素论"；三是仅从经济体价格水平的全面持续下降来定义通缩的价格水平论。而"价格水平全面、持续下降"是判断通缩的一个必备条件而不是充分条件。通缩则价格水平一定全面持续下降，但不能说价格水平下降就是通缩。

基于这一判断，从 CPI、PPI 数据持续走低判断我国经济出现了通缩的观点，初听十分合理，但仔细推敲就不难发现其中的问题。第一，判断物价下降或上涨可参考如商品零售价格总指数、国内生产总值平减指数、工业品出厂价格指数等多种指标，CPI 只是一个较为常用的反映物价波动的指标。CPI 统计篮子里的代表性消费品和服务的价格时常出现波动，加上计算 CPI 是对不同类别的统计项目赋予不同权重，统计篮子里的商品服务价格涨跌经过权

* 本文为《21 世纪经济报道》记者访谈，发表于 2014 年 11 月 21 日。

重调整，再与去年同期的 CPI 数值对比，才得出当期同比的 CPI 数据。只考察 CPI 同比指标，就会得出物价的持续下行的结论。然而，环比指标比同比指标更能说明物价变动的趋势。从环比指标看，9 月 CPI 环比上涨 0.5%，比 8 月 0.2% 的环比涨幅大，而 10 月 CPI 环比与 9 月持平；综合 12 个月的 CPI 环比数据，可看到我国的物价水平总体平稳，呈现温和波动。

第二，CPI、PPI 在反映物价水平总体变动情况方面存在局限。CPI 这一指标更大程度上反映的是实物消费品的价格变动，对于占居民消费比重较大的服务和住房等商品的价格变动反映较弱。PPI 是反映一定时期内全部工业产品出厂价格总水平的变动趋势和程度的相对数。该指数可以观察出厂价格变动对工业总产值及增加值的影响。PPI 并不反映服务性企业提供服务产品的价格变动，PPI 的下降不是物价全面下降。且 9 月我国 PPI 的同比和环比数据降幅扩大主要受成品油、原油、钢材等国际大宗商品价格下跌拖累，不能忽视外部原因的影响，而得出我国经济陷入通缩造成物价水平整体降低的结论。

所以仅从今年 CPI 和 PPI 数据连续走低，得出我国物价水平已经出现全面、持续下降的结论证据不足，认为我国出现通缩缺乏说服力。

中国不会走日本 20 世纪 90 年代以来的老路

《21 世纪》：通缩对经济造成不利影响的经典范例之一是"日本失去的 20 年"。日本在 20 世纪 80 年代末 90 年代初的泡沫经济破灭之后，高速增长的日本奇迹一去不复返，国民经济陷入衰退的泥淖。由于日本和中国同属东亚经济圈，在过去一段时期内两国经济发展的轨迹又有许多相似之处，有不少声音认为，中国很有可能会重走日本的老路。

郭濂：这种比较不无道理，但中、日两个经济体存在巨大的差异。首先，中日两国经济高速发展阶段不同。日本 20 世纪 60 年代至 80 年代的高速增长是从第二次世界大战的硝烟中再次起飞。"二战"之前，日本已经是完成了工业化的亚洲强国；"二战"后，日本经济再次起飞，凭借强大的制造业实力和广阔的国际市场，实现高速增长，一跃成为发达经济体，雄踞世界第二大经济体的宝座近 30 年。而中国改革开放之后近 30 年的高速增长则以解决温饱，改善民生为要务，集中力量实现工业化、市场化和现代化。中国目前的经济水平还没有达到日本当年在世界的领先地位。

其次，两国高速增长期之后继续前进的动力不同。据世界银行的数据，日本 2013 年以购买力平价计算的人均国民收入高达 37630 美元；我国同期这一指标仅为 11850 美元。日本工业实力雄厚，高端制造业尤其突出，拥有如丰田、本田、三菱、索尼等世界名牌；作为"世界工厂"的中国，其制造业除华为、联想外鲜有知名的国际品牌。日本在 20 世纪 80 年代初，城市化率已高达 76%；中国同期该指标仅达 19% ~ 20%。作为发达经济体的日本继续高速增长十分不易，必须有革命性的创新来推进新一轮的进步，而日本在新一轮技术革新方面未占先机，加上本国经济的结构性问题，所以徘徊不前。与日本不同，中国仍处于正向中等发达国家迈进的社会主义初级阶段，在农业现代化，城镇化和发展市场经济等方面还有很大上升空间，上述领域的进步可以支撑中国在增长放缓之后进入中高速增长的"新常态"，而不是像日本一样低迷不振。

中国取代日本成为世界第二大经济体，却还面临我国人均 GDP 不高，社会福利体系不完善，地区经济发展差距大等问题。但我国国内市场潜力巨大，经济发展仍有上升空间。中国经济和日本经济的发展轨迹确有相似之处，但今天的中国不是昨天的日本，未来的中国不会是如今的日本。

无须推出刺激性货币政策

《21 世纪》：如何评价物价下行对我国宏观经济的影响？是否有百害而无一利？

郭濂：就我国目前的情况来看，CPI 和 PPI 走低对国民经济也有一定积极影响。其一，温和波动的物价有利于提高消费对我国经济增长的带动，缓解我国国内消费长期偏低的问题。众所周知，中国自改革开放以来高速发展，国民经济的蛋糕越做越大，蛋糕的分配差别也在扩大。以致前一阶段的高增长越来越为投资和出口主导，消费对经济的贡献不断被挤压。面对做大了的蛋糕，大众越来越想要分享发展的成果，也越来越清晰地意识到 GDP 的增长不等同于经济发展、社会进步、人民幸福。近期面对物价下行，大众尚且难以感受生活压力的明显缓解，此时谈及对付通缩，不能令人信服。物价走低，民众的消费意愿和能力都会提升，从而提高有效需求，扩大内需，分享发展成果。从我国居民消费总量来看，2014 年 1 ~ 9 月，社会消费品零售总额为18.9152 万亿元，比去年同期增长 12%，且 1 ~ 9 月各月的同比增长均在 10%以上，居民消费稳健，并未出现通缩时期那种物价和消费总量双双全面连续下降的情况。

其二，PPI 连续下降从积极面来看，有利于企业降低成本，调整过剩产能。10 月 PPI 的数据降幅扩大，主要是原材料和基础能源的价格下降导致的，该原因导致的 PPI 下行属正常的经济自我调节。原材料和基础能源的价格降低对降低企业生产成本和减轻居民生活负担都有积极效果。

近期楼市热度减退，内需不足。在内因和外因的共同影响下，供给大于有效需求，国内企业产品出厂价格的下降在所难免。那些煤炭、钢铁和中低端制造等产能过剩的行业里技术差、成本高、污染大的落后企业，在供求与价格关系的客观经济规律作用下，会被先进企业取代。关键是减少地方保护等违背市场规律的人为干预，让市场的大浪披沙拣金。

其三，物价下降有利于我国储备战略资源，节约基础设施建设资金。作为世界第二大石油消费国，我国可以借助近期原油等国际大宗商品降价的契机，加强战略能源和物资的储备，未雨绸缪，预防能源价格暴涨对经济社会发展造成的负面冲击。在推进城镇化的过程中，我国的基础设施建设需求巨大。钢铁、煤炭和原油等工程建设中的大宗消耗品的价格走低有助于节约宝贵的建设资金，把节约下来的资金投入到教育、医疗养老等更需要资源的领域，在稳增长的同时，更合理地配置资源。

《21世纪》：尽管物价下降并非有百害而无一利，但稳定物价和经济的压力仍然存在，那么政府应该采取哪些针对性的应对措施？

郭濂：当前出台针对整个国民经济的刺激政策尚无必要。近期政府及央行多采取的是有针对性的，温和的稳定市场和提振经济的措施。例如10月中旬，发改委批复11个总投资超过2400亿元的重大工程。人民银行推出扶助"三农"和小微企业的定向降准等。多数分析人士指出，政府和央行对宏观经济的调控将从控制总量转向调节结构，弱化对市场的直接干预。

从中长期来看，要稳定中国经济的新常态，实现我国经济可持续发展和转型升级，还是要坚持推进改革。从具体方面讲，应该加快财税体制改革，建立更加公平合理的收入分配体制，提升居民消费能力；完善社会保障体制，增加对教育、医疗和养老等公共事业的投入；通过为广大人民群众提供更多更好的公共产品，缓解大众对自身基本保障的不确定性的担忧，释放民间消费和投资的活力，让人民更多地分享经济发展的成果，体现经济发展的意义。

中西部铁路建设是新增长战略排头兵[*]

中西部铁路建设能有效拉动投资和内需，促进地区产业结构优化和中西部经济崛起，加快新丝绸之路经济带建设，并有力支撑我国经济稳定增长。

我国铁路建设以政府投资和铁路系统自身融资为主，存在投融资主体相对集中、融资渠道较为单一等问题，积极推动投融资体制改革是铁路改革的关键。

在当前全球经济持续低迷的情况下，我国经济在保持基本面向好的同时，也进入了以中高速增长和结构调整为主要特点的新常态阶段，加快经济转型并保持经济平稳增长已经成为刻不容缓的战略性任务。

铁路建设资金投资大、项目周期长、对基建、钢铁、水泥、工程机械、机车及其零部件、电子设备等产业发展拉动力强，是促进就业、稳定增长、改善民生的重要抓手。

2014 年以来，国家持续加大了铁路建设力度，全年铁路固定资产投资从年初的 6300 亿元上调至 8000 亿元。随着下半年多条中西部铁路的陆续开工，年内实际到位资金有望创历史新高。

铁路网的延伸，缩短了时空，有力支持了中西部地区经贸发展，促进了国内东西部产业转移和新丝绸之路经济带建设，是当前我国经济稳定增长的有力支撑。

一、我国铁路发展取得重大成就，为国民经济又好又快发展奠定了扎实基础。

人们常用"国民经济大动脉"来比喻铁路在国家经济中的地位，铁路网就像血管一样，将养分输送到各个组织器官。可以说，铁路建设到哪里，就把经济发展的动力带到哪里。

在世界经济发展史上，铁路在最初出现时只是水陆运输和公路运输的辅助手段而已，然而从 19 世纪以后铁路越来越发挥着举足轻重的地位。

以美国为例，美国的"铁路时代"是从 1830 年第一条铁路的诞生与运营为起始标志的，铁路对美国资本主义的快速发展起到重要作用。到 19 世纪后

* 本文发表于 2014 年 12 月的《上海证券报》。

半叶，美国成为世界上铁路建设速度最快的国家，铁路的网络和支线把全国连成一片，铁路货运量在1889年是水路运输量5倍，乘客运载量也大幅增加到5.2亿人次，在美国工业革命和现代化的进程中铁路名副其实充当着"独一无二和最庞大的运输工具"。

20世纪80年代以来，世界呈现经济全球化趋势，带来了世界经济格局的巨大变化，使得国际产业分工更加明确，石油、煤炭、矿产品在全球大流通，铁路运输得到了进一步的发展。

在经济全球化和改革开放的时代背景下，近年来我国铁路发展取得了举世瞩目的成就。截至2013年年底，全国铁路营业里程达到10.3万公里，居世界第一位。以"四纵四横"为重点的高速铁路建设取得突破性成就，运营里程突破1万公里，成为世界上高速铁路投产运营里程最长的国家。

铁路的快速发展，提高了交通运输效率，直接带动了相关产业的发展和经济的增长，有利于我国城镇化进程的推进，为国民经济又好又快发展奠定了扎实基础。

铁路建设极大改善了我国交通运输条件，充分发挥了运输保障作用。我国地大物博，随着各区域铁路网之间的融会贯通和高铁通车，通行能力的增加和运力资源的优化配置提高了运输效率，直接或间接为乘客和货主节约时间、降低成本。

据测算，2014年我国铁路实现客运量约23亿人次，旅客周转量约1.2万亿人公里；全年实现货运量约40亿吨，货物周转量约3万亿吨公里。同时，铁路还积极保障重点物资的运输，圆满完成电煤、粮食、棉花、救灾等物资的集中抢运任务，把90%以上的运力用于煤炭、粮食、冶炼、农用物资等重点物资运输，全力保障经济平稳运行。

加快铁路发展有利于推动城镇化进程。铁路对城市集聚以及城市体系的形成和完善扮演着重要角色。铁路建设将拉近区域之间的距离，使大城市的资源和劳动密集型产业转移到中小城市的可行性增加。

从我国实践看，建设一条铁路就能够迅速形成一个城市带，带动沿线经济社会的快速发展。以京九铁路为例，京九铁路自1996年开通以来沿线城镇规模迅速扩大，大量农业人口转化为城镇人口，城镇化水平不断提高。2014年以来，以铁路建设投资为龙头、以铁路城镇综合体为抓手的铁路城镇综合体正在深入研究，该模式的成形必将进一步持续推动新型城镇化的进程。

二、中西部铁路建设有效拉动投资和内需，促进地区产业结构优化和中西部经济崛起，有力支撑当前经济稳定增长。

当前我国经济面临着一定的下行压力，增加投资对于经济稳定增长作用明显。作为重大基础设施建设项目，中西部铁路建设不仅可以有效拉动投资和内需，还能促进地区产业结构优化和中西部经济崛起，有"一石多鸟"的作用。

首先，中西部铁路建设能够直接增加固定资产投资以带动经济增长。从驱动投资的产业上分析，目前我国房地产投资可能面临着人口周期所形成的长周期拐点，制造业投资受产能过剩约束，可以依靠的只有基础设施投资，中西部铁路建设无疑是基础设施投资的重要组成部分。

其次，中西部铁路建设能够有效拉动内需。一方面，铁路投资具有产业链长、相关产业多的特点，对基建、钢铁、水泥、工程机械、机车及其零部件、电子设备等相关产业拉动作用较强。以动车组制造为例，动车组每节车厢有4万多个零部件，其中85%在国内制造，涉及众多行业。另一方面，铁路建设将持续拉动和激发当前总体水平较低的中西部地区的消费潜力。铁路联系的广泛性会增强我国中西部地区社会经济的有机联系，加强中西部地区生产、分配、交换环节的流通，从而使得当地居民的就业和收入在不同程度上得到提高，引起消费持续增加并刺激消费品生产。

最后，中西部铁路建设有助于促进地区产业结构优化，加快中西部地区经济的崛起。铁路在交通运输中扮演着十分重要的角色，通过提高区域可达性，调整区域产业结构并深刻影响着区域经济空间结构的形成。中西部地区铁路的大力建设将极大促进中西部经济的发展，有效改善我国各地区之间经济发展不平衡现状，对调整我国经济结构有重要作用。

国家开发银行作为服务国家战略的开发性机构，是支持铁路建设的主力银行，近年来累计向铁路发放贷款超过9000亿元，支持了超过6万公里的铁路线建设，重点项目包括京九、京广、京沪及兰新二线等众多铁路工程。2011年至2013年，国家开发银行向铁路领域发放贷款连续三年超过1000亿元。

2014年以来，为了更好地发挥铁路建设在稳增长中的积极作用，国家开发银行继续加大了对铁路建设的支持力度。2014年前8个月，全国已完成铁路固定资产投资4050亿元，在中国铁路总公司全部贷款总额中国家开发银行约占1/3。

三、我国铁路建设以政府投资和铁路系统自身融资为主，存在投融资主体相对集中、融资渠道较为单一等问题，积极推动投融资体制改革是铁路改革的关键。

改革开放以来，我国铁路建设投融资体制先后经历了合资铁路、区域性铁路股改融资和吸收社会资本投资等阶段。当前我国铁路建设，吸引了银团财团、法人资本、社会资本、社保基金、地方政府等投资者的广泛参与，但以政府投资和铁路系统自身融资为主。政府投资主要包括国债投资、国家资产实物投资、地方政府投资和铁路建设基金等方式。

铁路系统自身融资主要包括国内银行贷款、外资借款、铁路债券和股权融资，其中国内银行贷款是主要渠道。一般来说，原铁道部的投资资金来源中，约80%来自银行贷款和债券，而贷款与债券的比例，一般在2:1到3:2之间。以 2012 年为例，在铁路总公司的融资结构中，国内贷款规模为2653.69 亿元，占比 42.49%，是铁路行业资金来源的主要渠道。

由于贷款等债务性融资模式利息负担较重，在铁路建设取得骄人成绩的同时，中国铁路总公司负债率不断上升的问题引起了市场的广泛关注，融资风险和融资成本也随之上升。截至 2014 年 3 月 31 日，中国铁路总公司负债总额 3.27 万亿元，较上年末增长 1.3%，负债率继续微升至 64%。在此背景下，吸引社会资本、拓宽融资渠道成为铁路改革的关键。

铁路建设项目融资应结合国家投融资体制改革，大胆尝试各种融资方式，积极探索、拓宽融资领域。

一是要区分项目属性，以决定项目融资渠道。对于各类经营性项目、准经营性项目、非经营性项目，分别采取社会招商，创造条件吸引社会资金以及政府投资等方式进行，真正实现政府由全面投资向重点投资的战略性转变，为社会资金的准入创造一个基本的体制环境。

二是充分发挥铁路发展基金的重要平台作用。2014 年 4 月 30 日，国务院批准设立铁路发展基金，近日铁路基金公司已经挂牌。今后的铁路建设中，要充分用好铁路发展基金平台，以中央财政性资金为引导，吸引社会资本参与、盘活铁路用地资源、逐步扩大建设资金规模。

三是要鼓励社保基金、外汇等资金参与铁路项目投资，进一步降低融资成本。

基础设施建设应转型为"民生基建"*

我国基础设施建设已取得巨大成就，但在新的经济发展阶段也面临着一些挑战。转型"民生基建"是经济发展的内在要求。"民生基建"的特点决定我们需要面对一场包括投资主体、投资模式、融资方式、运营方式，甚至社会经济统计指标体系等领域在内的全方位改革。

成就与挑战并存

我国的基础设施建设已取得举世瞩目的成就。例如，我国高铁营运里程已占全世界一半，技术水平也处于国际领先位置；省际高速、城市高架、地铁轻轨、桥梁隧道更是遍布各个城市。据英国卫报统计，截至 2015 年年底，我国 150 米以上的摩天大楼的数量将会占到全球的 1/3。我国基础设施建设不仅走在了发展中国家前面，与欧美发达国家相比也毫不逊色。

当前，我国经济下行压力加大。投资增速的持续回落是经济下行的源头之一，稳增长必须先稳投资。从驱动投资的"三驾马车"来看，房地产投资可能面临着人口周期所形成的长周期拐点，制造业投资受产能过剩约束，可以依靠的只有基础设施投资。然而，随着经济增长环境的变化，我国的基础设施建设投资环境也在发生着重大变化，传统的基础设施投资从投资领域到体制、模式都面临一些问题。

首先，尽管传统的基础设施建设仍有空间，但毕竟已经经历了二十年高速增长，基建投资高峰期已经过去。局部地区和领域甚至已趋于饱和，部分城市的高速公路、港口桥梁已经出现利用率低下的问题，部分城市的商业广场建设已过多过密。

其次，传统投融资体制的弊端显露，单一的政府投资主体和单一的融资方式导致地方融资平台风险凸显，部分基建项目的风险敞口上升。众所周知的是，近年的地方债风险问题一度让我国经济惊出一身冷汗，而地方债问题的背后，就是传统投融资体制的缺乏约束。

* 本文发表于 2014 年 12 月的《中国证券报》。

最后，基建项目营运的市场化程度不足，基建投资的垄断性与营运的市场化之间的矛盾显现。以经营性高速公路为例，一方面这类公共交通工程普遍存在投资效率低下的问题；另一方面，各地又经常因为行政区和地方利益在收费问题上各自为政，导致出行和运输效率都受到影响。

转型"民生基建"是大方向

作为未来城乡经济及区域经济改革的重头戏，新型城镇化大幕也已经开启。我们需要在新型城镇化的大背景下推动基础设施建设的转型。我们认为，这一转型的方向将是"民生基建"。

何谓"民生基建"？简单来说，它是指以惠及普通居民生活为导向的基础设施建设。换句话说，传统基建侧重于基本的公共设施提供和居民基本生活需求，而民生基建更注重于生活质量的改善和全方位需求；传统基建侧重于硬件，而民生基建更重"软件"。民生基建将侧重于以下一些与民生有关的领域。

扩大生态环保领域投资，再造青山绿水。我国生态环保领域投资不到GDP的2%，与欧美发达国家相比仍严重不足。从国际经验来看，经济发展到一定阶段，环保问题就会凸显出来并真正得到重视。从具体领域来看，新能源替代、大气污染防治、污水处理及再生利用、垃圾回收、城市园林绿化、水土保护都有较大的投入空间。

突破医疗养老基础设施瓶颈，应对老龄化挑战。随着我国迈入老龄化社会，医疗健康领域基础设施投入不足的瓶颈凸显。老龄化将对我国的社会结构及投资、消费等领域产生深远影响，医疗养老是首当其冲急需加大基础设施投入的领域。

发展体育健身基础设施建设，为居民提供福利。从硬件设施来看，我国人均公共体育场地面积只有 1.5 平方米，不到美国和日本人均数的十分之一。加快体育场馆、健身场所、户外运动场所、居民健身设施的基建投入刻不容缓。

重视信息服务领域投资，赢取发展制高点。"智慧城市"理念已经成为全球关于城市发展的共识，很多国家都在做这一领域的长期规划。瑞典就是实践智慧城市的一个典范，新加坡也推出了"智慧国家2025"的计划。对我国这样的新兴市场来说，实践智慧城市与海外本质上是站在同一起跑线，我们要抓住机遇，从战略角度考虑加大 IT 领域的基础设施投入，赢取未来发展的制高点。

加强文化教育领域基础设施投资，塑造文化中国。就目前来说，文化教育领域的基础设施投资仍明显不足。我国应建设更多的学校、城市图书馆、博物馆、科技馆、电影院线、剧院、艺术中心、文化展区、创意产业园等。

布局物流网络基础设施建设，服务现代商业。近些年我国电子商务产业发展较快，物流业的商业化运营其实已经走在了前端，但物流基础设施建设仍相对滞后，现代化仓储、包装、多式联运等设施不足，同时缺少综合布局的物流园区体系与高效便捷的综合运输网络，加大物流网络领域的基础设施投资势在必行。

在我国经济进入"新常态"阶段之后，经济增速逐渐回归到与潜在增长率相适应的水平，经济结构调整优化，产业转型升级，经济增长将更注重绿色、注重民生、注重可持续。发展民生基建即是这一阶段基础设施建设的基本要求，是传统基建在新的历史阶段的优化与升级，传统基建所留下的空余和不足，需要民生基建来填补。所以，发展民生基建，本身就是调结构。我们提出转型民生基建，并不是要完全丢弃传统基建。如前所述，传统基建是硬件，民生基建是软件，在基础设施投资中我们要"软硬兼施"。只是，民生基建要逐渐作为未来基础设施建设的主线被重视起来。

我国传统基础设施建设投资黄金时期已经过去。如果单纯沿着传统基建的思路下去，十年之后，我们不仅会面临着投资效率的问题，更重要的是可能会出现国内无处可投的局面，基建投资都必须借助"走出去"，即大规模向海外转移。但"民生基建"却是一个"朝阳行业"，作为传统基建的承继，它面临着方兴未艾的庞大的需求，投资民生基建不会像投资传统基建那样面临产能过剩的威胁。尤其是随着新型城镇化的启动和"三个一亿人"战略的实施，政策需要为"人的城镇化"提供相配套的生活基础设施服务，"民生基建"更是具备扎扎实实的现实需求。

投融资环节变革方向

"民生基建"应该怎么投？和传统基建投资有何关键不同？我们认为这一问题可以结合民生基建本身的特征来看。

首先，民生基建项目具备一定的初始公益性特征，政府必须做出战略性布局，进行积极的主导和引导。无论是生态环保工程，还是养老院、医院、文化艺术中心，其前期投入都比较大，投资回报期较长，具有半公共产品性质。在项目初期，民营资本可能积极性不够，必须由政府站在战略高度，做出全局性的规划和布局，通过国有资本领投，并给予补贴或在贷款政策上给予一定倾斜。以美国为例，政府就对环保类投资项目有名目丰富的补贴。

其次，民生基建项目在度过初创期之后的成长性和长期盈利空间还是很可观的，适合吸引多种资本形态积极参与。在美国，养老社区的现金回报率可以达到8%～12%，内部收益率可以达到10%～20%，这一回报对民营资本有一定吸引力。建议积极推广政府与社会资本合作的PPP模式，使社会投资和政府投资能够相辅相成。党的十八届三中全会明确提出了吸引社会资本参与基础设施建设和运营的方向。PPP模式能够有效解决传统基建投资面临的几个主要问题：一是可以解决政府资金不足的问题。二是可以在融资层面更加市场化，避免过去平台贷、城投债的简单融资模式下所产生的风险堆积。在PPP模式下，融资工具也可以更加多元化。尽管PPP公司发行的债券仍存在与政府投融资平台的关联，但它并不是如传统债务那样由政府背书，而是多种所有制主体共同承担风险，这一过程相对市场化。三是在PPP模式下，多种所有制的资本相互监督，项目的管理成本也会有效降低。

最后，民生基建项目具有完整的经营性特征，应在营运环节全力市场化。传统基建的项目比如高速公路，其成本回升期限相对固定，经营的差异性较小。而民生基建项目具有相对完整的经营性特征，所以应该在营运环节大力推进市场化，尽力做到市场化定价、市场化运营、市场化管理、市场化评估，保证项目的经济效率和盈利性。如果民生基建项目的发起方是通过PPP模式组织起来的，营运的市场化也会天然更具基础。常见的PPP模式下项目的运营和维护都是由社会资本承担，因此，项目在建立之初就可以选择在所在行业具备一定市场优势的社会资本合作方参与进来。

由传统基建向民生基建转型，国民经济统计领域的变革也要跟上。在某种意义上，统计指标即是经济发展想要收获的目标，在目前的统计体系下，一些民生类领域的发展往往被湮没甚至忽略。建议由统计部门设计和定期发布一些与民生基建相关的重要数据，如环保指数、环保基础设施投资、养老产业投资、公共信息服务投资等。同时，也要把民生基建投资与政府政绩考评机制结合起来，从体制层面促进民生基建的推进。

随着我国经济增速的下行和我国经济的转型，基建投资领域的转型与改革也已迫在眉睫。如前所述，从传统基建到"民生基建"，我们需要面对的是一个包括投资主体、投资模式、融资方式、运营方式，甚至社会经济统计和政绩考评体系等领域在内的全方位的变革，这场变革将为我国基础设施投资中长期的发展打开空间。

当然，要实现从传统基建到"民生基建"的转型，最重要的一个转变还是在思想意识上。我们必须从过去"钢筋水泥＋GDP"的传统思维中解放出来,从"新常态"的角度去理解当前我国经济的阶段性特征和当前基础设施建设投资的战略重点,让基建从服务于引资、投资、生产,回归到服务于青山绿水、服务于生老保障、服务于人们的衣食住行,服务于投资调结构,服务于新型城镇化和我国的未来。实现了这一转变,我们相信"民生基建"一定能够在我国全面建成小康社会的目标中扮演更为重要的角色。

新常态下多举措防范金融风险[*]

中国经济新常态下，经济正面临较大下行压力，中国经济长期存在的结构性风险逐渐暴露，金融体系和房地产市场的风险备受关注，新常态既是风险逐渐释放的过程，也需要适时采用多方面举措防范区域性金融风险的发生。

经济下行和转型压力下的局部金融风险

过去 10 年中国的商业银行取得了巨大的发展，业务规模和业务模式均发生了翻天覆地的变化。过去十年同样是商业银行结构性发生明显变化的过程，股份制银行的占比得到了显著的提升，同时大量的农村和城市信用社转变为农商行和城商行，国有商业银行增长相对较慢但规模依然占据着绝对优势。

同时，中国影子银行的发展也不容小觑，根据 FSB 2014 年 10 月的报告，2013 年中国影子银行系统的规模达到 3 万亿美元。中国国内的相关研究则将影子银行规模测定在 18 万亿~24 万亿元。相当于中国银行业规模约 20%。尽管在《国务院办公厅关于加强影子银行监管有关问题的通知》下发之后，中国影子银行系统的扩张速度有所放缓，但其扩张仍快于银行表内资产的扩张速度。总体上中国影子银行仍然是"银行的影子"，即在影子银行系统中相对活跃的，也通常是在银行业务上相对激进的股份制银行和城商行等。

我们倾向于认为中国金融体系的风险基本蕴藏于商业银行体系之内，从杠杆使用、业务创新、资产负债规模扩张的角度，均显示商业银行的风险远大于券商保险等其他金融机构。次贷危机以来（2008—2013 年）商业银行资产负债扩张的结论是：城市商业银行和城市信用社 > 股份制商业银行 > 农村商业银行、农村合作银行和农村信用社 > 国有商业银行 > 外资商业银行。中国金融体系的风险仍然以银行体系是否稳健为主角，而业务扩张激进和风险容忍度较高的城市商业银行和股份制银行则可能是局部风险暴露的重点部位。

---

* 本文发表于 2015 年 4 月的《21 世纪经济报道》。

金融同业、信托和委托贷款风险值得关注

金融同业扩张的驱动力在于规避监管、期限错配和有限创新。它给银行带来了更为强烈的流动性风险，加剧了银行风险和业绩的分化。商业银行同业信贷的总额为 12 万亿～15 万亿元。金融机构之间竞争能力和风险容忍度的差异，导致了金融同业投融资始终不断地膨胀，超越了传统的流动性调剂的认知。而金融机构的市场表现仍将持续分化，这可能隐含着作为批发金融的货币市场创新仍将深化。同时，我们也不难关注外资银行在中国同业市场上仍然恪守同业拆借等简单业务，并未卷入纷繁多样的同业业务之中。目前银行同业的流动性风险，集中在资产负债两端大量运用了期限错配，同业负债久期大部分在 3 个月以下。在资产的应用方面，信贷类同业资产的久期为1～2 年。

信托业务的膨胀和利率市场化、地方债务、房地产以及资源类行业的融资需求密切相关。目前风险已有暴露迹象，尤其是资源类行业信托风险较大，信托资金主要投向于房地产和地方政府的平台债，然后是煤炭有色等产能过剩的资源性行业。2014 年信托资产增速明显放缓，由 2013 年的 46% 下降至 19%，其中增长最多的是证券市场投资类资产，而对工商企业和基础产业的增长大幅放缓。2014 年新增信托贷款总额 5174 亿元，大幅低于 2013 年的 1.84 万亿元。监管的加强和信托业务风险的上升是带来信托行业调整的重要原因。信托资产的期限结构有在滚动中缩短的趋势，以集合信托为例，平均期限由 2 年下降到 1.5 年，存量资产的期限结构集中于 1～2 年，期限结构显示当前信托产品还本付息的压力仍然很大。

委托贷款的加速膨胀和信贷、信托增速的放缓并存，呈现以出表化和抽屉协议为主要特征的虚假委托贷款的明显特征。委托贷款在 2010 年以后取得快速的发展。人民银行的数据显示，2010—2014 年，每年新增委托贷款总额分别为 0.87 万亿元、1.30 万亿元、1.28 万亿元、2.55 万亿元和 2.51 万亿元。2014 年委托贷款的存量总额突破 10 万亿元，而 2010 年之前，委托贷款的总额仅仅 2.30 万亿元。我们确信，大部分委托贷款，资金来源并不在于企业和非银行金融机构，而在于商业银行自身，银行利用委托贷款出表化、逃避监管和提高贷款收益的冲动，导致了委托贷款的急剧膨胀。同时，委托贷款的风险管控相当薄弱，三方甚至多方的抽屉协议现象泛滥，损害了监管部门和总行对委托贷款的有效风险管控。2014 年年底银监会发布《商业银行委托贷款管理办法（征求意见稿）》，2015 年监管当局对委托贷款的监管必有所加强，规范和清理有助于缓解委托贷款业务所积累的风险。

改善风险管控的初步对策

目前银行同业业务存在巨大争议，银行同业部门已在事业部化。同业业务也有其特性，即创新性、复杂性和风险性。所谓创新性，是指同业业务的迅速增长，和银行在资产端、负债端能力的差异，经营风格和业绩表现的差异并存。意味着同业业务不仅仅是流动性头寸的调度，可能包含着货币市场创新的因素，从长期看可能持续增长。所谓复杂性，是同业业务的多金融机构协同，境内外协同，本外币协同，给同业业务监管带来了较大的压力。使得目前的监管模式受到挑战。监管套利本身就是同业业务发展的重要驱动力。

所谓风险性，是同业业务给金融机构的流动性管理提出了更高要求，同时对央行基准利率期限结构调控能力和紧急流动性支持能力等提出了挑战。央行可考虑紧急流动性支持预案，监管部门可考虑对同业业务的资产负债规模和结构强化比例管理和流动性要求。

信托业在逐渐规范化的过程当中，建议加强信托的业务透明度，加强信托资产投向的监控和管理，以使信托更好地服务于实体经济。首先，完善信托业的资本充足率和全面风险管理，尤其是资本金的规模总体仍然偏小，需要加速增资。加强结构复杂的信托产品的投资者信息披露。建议业务逐渐向主动资产管理或财富管理领域转型。其次，改善和规范信托产品的交易市场建设。推动信托收益权的转让市场建设，使信托一二级市场均衡发展。最后，在做好风险隔离预案的前提下，适度打破刚性兑付。应防范金融体系整体性流动风险。保持适度流动性，同时引导中长期利率逐渐下行。2014年年底至2015年年初，央行采取调降利率和存款准备金的措施，有助于进一步引导中长期利率下行。

委托贷款的无序现状需予以清理和规范，尤其应推动业务透明度、杜绝抽屉协议、建立综合授信和防范出表套利。首先，应提高委托贷款的业务透明度，降低通道过程中的不合理收费。严禁利益输送行为，建立委托贷款业务信息披露机制。其次，商业银行应对单一客户建立综合授信额度控制。除表内信贷额度授信以外，将委托贷款和信托贷款等方式纳入综合授信额度控制，防止单一客户采取不同融资方式进行过度融资。最后，监管机构可考虑要求商业银行就非标业务占比指标提高商业银行资本充足率要求，可要求商业银行就非标业务占比较高的情况，计提额外的资本充足率要求。

重新认识美元与大宗商品关系[*]

从历史数据来看，绝大部分时间美元和大宗商品之间都呈现出非常明显的负相关性。对此一个常用的解释是大宗商品用美元计价，所以美元指数上涨会造成大宗商品价格下降；反之亦然。

对这一逻辑，我们做了一个简单的测试。为了抹平美元指数涨跌对于大宗商品定价的影响，我们用 CRB 指数和美元指数相乘得到一个新的指数。如果仅仅是因为货币计价的原因，新的指数和美元之间的负相关性应该显著减弱。但实际的结果可以看出，新的指数更多的跟随 CRB 指数走，而跟美元指数仍在大部分时间呈现负相关。这表明美元计价或许有部分影响，但绝对不是主要的影响因素。我们进一步考察 CRB 指数以及新合成的指数与美元指数之间的相关系数。可以更加直观地看出，抹平美元定价影响过后的新指数和美元之间的相关性并没有明显的弱化。

如果美元定价不是主要影响，那么两者的负相关性也并非是一定的。从相关系数上来看，尽管大部分时间都处于负值区间，但是历史上我们仍然可以识别出两个非常明显的正相关时点。一个是在 1985 年左右，另一个是在 1991 年左右。

我们认为宏观情景转变是驱动大类资产轮动的主要因素。我们重新审视决定美元指数和大宗商品的宏观因素。大宗商品受到全球需求影响，美国需求只是其中一部分。以原油为例，美国从上世纪 70 年代以来，原油消费占比最高为 30%，一直低于欧洲消费量。且由于新兴市场的崛起，占比逐年下降，当前仅为 19%。因此，不能简单地将美国需求和全球需求等同。大宗商品价格更多的是受到全球需求的影响。而美元指数则是美国经济和非美国经济相对强弱的一个标志，也就是说美国经济弱，美元指数不一定弱，只有美国经济比其他国家更弱的时候，美元才会走弱。同样美国经济只有比其他国家更强的时候，美元才会走强。

美元指数和大宗商品受到不同的宏观背景驱动，如果美国经济和全球经济出现分化的时候，两类资产将按照各自的逻辑演绎，两者相关性也在不断

* 本文发表于 2015 年 5 月的《中国证券报》。

变动。从历史数据来看，这种时刻并不少见。因此在分析美元指数和大宗商品相关性时，需要同时考虑美国经济和全球经济两个维度。存在以下不同宏观情景，我们接下来会通过具体历史情景分析。

美国经济强，全球经济强，大宗商品价格上涨，此时美元取决于相对情况，如果美国经济更强，那么美元上行，两者正相关，如果美国经济弱于全球经济，美元下行，两者负相关；美国经济强，全球经济弱，大宗商品价格下行，美元强，两者负相关；美国经济弱，全球经济强；大宗商品价格上行，美元弱，两者负相关；美国经济弱，全球经济弱，大宗商品价格下行，美元取决于相对强弱。

1980—2008 年 历史情景分析

我们将 20 世纪 80 年代以来的美元指数和大宗商品价格分成十个阶段，分别印证上面的框架。

第一，1982 年底到 1984 年 5 月左右。20 世纪 80 年代初全球石油危机过后，美国里根改革经济复苏。1982 年第四季度美国经济开始上行，增速远超其他发达国家，带动全球经济回升。这段时间表现为：美国经济强，全球经济强，但是美国强于全球，美元和大宗商品同涨。

第二，1984 年 6 月至 1985 年 2 月左右。美国经济开始见顶回落，也带动全球经济下滑，大宗商品价格开始回落。但是此时美国经济增速仍然强于其他国家，所以美元指数继续上涨。这段时间表现为：美国经济弱，全球经济弱，但是相对来说美国增速仍较高，所以表现为美元上涨，大宗商品价格下跌。

第三，1985 年 3 月至 1986 年 8 月。全球经济在美国带动下继续下滑，但当时日本和德国经济开始表现强劲，对全球经济形成一定支撑。1985 年第一季度开始，美国经济增速先后回落到日本和德国经济增速以下，美元见顶回落。这段时间表现为：美国经济弱，全球经济弱，美国经济增速更低，美元下跌，大宗商品下跌。

第四，1986 年 8 月至 1989 年 2 月。美国经济在 1987 年初开始见底，对于全球经济的拖累开始减退。随后变成日本和德国引领全球经济上行，美国经济表现要落后于当时主要发达国家。这段时间表现为：美国经济强，全球经济强，但是全球更强，因此是美元跌，大宗商品价格涨。

第五，1989 年 3 月至 1991 年底。1989 年开始美国经济出现了加速下滑，但当时日本和德国经济仍然强势，因此全球经济缓慢下行。直到 1991 年初，美国经济触底，同时日本和德国危机先后爆发，强弱趋势开始部分扭转。这段时间表现为：美国经济弱，全球经济弱，但是美国经济更弱，因此表现为美元和大宗商品一起下跌。

第六，1996 年 6 月至 1999 年 6 月。借助信息技术革命影响，美国经济从 1994 年开始步入强劲复苏通道。但是美联储连续加息后却在 1997 年引发了亚洲金融危机。受到新兴市场拖累，全球经济大幅下滑，直到 1999 年才得以走出危机。而同一时间美国经济表现平稳，形成巨大反差。这段时间表现为：美国经济强，全球经济弱，美元上涨，大宗商品价格下跌。

第七，1999 年底至 2002 年初。互联网泡沫破灭前后，全球均陷入经济衰退。从数据上看，美国经济比全球经济更弱。大宗商品价格出现小幅下降，几乎达到 1977 年以来的历史低点。但是美元却出现逆势上涨，这和我们的框架并不一致。主要原因在于这种美国经济和全球经济在快速大幅衰退时刻，风险溢价会大幅攀升，而美元作为避险货币会逆势上涨。同样的情形也出现在 2008 年金融危机时刻，美国经济拖累全球增速，但是美元逆势上涨。这段时间表现为：美国经济弱，全球经济弱，美国经济更弱，但是避险情绪推动美元上涨，大宗商品价格下跌。

第八，2002 年至 2007 年。2002 年全球经济复苏，新兴市场引领全球经济增长，期间美国经济复苏至 2004 年后出现下滑，全程美国经济增速都要弱于全球增长。这段时间从经济表现上应该分为两段：2002～2004 年，美国经济强，全球经济更强；2004～2007 年，美国经济弱，全球经济强，但是大类资产都表现为美元指数下跌，大宗商品价格持续上涨。

第九，2007 年 9 月至 2010 年 9 月。次贷危机发展为席卷全球的金融危机，美国拖累全球走向经济衰退，然后在全球刺激政策配合下双双出现反弹，美国经济始终弱于全球增速。这一时期大宗商品价格和全球经济走势一致，先下后上。美元在避险需求下出现一波小反弹，但总体弱势。这段时间总体表现为：大宗商品跟随全球经济先下后上，而美国经济弱于全球经济，美元弱势，但是避险情绪下美元会出现小幅反弹，类似 2001 年。

第十，2012 年底至 2014 年。这段时间美国经济一直表现较弱，全球经济由于新兴市场动力衰竭也逐步下滑，大宗商品价格在 2011 年见顶后下滑。由于新兴市场增速仍然要强于美国，美元这段时间表现总体较为疲软，期间因为欧债危机等风险事件会有局部反弹，但未出现趋势性上行或者下行。这段时间表现为：美国经济弱，全球经济弱，美国经济更弱，美元价格维持低位，大宗商品价格下降。

全球经济弱势下 大宗商品难有积极表现

事实上美国经济和全球经济并非完全独立的两个维度。回顾上世纪 80 年代，美国经济占比过高，对于全球经济产生显著的影响，因此美国经济和全球经济之间基本上同涨同跌。而由于其他发达国家（主要是日本和德国）和美国经济周期之间的不一致，导致在同涨同跌时也会分出相对强弱，因此就会出现大宗商品价格和美元指数相关性的不断转变。

但是进入上世纪 90 年代以后，由于美国在全球经济占比系统性下滑，美国经济和全球经济有时会出现较为明显的分化，出现了美国经济强、全球经济弱（1997~1998 年）和美国经济弱、全球经济强（2004~2007 年）的宏观情景。截至 2013 年，美国经济占全球 GDP 的比重仅为 16%，相比于 20 世纪 90 年代又进一步下滑了 5% 左右。这意味着美国经济对于全球经济影响力下降到历史低位，难以重现 20 世纪 80 年代全球经济跟随美国经济同涨同跌的情景。

站在当前时间节点，美国经济处于复苏边缘，但是新兴市场经济体存在下滑压力，日本和欧洲经济未见起色。如果考虑到美国经济占比系统性下滑到低位，短期内很难依靠一己之力带动全球经济重回增长渠道，也就是说在宏观情景上我们依然处于全球弱的状态，无论美国经济是否能够由弱转强，大宗商品价格都很难有积极表现。

从另一个角度来说，如果看到美元指数趋势下滑，这意味着美国经济复苏夭折，将陷入美国经济弱、全球经济弱，美国比全球经济更弱的境地。这种情景下更多应担心大宗商品价格下滑问题，而非上涨压力。

政策支持房地产业 积极防范下行风险[*]

中国经济新常态下，房地产行业进入趋势性的拐点，中长期来看行业从高速增长期回归中低速增长期，前期大量投资造成的库存压力持续存在，房地产行业的结构性差异日益明显。2015 年中国政府对于房地产行业所隐含的风险更加关注，前期严厉的房地产调控政策日渐退出并回归正常，中国城镇化进程中房地产的需求依然能够相对稳定，有利于房地产市场价格的相对稳定，有助于防范房地产市场急剧下滑所带来的系统性风险。

房地产行业下行风险渐露苗头

2014 年房地产销售面积同比下滑 7.6%，2015 年一季度同比下滑 9.2%，显示房地产销售正面临较大的下行压力。房地产开发投资增速已经从 2013 年的 19.8% 下滑至 2015 年一季度的 8.5%，这同样给予中国经济巨大的下行压力。2015 年一季度中国 GDP 增长 7.0%，为 2000 年以来除次贷危机最严重时期的最低增长水平。

短期来看，房地产市场表现出了明显的结构化差异：一二线城市房地产销售情况好于三四线城市；房地产新开工和新拿地下滑更为明显（2015 年第一季度二者分别下滑 18.4% 和 32.4%）；住宅地产销售情况好于商业地产。结构化差异产生的原因在于：随着房地产投资需求日益减少，刚性需求的结构性差异反映为房地产销售的结构性差异，一线城市的刚性需求依然强烈，二线城市中人口流入较多的需求相对较好，三四线城市则普遍面临供过于求的状况；房地产企业对于市场的中长期预期发生改变和房地产库存高企影响到房地产企业的投资行为（2015 年第一季度房地产行业施工面积 58.4 亿平方米，房地产待售面积 6.5 亿平方米），从而造成房地产投资增速持续下行，尤其是新开工和新拿地的热情显著下降。

然而，2015 年全年的房地产市场表现并不会延续 2015 年第一季度的显著下行势头。受房地产政策逐渐放开、利率下行等因素影响，房地产销售在年

---

* 本文发表于 2015 年 6 月的《21 世纪经济报道》。

内将呈现逐渐回升的势头。与房地产销售成正比的房地产投资也会有所回升。短期内房地产行业显著恶化的势头有望缓解。

房地产政策加快调整

利率下行势头渐显

中国经济新常态下，中央政府对于系统性和区域性风险日益关注，考虑到房地产行业的重要性和特殊性，2014 年第三季度至今，房地产相关政策出现了明显调整。

2014 年 9 月，央行和银监会发布通知，调整首套房放贷认定方式，鼓励改善性住房信贷支持。2015 年 1 月，国管公积金中心发布关于提高贷款最高额度的通知，购买政策房或套型面积在 90 平方米以下的首套自住住房，贷款最高额度上调至 120 万元；2015 年 3 月，中央国家机关住房资金管理中心又发布通知，进一步明确公积金支持自住及改善性住房购买政策。同月，央行、住建部、银监会发布通知，下调二套房首付比例至最低 40%，明确首套房首付比例 30%，公积金贷款购买首套房最低首付比例 20%；财政部、国家税务总局发布通知，对个人将购买 2 年以上（含 2 年）的普通住房对外销售的，免征营业税。

2014 年 11 月和 2015 年 2 月，央行分别下调贷款基准利率 0.4 个百分点和 0.25 个百分点。2015 年 2 月和 4 月，央行两次全面下调存款准备金率共计 1.5 个百分点。货币政策进入全面降准降息并结合定向宽松阶段。

各地方政府逐渐调整取消限购政策，目前仍然实行限购政策的仅北京、上海、广州、深圳和三亚。各商业银行则调整首套房按揭贷款利率，首套房按揭贷款利率以基准利率下浮为主。

房地产政策的迅速调整，反映出经济和房地产市场下行带来了较大的压力，而政策调整本身将对 2015 年房地产市场的走势产生较大影响，有助于房地产行业在年内有所企稳。

房地产行业是对中长期利率最为敏感的行业。年内利率的下行势头较为明显，首套房贷将享受全面的优惠利率，二套房贷的利率也有望逐渐下行。这将使居民住房购买力的提升较为明显。

行业仍处调整期　但系统性重大风险难发生

从长期看，人口增长、城市化进程和更新改造需求这三大因素仍将支持中国房地产平稳发展，市场发生崩溃式泡沫破灭的可能性很小。未来两三年，公众对房价预期的改变、总体供过于求的状况和利率市场化改革三大因素决定了房地产市场的持续调整。目前市场在重建供求平衡、量价平衡的再平衡进程之中。

目前，部分城市的房地产价格已经出现明显的向下调整，而部分城市的房价则已经在政策调整之后开始企稳回升。作为一个市场化程度极高的行业，房地产市场调整的速度很快，对政策的反应速度也较快。短期来看，2015年第二季度开始，政策调整的影响将逐渐显现，房地产市场在2015年可能出现第一轮的短周期企稳。

房地产风险的主要方面是极其严重的供过于求问题，库存去化所需要的时间依然很长，大量的保障性住房也在一定程度上影响了商品房市场的需求，政府对于土地财政的刚性需求造成土地价格依然维持在高位，大大提高了房企成本，使得收入端的下降难以通过成本下降来转嫁。

但房地产行业系统性重大风险仍然可以避免。首先，房地产行业已经度过了货币政策的紧缩周期。当前货币政策进入相对宽松周期，房地产政策逐渐回归正常，房地产融资成本的下行将更为显著。其次，2014年开始，房地产投资增速大幅下行，如2015年房地产销售恢复正增长，房地产企业的现金流有望呈现逐渐改善的势头。最后，居民尚未出现全面的房价下行预期，虽然预期有所分化，但随着政策的调整，居民部门对于房价的预期逐渐从负面开始偏向正面。

创新融资方式　缓解房地产风险

对于高杠杆的房地产企业，我们曾提出应推动房地产中长期债券发行并恢复房企股权融资功能，推动 MBS、REITs 等金融创新进程。2014年11月，住建部和央行已委托北上广深四个城市分别制定 REITs 试点工作方案。2015年1月，证监会表示不再对房地产业务进行事前审查，放开房地产企业再融资；住建部发布《关于加快培育和发展住房租赁市场的指导意见》；国家开发银行则成立专门的住宅金融事业部以支持国家的保障性住房建设投资项目。

对于房地产行业的融资方式，我们建议：

首先，商业银行应进一步加强对正常购房需求的信贷支持力度，积极对改善性需求及二套房的利率给予优惠政策。其次，房地产企业的融资方式应转向中长期利率相对较低的融资方式，将原来的高利率的信托和委托贷款转向利率相对较低的信贷、REITS、债券等标准化方式。同时，加快房地产 RE-

ITS 的发展速度。最后，尝试住房金融体系的创新。如尝试推动全国住房公积金联网进程，并使其转型成为住房储蓄银行，或探索由商业银行自行通过 SPV 方式而不是信托方式尝试 MBS。

第六章　新型城镇化

国开行：以新型城镇化投融资为重点战略[*]

2014 年 3 月 16 日，国务院正式发布《国家新型城镇化规划（2014—2020 年)》（以下简称"规划"），这是中国城镇化发展的一个顶层纲领性文件，规划明确提出我国的新型城镇化要"以人为核心"，走中国特色的新型城镇化道路。规划同时给出了未来中国新型城镇化的任务和目标。该规划的发布确定了新型城镇化将成为下一阶段我国经济发展的重大战略。而伴随我国城镇化发展 20 年的中国开发性金融机构——国家开发银行（以下简称"国开行"）再次明确提出，将新型城镇化投融资作为下一阶段的开发性金融重点战略。

城镇化建设大棋局

纵观世界经济发展史，城镇化是各国经济社会发展的普遍规律和必由之路。世界发达国家成为强国的过程，就是其逐步提高城镇化率的过程。近 20 年来，我国的城镇化发展迅速，城镇化率由 1994 年的 28.5% 增长到 2013 年的 53.7%，实现了发达国家一二百年的发展历程，与此同时，我国经济也获得了高速发展。

为支持国家经济建设，1994 年我国设立国家开发银行。成立 20 年以来，国开行将开发性金融理论与我国国情相结合，探索出具有中国特色的开发性金融，以支持我国城镇化建设为重点来拉动我国经济增长。不管是 1998 年开创的城建投融资的"芜湖模式"，还是 2005 年探索出的棚户区改造的"辽宁模式"，都是围绕支持城镇化建设而开展的中国特色的开发性金融创新，并取得了显著成效。成立至今，国开行将人民币贷款的 60% 投向了城镇化领域。研究发现，国开行城镇化贷款与我国城镇化率呈显著的正相关性，说明开发性金融支持城镇化建设对我国城镇化率的提升具有重要的推动作用。

当前，我国的城镇化率与发达国家普遍 80% 左右的水平相比仍有较大差距。然而截至 2013 年年末，我国的人口城镇化率只有 35% 左右（按户籍计

---

* 本文发表于 2014 年 4 月的《第一财经日报》。

算），远低于世界52%的平均水平。这也说明，城镇化拉动我国经济增长还有很大的潜能。因此，党的十八届三中全会强调要坚持走中国特色新型城镇化道路。可见未来相当一段时间内，城镇化仍是我国经济发展的重要战略和主要动力。尤其在全球经济低迷、国际贸易壁垒加剧、我国工业产能过剩的情况下，新型城镇化战略能够有效创造需求，拉动内需，将使我国经济继续保持健康稳定的发展。

以改善民生为重点

党的十八大提出要坚持走中国特色新型城镇化道路，着重强调要"以人为核心"，推动大中小城市和小城镇协调发展、产业和城镇融合发展，促进城镇化和新农村建设协调推进。

国务院总理李克强在政府工作报告中提出，推进以人为核心的新型城镇化，当前要着重解决好现有"三个一亿人"的问题。不管是产城融合、优化城镇格局，还是人口落户、棚户区改造，这些都是围绕着人民群众生产和生活息息相关的问题，并且与我国当前的国情紧密结合。

可见，我国的新型城镇化道路是符合中国国情、具有中国特色的城镇化战略，它强调以人为核心，就是强调要改善人民的生活环境，提高人民的生活水平；就是要以改善民生为重点、为目标。

开发性金融作为政策性金融深化与发展的产物，它的目的就在于通过融资来支持、贯彻、配合政府的社会经济政策或意图，弥补体制落后和市场失灵，充当政府发展经济、促进社会进步、进行宏观经济管理的金融工具，实现政府发展目标。

国开行作为我国唯一的开发性金融机构，在实践中将开发性金融理论与中国国情相结合，探索并建立了适合我国政治经济体制和市场特点的开发性金融理念。"服务国家战略"是中国特色开发性金融的宗旨，"改善民生"则是中国特色开发性金融追求的目标。且国开行在运用开发性金融理论时，坚持以人口、资源和环境承载力为约束进行统筹规划，这与新型城镇化也是不谋而合的。

因此，中国特色开发性金融与中国特色新型城镇化战略的重点，都是围绕以人为核心的住宅、教育、医疗、交通、环保等民生领域，两者追求的目标都是改善民生。也就是说两者都是"以民为重"，即以人民群众为重心，以改善民生为重点。

担当金融先锋和主力

我国的新型城镇化战略是一项投入巨大的民生工程，尤其在保障性住房、环境治理、教育、医疗、养老等民生领域存在着大量的资金瓶颈。而在这些领域不但缺乏资金，更多时候是缺乏融资的机制。而经过20年的不断实践，开发性金融已逐渐探索出支持我国城镇化建设的一套行之有效的方法，即："政府选择项目入口—开发性金融孵化—实现市场出口"。

开发性金融担当着政府与市场的"桥梁"，一方面，通过不断创新，培育市场机制；另一方面，运用政府信用，引导社会资金共同参与。经过20年的发展，国开行已发展为"投贷债租证"全牌照银行，可充分发挥综合金融优势，以银团贷款、城市开发基金、债券发行、融资租赁、资产证券化等方式拓宽城镇化融资渠道。并可通过BT、BOT、PPP方式，引导其他社会资金参与，形成多方共赢的融资格局。因此，开发性金融将是我国推进城镇化战略的重要金融工具，而国开行则是解决城镇化融资问题最现实的金融平台。

2014年4月2日，李克强总理主持召开国务院常务会议，部署进一步发挥开发性金融作用，确定由国开行成立专门机构，单独核算，采取市场化方式发行住宅金融专项债券，向邮储等金融机构筹资支持棚改和城市基础设施等相关工程建设。为此，国开行已积极开展了包括筹建住宅金融事业部在内的多项改革。国开行将调整信贷结构和经营策略，确保今后每年60%以上贷款投向新型城镇化领域。并通过研究设立"三个专项"和"三个统一"机制来拓宽城镇化融资渠道，同时控制地方政府负债风险。

"三个专项"是要为城镇化融资设立专项贷款、专项债券和专项基金。"三个统一"要求对于地方政府性负债和金融风险，应该统一评级、统一授信、统借统还。通过不断创新和实践，开发性金融必将构建起多元化的中长期投融资体制机制，在新型城镇化战略中继续担当金融先锋和主力。

以融资机制改革推进新型城镇化[*]

《国家新型城镇化规划（2014—2020年）》对城镇化资金保障机制做出了原则性的部署，明确指出要通过财税体制和投融资机制改革，创新金融服务，放开市场准入，逐步建立多元化、可持续的城镇化资金保障机制。

传统城镇化建设的融资模式难以持续

在我国城镇化建设过程中，融资一直是核心问题。地方政府通过城镇基础设施建设拉动经济增长的冲动很强烈，但面临多方面的法律法规制约。地方融资平台是城镇化融资的主体。

总体来说，传统的城镇化融资模式为保障城镇化的资金需求作出了巨大贡献，但在新的宏观形势下推进新型城镇化，以往的融资模式将变得难以持续。

首先，传统城镇化通过低廉的农民工工资水平、"要地不要人"来变相压低城镇化成本，约2.3亿农民工群体未能在教育、就业、医疗、养老、保障性住房等方面享受城镇居民的基本公共服务。随着我国农业富余劳动力减少和人口老龄化程度提高，主要依靠劳动力廉价供给推动城镇化快速发展的模式将不可持续。同时，随着户籍人口与外来人口公共服务差距造成的城市内部二元结构矛盾日益凸显，主要依靠非均等化基本公共服务压低成本推动城镇化快速发展的模式将不可持续。

其次，传统城镇化粗放地使用土地资源，过度依赖土地出让收入和土地抵押融资推进城镇建设，积聚了地方政府性债务等财政金融风险，将不可持续。

最后，新型城镇化要在6年内努力实现1亿人左右农业转移人口和其他常住人口在城镇落户，意味着每年将近1700万人要实质性地融入城镇；相比之下，过去35年的传统城镇化进程中，城市户籍人口年均增长不超过1000万人。户籍人口城镇化的提速势必带来巨大的资金需求，尤其是基础设施建

---

* 本文发表于2014年6月的《21世纪经济报道》。

设资金需求巨大。

以制度改革突破城镇化融资矛盾

新型城镇化不仅要求在速度上有所加快，而且在质量上也要有所提升。新型城镇化建设资金需求大、期限长，社会外部效益强但商业效益不高，需要以改革创新思维，推动建立市场化、可持续的资金保障机制。

完善财政转移支付制度，合理分配农业转移人口市民化成本。按照事权与支出责任相适应的原则，合理确定各级政府在教育、基本医疗、社会保障等公共服务方面的事权，建立健全城镇基本公共服务支出分担机制。建立财政转移支付同农业转移人口市民化挂钩机制，中央和省级财政安排转移支付要考虑常住人口因素，有效调动地方积极性。依托信息化管理手段，逐步完善城镇基本公共服务补贴办法。

完善地方税体系，充实地方政府自有财力。积极培育地方主体税种，充实地方政府自有财力，增强地方政府提供基本公共服务能力。加快房地产税立法并适时推进改革，使之成为城镇化融资的重要渠道之一。加快资源税改革，逐步将资源税征收范围扩展到占用各种自然生态空间。推动环境保护费改税，加强征管。

建立规范透明的城市建设投融资机制。在完善法律法规和健全地方政府债务管理制度基础上，建立健全地方债券发行管理制度和评级制度，允许地方政府发行市政债券，拓宽城市建设融资渠道。创新金融服务和产品，多渠道推动股权融资，提高直接融资比重。制定政策性金融专项支持政策，建立城市基础设施、住宅政策性金融机构，为城市基础设施和保障性安居工程建设提供规范透明、成本合理、期限匹配的融资服务。理顺市政公用产品和服务价格形成机制，放宽准入，完善监管，制定非公有制企业进入特许经营领域的办法，鼓励社会资本参与城市公用设施投资运营。鼓励公共基金、保险资金等参与项目自身具有稳定收益的城市基础设施项目建设和运营。

未来融资机制改革的实施路径

首先，健全地方债券发行管理制度，保障市政债券发行。经济理论与国际经验都表明市政债券是城镇化融资领域最为典型的方式，既能充分实现对城镇化未来收益的利用，又可以充分利用金融市场的约束机制，强化地方政府债务管理，是未来我国城镇化建设资金筹集最具潜力的融资方式。修改

《中华人民共和国预算法》，改变地方政府不能成为举债主体的规定。探索编制中央和地方政府的资产负债表，提高地方政府财务状况的透明度。建立统一的地方政府信用评级体系，准确评估地方政府债务融资能力。建立地方政府性债务动态监控体系，同时针对基础设施建设"一次建成、长期使用"的资本性支出特点，逐步建立包括跨年度资本预算在内的财政预算制度。

其次，推进多种形式的公私合作，拓宽股权融资渠道。公私合作是有效利用社会资金，深度参与城镇化建设的重要方式。未来城镇化领域的公私合作，重点应着眼于城市基础设施建设、公用事业和公共服务三个方面。

基础设施方面，可运用比较成熟的 BOT（建设—经营—转让）、BTO（建设—转让—经营）、BOO（建设—拥有—经营）、LBO（租赁—建设—经营）、BBO（购买—建设—经营）等多种形式。这些融资模式的特点是所建项目一般都具有稳定的现金流，建设者或经营者可以通过租赁或授予特许经营权的方式获得项目未来一段时间的收益，从而收回对项目前期的投入并取得预期收益。

公用事业方面，采用公私合作模式与基础设施领域有类似之处，特别是在污水处理、自来水、煤气、电力和热力供应等方面，一般可通过使用者付费和政府补贴相结合的方式使投资者能够收回投资并得到合理的投资回报。

公共服务方面，由于政府提供公共服务的传统模式会产生提供不足与低效，所以也有必要引入私人提供。比较理想的模式是通过公私合作的模式来提供，主要是通过政府购买服务的方式来实现。其要点是：政府公共部门确定所需服务的数量和质量，具体服务由私人部门提供，提供价格可通过公开招标价格听证会或双方议价等方式形成。

以金融创新探索和推动国家新型城镇化建设[*]

新型城镇化建设是党的十八届三中全会确立的国家发展战略，其关键是要找准城镇化过程中的全局性问题，以金融创新探索和推动新型城镇化。在新一轮推进的以土地、户籍、财税和投融资体制综合配套改革为根本推动力的新型城镇化进程中，金融机构充分发挥投融资主力作用，不仅是推动未来中国中长期转变发展方式、扩大国内需求的战略需要，也是解决中国当前面临的"稳增长与调结构"等多重困境、打造中国经济升级版的有效手段。

巨大的资金需求是城镇化面临的重要挑战

当前，我国新型城镇化的资金需求巨大。未来 10 年向城镇转移的人口规模十分庞大，因此政府需要在住房、基础设施、公共服务和社会保障等方面进行大量的投资。发改委投资所的研究表明，"十二五"时期，城市基础设施和保障性住房工程建设需要投资 34 万亿元左右，年均增长 9.5%。城镇化还必须解决随迁农民工医疗、社会保险、子女上学等问题，这些投入也是一笔巨大的数字。据统计，一个农民工转移到城镇所需投资成本的平均数约 15 万元。全国每年 2000 万人的城镇人口增长，需要投资总费用平均数在 3 万亿元左右。

在我国过去 15 年左右的城镇化快速推进过程中，投融资模式发生了巨大变化，从以预算内财政为主转向依靠预算内、预算外财政和银行贷款等多种方式融资的局面。

除预算内收入之外，地方政府通过以土地出让金为主的各种预算外收入和借贷来解决城镇化投融资问题。以省为基准单位，地方土地出让金占地方预算收入的比例，20 世纪 90 年代末大概在 10%，如今已达 40% ~ 50% 的水平，在经济发达地区，这个比例更高。地方政府还直接从对土地和房屋交易的各种税收获得了收入，相关税收份额从 2000 年的 8% 增加到 2010 年的 16.1%。实际上，由于房地产开发商往往是地方税收主要贡献者，房地产部

---

* 本文发表于 2014 年 9 月的《21 世纪经济报道》。

门对地方预算内收入的贡献应该更大。

但是，以土地出让收入支撑基础设施建设的做法将难以为继，因为我国的财政收入和土地收益难以维持高增长。新一轮城镇化需要巨大的资金支持，然而既有的融资手段已被过度透支：在宏观经济疲软、金融秩序整顿和房地产调控等多重因素作用下，地方政府税收、土地出让金收入以及投融资平台融资等城镇化传统资金来源的增速都将出现回落甚至可能出现萎缩。

首先，是中国经济进入"次高速经济增长"的换挡期，预算内财政收入的增长速度将会加速回落。根据中国人民大学经济研究所的测算，我国未来10年经济增长速度可能在7%～8.5%区间波动，这直接决定中国财政增速可能在9%～14%区间波动，财政增速将比前10年平均20%的增速降低10个百分点左右。

其次，包括土地出让金预算外收入和契税、土地增值税等预算内收入在内的土地相关收益难以持续上扬。一是当前粗放式的城镇土地扩张难以为继，2000—2010年房地产土地购置费平均每年增长32.4%，建设用地平均增长13.2%，这种扩张速度不可能再现；二是土地收储的成本不断增加，导致通过土地出让获得的可支配资金大幅度收缩。

最后，按照目前人口的测算，中国住房需求可能在2015年达到最高点，房地产需求高企所支撑的土地价格、房地产交易规模也将接近高点，加上中央政府为抑制高房价不得不进行调控，这也注定未来土地价格和契税的上升速度将显著回落。

科学合理负债　支持新型城镇化发展

政府举债支持新型城镇化建设的前提是科学准确地测算地方政府的可支配财力，规范举债行为。政府动态可支配财力要与债务结构、期限相匹配。

要明晰政府性债务。把政府直接或间接承担还款责任的债务，统一纳入政府性债务管理范围。举债单位通过信托、金融租赁、发行理财产品、委托贷款、回购、委托代建等方式形成的政府性债务，也须纳入管理范围。

要规范资金投向，支持公益性项目建设。除国家另有规定外，政府性债务要坚持为社会公共利益服务、不以盈利为目的，只能用于城市基础设施、生态建设、城市管理、医疗健康、文化教育，城市功能完善和承载力提升以及保障性安居工程等政府投资公益性项目建设。

要建立风险预警管控机制。要综合债务类别、债务期限等因素，科学运用债务率、偿债率、逾期债务率等指标，对市、县（市、区）政府性债务风险进行动态监测、评估和提示。

要实行债务年度计划管理。各级政府要在确定的债务总规模内，编制政府性债务年度收支计划。未列入债务收支计划的项目，金融机构不应该支持举借政府性债务。

新型城镇化建设的投融资路径

首先，要促进房地产平稳发展，稳定城镇化资金来源。目前中国城镇化资金主要还是依靠土地财政与土地金融。房地产业依然是中国经济的重要产业，在目前外需回落、消费增长平稳的状态下，中国宏观经济在中短期内很大程度依赖于房地产的正常发展。城镇化融资的短期脱困，也依然依赖于房地产业的良性发展，依赖于土地出让金和房地产产生的契税。例如房地产增加值占 GDP 比重达到 5.6%，带动相关产业对 GDP 的贡献达 10%，投资总额占全社会固定资产投资的 19%，涉及的信贷占全社会信贷的 23% 左右，房地产存量占居民财富总额的比重接近 70%，所产生的契税、土地增值税、耕地占用税等预算内收入占总税收收入的 18%，所产生的土地出让金预算外收入占地方财政收入的 50% 左右。

政府必须明确目前房地产调控的核心目标就是"供求平衡条件下的价格平稳"。政府应认识到：房地产价格持续上扬与地方政府住房土地供应低以及土地财政激励约束有关，发展不平衡、局部房地产供给短缺是导致价格上扬的核心原因。耕地红线并不是构成住房用土地供给偏低的主要原因。地方政府在"GDP 政绩竞标赛"作用下粗放式推进工业开发是土地紧张的关键因素之一。政府可通过盘活部分存量工业用地转为住宅用地，增加住宅供应量，重点用于保障性住房、棚户区改造用地。

其次，以分类管理为基础，合理发挥地方投融资平台作用。必须要科学评估中国地方投融资平台的积极作用和未来的战略定位，防止出现处理地方投融资平台简单化的取向。全面停止和阻断地方投融资平台的融资通道未必能够化解中国未来的系统性风险，反而有可能使资金投放渠道堵塞，货币政策和产业政策的有效性大幅度降低，进而导致宏观经济增长受阻。要坚持"在增长中化解风险"的原则，在分类管理的基础上，完善壮大地方投融资平台。

当前地方政府的债务总量虽然由危机前的安全区步入到风险区，但如果采取有效改革措施，合理调整债务结构和期限，在拉动经济增长的同时，将会平稳度过这两年集中偿还债务的风险期。国家审计署 2013 年公布的数据显示，截至 2013 年 6 月底，全国各级政府负有偿还责任的债务约 20 万亿元，负有担保责任的债务近 3 万亿元，可能承担一定救助责任的债务近 7 万亿元，合计约 30 万亿元；地方政府负有偿还责任的债务约 11 万亿元。与 2012 年年底相比，全国政府负有偿还责任的债务上升 8.57%。分析结果表明，全国政府性债务各项风险总体可控。

从全国范围来看，只要经济增速不持续跌破 7.5%，未来 5 年的债务清偿问题不大，特别是考虑地方政府存量资产的积累和处置潜力，目前的各类风险指标都可能摆脱该风险的区域；投融资平台利用特定项目和服务带来的收费权和现金流，或者特定资产的拍卖和抵押来进行杠杆化融资，在本质上是中国人民银行行长周小川所指出的"凭借未来的收入在当前融资并用于市政建设，实现城镇化建设的财务负担沿时间轴进行平行分布"，这已经包含了现代城镇化融资的先进理念和操作模式，具有前瞻性。因此，要规范目前投融资平台的不规范操作，但不宜从战略上否定，更不可因噎废食。现有投融资平台的定位和操作存在合理化成分，这些合理成分是未来中国城市化融资的发展方向之一。

再次，探索多模式、多渠道利用民间资本和其他金融资源。根据世界银行项目分区理论，可以将城镇化建设项目分为经营性、部分经营性、完全公益性三大类。不同种类的项目选择不同的融资方式。通过财政注资、国有资本注入、使用者收费、未来税收权力等为抵押品和偿付来源，利用金融市场，加强杠杆化融资，以实现城镇化建设的财务成本延时间轴进行平均分摊。

最后，城镇化融资的中长期解决方案需要建立完善的财税体系和金融市场。中国当前城镇化面临的融资难题最终还是中长期的结构问题和制度问题。可从以下几方面来实施相应的措施和改革计划：

出台"稳增长"的宏观经济政策的中期定位策略，力求维持中国宏观经济在"次高速增长期"的高效平稳运转。宏观经济保持在 7.5% 左右增长，是中国财政保持 10% 增速的核心基础，也是政府能够化解各种民生困局和发展困局的核心基础。

改革和优化目前的政府间财政收支划分体系，约束地方政府在投资上的冲动，将部分事权适度上移，财权适度集中。对于地方财政的支付方式可以进行适度调整，强化地方财政在城镇化进程中集中用来解决城市基础设施、农民工居住、农民工子女教育以及举家迁移问题。

第七章　开发性金融

开发性金融助力经济结构调整 *

　　2013 年以来，中国新一届政府高度重视转变发展方式和经济结构调整，主动放缓增长速度，不断增强我国中长期经济持续健康发展的活力。但当前经济存在着一定的下行风险，及时采取适度的"稳增长"政策，防止最终需求增长率进一步下滑，保持经济稳定增长十分必要。国家开发银行作为开发性金融机构，积极发挥依托国家信用、服务国家战略、资金运用保本微利的开发性金融的对外"供血"作用，主动搭建政府和市场之间的桥梁，引导社会资金流向，大力支持我国当前经济的稳增长。

经济存在一定下行的风险

　　我国经济正处在增速换挡期，潜在增长率呈现下降趋势。从产业结构变化趋势看，越来越多的人力和资源从制造业转移到服务业，整体的劳动生产率下降，带来经济增长速度的下滑。从生产要素看，劳动力和资本投入增长率下降，技术进步缓慢。从 2012 年第三季度至 2014 年第一季度，我国经济已连续 8 个季度经济增长速度低于 8%。2014 年第一季度我国 GDP 同比增长 7.4%，低于 2014 年 7.5% 的目标。总体上讲，我国经济仍处在 2008 年国际金融危机后经济周期的谷底徘徊。

　　当前我国经济存在着一定的下行风险，主要表现在：一是经济的内生增长动力不足。主要表现为部分行业产能过剩问题严重，低效率企业大量占用资源，全社会债务规模积累较快，外需和房地产等经济增长动能减弱，资源环境约束进一步凸显。二是投资、消费和出口"三驾马车"增长乏力。2014年前 3 个月，全国固定资产投资累计同比增长 17.6%，为近 13 年来新低；3月，社会消费品零售总额增长 12.2%，出口较上年同期下降 6.6%，拉动经济增长的"三驾马车"乏力。三是汇丰 PMI、PPI 等经济先行指标不尽理想。3 月中国制造业 PMI 指数低于预期，降至 48.1，创 8 个月来最低；PPI 同比下降 2.3%，已连续 3 个月降幅扩大。

---

* 本文发表于 2014 年 5 月的《21 世纪经济报道》。

在当前的经济形势下，保持经济稳定增长具有重要的意义。第一，稳增长为调结构创造有效的空间和条件。经济增长减速一旦得不到有效遏制，就业、居民收入和财政收入等关键环节必将受到影响，市场上的悲观情绪加上别有用心的唱衰将可能导致市场整体的失信，并激化各种社会矛盾。如果不能维持经济的平稳较快发展，调结构也将缺乏有效的空间和条件。第二，解决新增就业问题需要稳增长。预计我国2014年城镇新增就业要达到1000万人以上，解决好新增就业岗位需要经济保持平稳的增长态势。如果经济减速，企业盈利下降或亏损增加，就业增长势必放缓，失业人数势必增加，社会保障的压力也会增大。第三，稳增长对维持金融稳定具有重要作用。如果经济下滑失速，企业盈利下降或亏损增加，商业银行的坏账率势必会上升，更多的信托产品将难以按期兑付，民间融资市场的债务链也会相继断裂，金融系统的风险会显著上升。第四，稳增长有助于更好发挥政府职能。经济减速导致财政收入增速的放慢，不仅会加大地方债务风险，而且还会影响政府包括公共产品的供给、逆周期调节经济运行能力等职能的发挥。

当前稳增长政策的三大特点

实现经济稳定增长，是实现经济发展方式转变的前提和基础，需要财政政策与货币政策结合运用。财政政策方面，要更充分地发挥市场在资源配置中的决定性作用，提升要素生产效率，对经济增长形成有力支撑。货币政策方面，要强调稳健性，突出"总量稳定、结构优化"的取向，为结构调整、转型升级创造稳定的货币金融环境。

国务院对当前经济下行风险高度重视，近期已出台一系列政策。4月2日召开的国务院常务会议对小微企业发展、棚户区改造、铁路建设进行了专项部署，制定了扩大小微企业所得税优惠政策实施范围、进一步发挥开发性金融对棚户区改造的支持作用和深化铁路投融资体制改革、加快铁路建设的政策措施。2014年5月4日又下发了《国务院办公厅关于支持外贸稳定增长的若干意见》，指出要优化外贸结构、提高贸易便利化水平、改善融资服务和加快出口退税进度等促进进出口平稳增长的意见。在全面深化改革和转变经济发展方式大背景下，当前制定的稳增长政策具有"温和持续、统筹考虑、相互结合"的特点。

"温和持续"是指出台"微刺激"经济增长政策，并保证政策执行的持续性。新一轮稳增长政策没有采取大规模的投资经济刺激的方式，而是根据经济运行情况适时出台基础设施建设、小微企业税收减免、民生、环境治理和产业升级发展等领域的微型刺激政策，并避免银行信贷的过快扩张。

"统筹考虑"是指统筹考虑稳增长、促改革、调结构和惠民生。稳增长需要增加的投资更多是本来就要做的有助于经济转型和经济均衡的投资，只是在经济下行压力加大的时候在节奏上提前而已，并不是另起炉灶另外增加一块投资。例如，棚户区改造是重大的民生工程和发展工程，是推进以人为本的新型城镇化建设的迫切需要。在当前经济形势下，可以发挥棚户区改造产业链条长、乘数效应大的优势，促进相关产业发展，刺激消费增长，为经济持续健康发展提供基础和动力。

"相互结合"是指鼓励政府和社会的联动，实现政府和市场的结合。稳定经济增长不是政府一个人在战斗，当前稳增长政策更加注重调动社会的积极性。例如，对于中西部铁路建设，明确推出了公私合营伙伴（PPP）模式的铁路发展基金模式。今年全国铁路预计投产新线 6600 公里以上，比去年增加1000 多公里。单纯从铁道债的发行规模来看，1500 亿元的发行量与 2013 年几乎完全一样，新增铁路建设里程的资金需求主要寄希望于设立铁路发展基金，吸引社会资本投入，使基金总规模达到每年 2000 亿～3000 亿元。按照PPP 模式，铁路发展基金的绝大部分甚至全部资金来源，都可能是非政府的投资，不计入政府负债。

开发性金融助力经济平稳增长

开发性金融是一种金融形态和金融方法，以服务国家战略为宗旨，以中长期投融资手段，依托国家信用，通过市场化运作，缓解经济社会发展瓶颈制约，维护国家金融稳定，增强经济竞争力。国家开发银行是开发性金融的重要开拓者和实践者，自成立以来始终围绕国家经济社会发展的阶段性目标，发挥中长期投融资平抑经济周期波动的作用，为实现国家战略和政府意图提供有力的金融支持。二十年发展的辉煌成就证明开发性金融在经济社会发展中具有不可替代的重要作用，得到了中央领导和社会各界的广泛认可。党的十八届三中全会首次在中央全会层面上提出"开发性金融机构"的命题。中央领导同志多次在不同场合明确表示，中国不缺大型商业银行，但是需要像国家开发银行这样的开发性金融机构，希望国家开发银行在实现国家战略方面发挥更大作用。

根据我国经济发展不同阶段和不同周期下国家宏观经济政策调整的需要，国家开发银行充分发挥中长期投融资逆经济周期反向调节的特点，顺境隐于市、逆境托举市。在经济处于快速增长周期时，国家开发银行常常隐于市场，通过为项目构造市场出口，让出更多的空间给商业性金融，以控制整个金融体系的信贷规模；在经济处于下行周期时，率先向国家需要重点发展的领域注入资金，增强市场信心，并通过加大对制约经济发展的瓶颈领域的支持力度和拉动作用，为经济平稳较快增长注入强大动力。1998—2003 年，配合国家应对亚洲金融危机冲击、扩大内需的要求，为国家重点建设项目提供了近80% 的信贷资金和为国债项目提供了超过 30% 的配套贷款。2003 年下半年到2008 年，坚持区别对待、有保有压，确保关系国家和各地发展大局的重点项目资金链不断，同时主动调节贷款的结构和投向，加大对社会民生、"走出去"等领域的支持力度。2008 年年底以来，将新增贷款的四分之三投向保障性安居工程、农村基础设施、重大基础设施、医疗卫生文化教育事业、生态环境建设、自主创新及地震灾后重建等领域，为促进我国经济企稳回升、加快经济发展方式转变发挥了积极作用。面对当前复杂的国内外经济形势，开行将继续发挥开发性金融"供血"作用，根据国家宏观调控总体要求，开展针对性的工作支持经济平稳增长。

首先是以棚户区改造为重点，服务新型城镇化建设。棚户区改造是国家新型城镇化的重要内容。一方面，可以有效改善民生；另一方面，可以有力拉动投资、促进消费。棚户区改造建设资金投入大、回报周期长，需要有成本相对较低、稳定的融资来源作为保障，需要开发性金融发挥独特作用。2014 年 4 月 2 日国务院常务会议上强调，今年要更大规模推进棚户区改造，必须抓住资金保障这个"牛鼻子"，把政策支持和市场机制有效结合，尤其要发挥好依托国家信用、服务国家战略、资金运用保本微利的开发性金融的"供血"作用，为棚户区改造提速提供依法合规、操作便捷、成本适当、来源稳定的融资渠道，保证棚户区改造任务的资金需要，并努力降低资金成本。为贯彻落实国务院常务会议精神，国开行已多次召开会议全面部署支持棚户区改造专项工作，并设立棚户区改造等保障性安居工程建设的特设机构——住宅金融事业部，认真做好与有关部委和地方政府的衔接，推动省级统贷平台建设，加快棚户区改造项目开发评审和贷款发放，截至2014 年 4 月 29 日国开行当年已累计发放棚户区改造贷款 1062 亿元。

其次是以铁路建设为重点，继续支持"两基一支"重点项目。自国开行成立以来，支持了一大批关系国计民生的重大项目建设。截至2014 年 4 月 14日，国开行累计发放电力贷款 2 万亿元，支持建成水电、火电、核电装机容量 3.84 万亿千瓦，占全国电力装机容量的三分之一；发放高速公路贷款 1.73万亿元，支持高速公路通车里程 6.8 万公里，占全国已通车里程的 65%；发放铁路建设贷款 8248 亿元，支持建设里程超过 6 万公里，占全国营业里程

60%。国务院常务会议上指出，当前形势下加快铁路尤其是中西部铁路建设，不仅可以扩大有效投资、带动相关产业发展，而且有利于推动新型城镇化、改善欠发达地区发展环境、帮助千百万人摆脱贫困。近期，国开行将进一步加大铁路尤其向中西部铁路建设的支持力度，创新铁路建设债券发行品种和方式，做好债券承销，引导社会资本投入城际铁路、市域市郊铁路以及资源开发性铁路建设。

最后是优化信贷投向，推动产业转型发展。近期，国开行将大力支持新一代信息技术、高端装备制造、物流流通、节能环保等产业发展，深化战略性新兴产业区域集聚试点，推进战略性成长型企业培育，支持产能过剩行业兼并重组、龙头企业并购，以及以资本、资金为纽带的产业战略联盟。

另外，还要发展金融普惠，保障和改善民生。国开行以"增强国力改善民生"为使命，十分注重金融普惠，积极倡导人人拥有平等融资权。截至2014年4月14日，累计发放助学贷款545亿元，支持家庭经济困难学生近1000万人次，占全国助学贷款市场份额的80%。近期，国开行将一如既往地继续支持"三农"、水利、小微企业，以及教育、健康养老等社会事业发展，保障和改善民生并促进经济平稳增长。

开发性金融助力经济稳中求进[*]

2014 年，面对复杂多变的国际环境和艰巨繁重的国内改革发展任务，中国经济步入"新常态"。认识新常态，适应新常态，引领新常态，是当前和今后一个时期我国经济发展的大逻辑。展望 2015 年，中国经济将沿着新常态之路"稳中求进"。

外部环境总体回暖

从经济大环境看，经历了经济危机后的世界经济处在经济周期的"波谷"地带，各国经济缓慢向上调整。国际货币基金组织最新发布的《世界经济展望》预计，2015 年全球经济增长 3.8%，各经济体继续不均衡的复苏。

得益于国际金融危机后一系列改革措施和科技创新，美国经济强劲回暖，带动房地产市场恢复，投资、就业数据向好。2014 年第三季度美国 GDP 增长 5%，创下 11 年来新高。预计 2015 年，美国经济增长将达 3% 左右。作为世界经济头号强国，美国经济加快恢复步伐，提振了各界对明年全球经济的信心。尽管欧元区经济恢复依然缓慢，拉美国家复苏势头脆弱，但亚太地区经济体的增长预期保持乐观，预计 2015 年亚太经济体的增长约为 5.6%，继续领跑全球经济。国际货币基金组织预计，2015 年中国经济增速在 7.1% 左右；印度经济增长约 6.4%，高于 2014 年的 5.6%；东盟五国的增长预期达 5.4%。

虽然全球经济在 2015 年依然面临地缘局势紧张、世界金融市场流动性不确定和能源价格大幅波动等风险，但外部环境的改善为 2015 年的中国经济稳健步入新常态提供了有利因素。

"三驾马车"趋向平衡

2015 年是全面完成"十二五"规划的收官之年，从中国经济自身情况来

---

* 本文发表于 2015 年 1 月的《中国证券报》。

看，投资、消费和进出口贸易"三驾马车"对经济增长的贡献比例（数据）更为均衡；产能调整和结构升级继续深入；伴随着一系列调整政府与市场关系的改革措施的实施和发挥效果，中国经济中长期趋势稳中有进的预期良好。

投资领域长期以来依赖政府推动的问题尚未完全理顺，加之房地产市场降温，依靠楼市带动经济增长的情况不可能持续，产能过剩等问题使 2015 年的经济健康平稳发展面临挑战，在经济下行的压力下政府会采取更为积极的财政政策。连续性的基础设施建设项目和民生工程投资，依然能对国民经济起到一定的稳定和托底作用。2014 年下半年，国家批复了一大批机场、铁路、公路、城市铁路等基建领域项目，投资额超万亿元，这些投资将为我国 2015 年的经济稳定增长起到积极作用。

近几年来，随着我国一系列促消费的政策措施的落地，社会消费稳步增长。2014 年前 11 个月，社会消费品零售总额累计值超过 23.6 万亿元，累计增长 12%。居民消费对国民经济增长的贡献率下降的态势得到扭转，消费成为稳定经济增长的有力支撑。2014 年我国物价温和变动，对稳定居民消费预期起到了正面作用。以原油为代表的大宗商品的价格连连走低，也有利于厂商调降生产成本，为扩大和升级居民消费创造空间，居民消费将继续承担稳定和拉动国民经济的重任。近期 PPI 数据在低位徘徊，厂商面临较大的价格下行压力，也要警惕物价过低给企业生产造成负面效应。

在贸易领域，我国多年的贸易顺差为国家积累大量外汇，增强了国际竞争力。2014 年，国家陆续出台有利于外贸的政策措施，而美国经济的复苏和美元的升值也有利于我国对外贸易的形势不断向好。2015 年，随着世界经济保持整体复苏的趋势，我国国际贸易和对外经济活动的环境进一步改善，考虑到地缘政治局势紧张和国际能源价格变化预期不明等全球经济系统性风险外，预计外贸对国民经济稳定发展仍将起到积极作用。

改革释放红利

2014 年是我国全面深化改革的元年。围绕党的十八大提出的"让市场在资源配置中起决定性作用"的目标，改革着力于理顺政府与市场的关系；深化财税体制改革，厘清各级政府的事权和财权；强化政府提供公共产品的能力；探索 PPP 模式，创新投融资体制，扩大基础设施建设的民间资本开放；密集取消和下放行政审批项目等。

各项针对社会公平的改革更是引人注目。推进户籍制度改革，打破城乡二元结构对中国经济和社会全面现代化的制度约束。土地征收、建设用地入市、宅基地制度改革，新一轮土地改革"三箭齐发"，积极推动城镇化，不但是针对"三农"问题，更是为经济发展增添新动力。出台机关事业单位人员与城镇职工的养老保险并轨制度，显示出中央改革的决心，极大地推进社会公平，完善社保制度，将有力地推动我国新型城镇化的进程。

2014 年提升中国经济融入世界经济的各项改革同样抢眼。推广上海自贸区"负面清单"管理模式，扩大对外开放；推进"一带一路"战略，推动人民币国际化，支持高铁、核电等企业主动"走出去"。可以预期，随着各项改革措施的落实和推进，将为 2015 年的中国经济创造良好的制度环境。改革政策红利持续释放将有利于中国经济的中长期稳健和可持续发展。

开发性金融"托底护航"

2015 年是中国经济正式进入新常态的第二年，随着经济增速的下调，经济发展稳中求进面临不少困难和挑战。开发性金融作为实现政府发展目标、弥补体制落后和市场失灵的一种金融形式，具有"逆周期"的特点，可为国家经济和金融平稳运行"托底护航"。长期以来，开发性金融在支持基础设施建设，国家经济战略项目开发，协调区域经济发展，促进节能环保，保障和改善民生等方面起到了积极作用。截至 2014 年 11 月，国开行累计发放棚户区改造贷款 7500 多亿元，累计支持棚户区改造项目建设面积 8.1 亿平方米，惠及 834 万户。在铁路融资领域，国开行的贷款占据了三分之一。国开行已累计发放铁路贷款超过 9000 亿元，支持了超过 6 亿公里的铁路线建设。

2015 年，开发性金融将继续在基础设施建设、"一带一路"、京津冀协同发展、长江经济带等区域经济发展战略，以及节能环保和民生工程等领域发挥其托底、支持和稳定作用，服务好国家战略，为中国经济的新常态之路护航。

开发性金融为经济转型"托底"铺路[*]

经过多年高速增长，我国原有的粗放型增长模式难以为继。我国经济迫切需要转型升级。一方面，要加大科技创新，培育核心产业；另一方面，要推进新型城镇化，进一步释放劳动力，提升国内消费需求。

然而，在经济转型期，我国既面临着经济增速放缓带来的各方面压力，又面临着产业转型升级和新型城镇化大量投入的资金压力。根据经济周期理论，经济转型是一个至少需要 10 年以上的长期过程，这就需要稳定可靠的中长期资金来"托底"，以缓解当前地方财政因土地收入下滑的影响，防范短期地方债务大量到期可能引发的金融风险，并为我国推进新型城镇化和培育核心产业提供资金保障，从而平抑经济周期波动，促进经济转型和升级。

转型面临资金压力

当前，我国经济面临的结构失衡问题主要体现在以下几方面：

第一，经济增长过多依赖出口和投资拉动，国内消费始终不振。出口与投资一直是拉动我国 GDP 增长的重要力量，相比之下，我国消费需求对国民经济的贡献率明显偏低，并在近年呈现下降趋势，2011—2013 年，消费贡献率分别为 56.5%、55%、50%。

第二，经济增长过多依赖第二产业以及第三产业中的房地产投资，现代服务业及高科技产业发展缓慢。第三产业尤其是现代服务业及高科技产业多年来发展缓慢，科技进步不够快，2013 年，第三产业的经济贡献率为 46.8%，仅比 10 年前提高了 1.1 个百分点。

第三，中国经济多年来的高速增长和粗放扩张，付出了很大的资源环境代价。资源大量消耗，生态环境遭到破坏，钢铁、煤炭、水泥等高耗能产业产能过剩。这种增长难以持续。

第四，我国已步入中等偏高收入国家，劳动力成本上升使得劳动密集型产业优势逐步消失，急需培育核心优势产业。2012 年，我国人均年工资超过

* 本文发表于 2014 年 9 月的《中国经济导报》。

6500 美元，比泰国和菲律宾高出 2000 多美元，是印尼和越南的 2～3 倍，柬埔寨的 5～6 倍。如果我国经济继续保持 7% 以上的年均实际增长率，预计 2 年内人均 GDP 将超过 8000 美元，5 年内超过 1 万美元，届时，我国在劳动力成本上就会处于明显劣势。

当前，我国经济已处于转型升级关键期，重点要放在推动新型城镇化，提高居民消费能力；培育高核心优势产业，实现经济集约式增长。

产业升级和城镇化的大力推进，对地方财政提出了更高要求。城镇化项目尤其是城镇公共基础设施具有超前性、公益性、社会性，以及资金投入量大、建设周期长、沉没成本高、需求弹性小等特点，对高额长期资金具有强烈需求。根据相关测算，在城镇化过程中，到 2020 年，如果政府债务控制在 60% 以内，城镇化基础设施建设资金缺口或达 20 万亿元。

此外，核心优势产业的培育，也意味着大量科研与开发费用的投入，许多科技创新企业的初始阶段急需政府的资金与政策扶持。我国研究与试验开发经费支出占 GDP 比重低——2012 年为 1.97%，与世界主要发达国家平均 3% 左右的科研投入差距较大。根据规划，我国"十二五"期间研发支出占 GDP 比重将提高到 2.2%，至 2020 年提高到 2.5%。据统计，我国企业研发投入占销售收入比重仅为 0.74%，大中型企业才为 0.93%，远低于发达国家 2.5%～4% 的平均水平。

在转型期内，我们应该积极推进产业升级和城镇化，而产业升级及基础设施建设需要巨额资金，又很依赖稳定可靠的中长期资金供应。

开发性金融空间广阔

由于经济转型升级的周期较长，资金投入大，因此，需要有稳定可靠的中长期资金来"托底"，缓解当前地方政府的债务压力，并推动城镇化和产业升级，使我国经济尽快转型成功。

中长期资金对于培育高科技企业，实现产业升级具有重要作用。从国际经验看，韩国产业银行是韩国唯一的政策性金融机构，为其经济发展提供长期资金，在国民经济发展和金融产业发展过程中扮演了"引导者"角色，先后向三星、现代、LG、STX 等韩国知名企业提供了大量长期资金支持，有力地支持了产业发展。

建设资金不足是制约新型城镇建设的瓶颈，这主要由内、外两个因素导致。一是内因，即政府财力有限，债务率逐年走高，市场融资能力受到影响。二是外因，即金融机构的运作模式及目标与城镇化建设相矛盾，具体体现为金融机构以发放短期贷款为主，而城镇化项目多需要中长期资金，以及金融机构的逐利行为与城镇化的社会性存在矛盾。

国家开发银行运用开发性金融理念，在严格控制地方政府杠杆率的前提下，筹集中长期资金，大力推进城镇化和产业升级。一方面，可以帮助地方政府顺利度过短期债务兑付期，避免因地方违约造成的危机，另一方面，可使地方政府有足够财力维持基础设施建设的投入。

城镇化项目建设周期长、社会外部性强等特点，决定了城镇化建设必须主要依靠政策性银行的中长期贷款。近 20 年以来，国家开发银行积极探索运用开发性金融支持城镇化的模式，近一半贷款资金投入到城镇化领域，并积累了丰富经验。2013 年，国家开发银行发放城镇化贷款 9968 亿元，接近全行当年人民币贷款发放的 2/3。实践证明，国家开发银行的城建贷款与城镇化水平存在很强的正相关性，我国城镇化率随国开行城建贷款增加而提高。未来城镇化的主战场将转向中小城市和重点小城镇，这些地方推进城镇化不仅缺乏资金，更缺乏吸引资金额持续进入的体制机制，这为开发性金融发挥"逢山开路、遇水架桥"建设市场的先锋作用，提供了广阔空间。

解决城镇化和产业升级的资金问题需要一个长期的体制建立过程，包括加快财税改革、规范地方政府债务管理、完善地方政府信用评级制度等。我国成功实现经济转型、实现地方政府财税收入与支出相平衡也需要一个长期过程。城镇化更需要稳定可靠的中长期资金，而当前地方政府依赖大量中短期债务维持，面临很大压力。国家开发银行的中长期贷款具有缓解财政压力、防范金融风险、托底经济转型、熨平经济周期的作用，可在我国财税和金融体制改革期间，为新型城镇化发展以及产业升级提供资金保障与支持，帮助中国经济成功度过转型期。

开发性金融下好棚户区改造"大棋"[*]

2014 年 4 月 2 日，李克强总理主持的国务院常务会议提出，要更大规模地推进棚户区改造，尤其是要发挥好开发性金融的"供血"作用。棚户区改造的重提，以及通过开发性金融进行资金配套，对当前我国经济发展意义重大。

棚户区改造契合"微刺激"

当前，我国经济增长延续放缓态势，从 2010 年第一季度开始，增速放缓已经持续 16 个季度。这一方面是由于各国在金融危机后推出的、以投资为主的经济刺激政策释放的增长动能逐渐耗竭，而金融危机导致的发达国家需求萎缩则远未完全恢复；另一方面，我国新一届政府从长远发展的大局出发，坚持"不刺激、去杠杆、促改革"方针，客观上也造成了经济增速短期内的放缓。

虽然对经济增速底线的判断并无公认标准，但根据 2014 年第一季度经济发展态势可以发现，经济增速放缓未造成失业率的大幅攀升（见图 1），也未造成社会运行中可能累积矛盾的集中释放。

如图 1 所示，我国城镇失业人数一直保持在平稳区间，而工资稳步上涨的趋势并未明显改变，失业率也未出现大幅上升。但这并非证明经济增速放缓对我国经济没有太大影响，在所有经济增速放缓造成的风险中，2014 年第一季度体现得最为突出和明显，其中最可能爆发的风险是影子银行体系的崩溃。从 2014 年年初的中诚信兑付危机，钢贸商的集体沦陷，以钢为代表的大宗商品融资的终结，以及"超日债"打破信托刚性兑付，到众多中小房地产企业的破产等，甚至可以听到影子银行"冰川融碎"的声音。

影子银行是民营企业，尤其是中小民营企业的重要资金来源，也是高杠杆运行的房地产业的重要资金来源。如果影子银行体系的收缩速度过快，必然过度冲击我国实体经济中最具活力的私营部门，这种冲击必然影响到就业、消费，尤其是低收入群体的就业、消费。而房价的过快下跌，则会冻结房地产市场的投资和消费，由此，本已严重产能过剩甚至全行业亏损的众多房地

---

* 本文发表于 2014 年第 7 期的《银行家》。

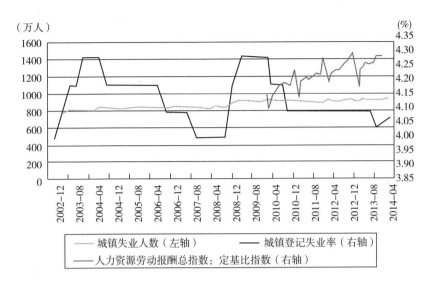

数据来源：Wind 资讯。

图1　我国城镇就业及工资情况

产上游产业，恐将面临倒闭潮。虽然政府的具体底线如何不得而知，但上述情况的发生已明显超过"使经济运行处于合理区间"的容忍度。

因此，为保证经济运行软着陆，则推动经济增长的所有动力不可同时失速。在当前经济形势下，出口需"仰仗"国际经济环境的恢复，美欧经济体的复苏依然步履蹒跚，而消费支出中政府消费支出和投资的增长则都非常依赖政府刺激政策。但在产能严重过剩的大背景下，大规模刺激政策的出台必将继续恶化经济结构，拖延改革步伐，由此，"微刺激"成为政府的合理选择。

"微刺激"措施需要满足三方面要求：一是适量，避免大规模、不易控制的总量型刺激政策。二是定向，既能适度化解过剩产能，又要避免加剧产能过剩和恶化经济结构。三是有效，能够改善民生、提高效率的投资是最有效的。棚户区改造可以较好地契合以上各方面要求，其资金规模、项目进度可控，资金投向固定，直接改善民生，促进社会和谐和提高经济运行效率。在当前复杂的经济形势下，棚户区改造是政府调控经济增速的良好抓手。

开发性金融匹配棚户区改造

财政资金和商业性金融机构在支持棚户区改造中存在较大局限。2014 年政府工作报告确定改造的各类棚户区户数为 470 万户，而根据住建部在 2014 年"两会"上透露的数据，这一规模的改造需要超过 1 万亿元的资金。2013 年全国财政收入仍然有限，且财政资金不具备杠杆效应，其在数量上无法支撑棚户区改造的资金需求。

商业性金融机构以商业银行为主体，其支持棚户区改造的局限性主要体现在两方面：一是其本身的负债结构决定不宜过度配置长期资产，如棚户区改造项目。资产负债的过度期限错位，将严重增加其脆弱性。二是大力推进的利率市场化改革已经明显导致收益率曲线的平滑化（见图 2）。

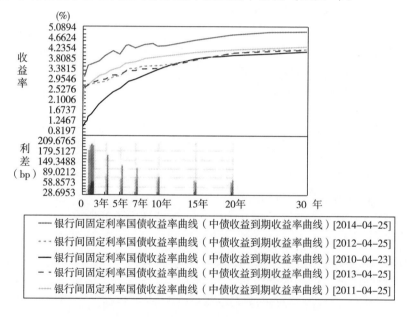

数据来源：Wind 资讯。

图 2　银行间固定利率国债收益率曲线（2010—2014 年）

从图 3 中可以明显看出，当前收益率曲线的平整趋势创历年之最，也就是长短期的利差严重缩小，这将导致银行对长期资产配置的积极性严重下降。若期望商业性金融机构大力支持棚户区改造，恐怕只能以下指标的方式进行行政干预，这是不到万不得已一般不会采取的方式。

开发性金融与棚户区改造的资金需求较为匹配。面对财政和商业性金融机构的困境，介于政府与市场之间的开发性金融大有可为。开发性金融机构不仅能够发挥金融杠杆的作用撬动大量资金，还可以在不造成自身资产过度期限错配和加剧风险基础上，完美实现自身经营目标。以服务国家战略为宗旨，以中长期投融资为手段，依托国家信用，资金运用保本微利的开发性金融作为支持棚户区改造的主力有如下独特优势：

第一，资产负债期限匹配。开发性金融以中长期金融债为主要负债，可完美匹配棚户区改造资产。虽然从金融系统的整体角度，开发性金融机构的介入并未改变金融系统的总体期限结构，但对于商业性金融机构，棚户区改造的资产和可交易、高流动性的金融债，在资产负债管理难度上完全不可同日而语，从而可以有效降低整个金融系统的资产负债管理难度，提升金融系统的整体运行效率。

第二，资产增信。开发性金融机构的介入不仅通过引入国家信用，对棚户区改造资产增信，还通过将棚户区改造资产证券化，形成可交易的高流动性资产进行增信。另外，开发性金融与商业性金融的不同之处在于，前者同时关注并帮助借贷主体完成与融资相关的市场、信用和制度建设，打通融资瓶颈，从而有效管控风险，为资产增信。通过开发性金融机构的增信，可以极大地降低棚户区改造的资金成本。

第三，优化经济结构的"微刺激"。对棚户区改造的支持主要依托政府资源，这种政府支持的"微刺激"方式需要匹配选择，否则很可能无法达到刺激效果或造成市场主体的"人格分裂"，资源流向产能严重过剩领域，恶化经济结构。通过开发性金融释放刺激措施（如定向释放高能货币、定向释放国家信用）。一方面，这些刺激措施通过开发性金融机构的定向、定量操作，能保证刺激效果高效释放到民生领域，优化经济结构；另一方面，不会让参与其中的市场主体背离市场化运作方式，形成市场主体"人格分裂"和恶化经济结构。由此，行政刺激措施高效落实的同时，制度成本也会保持低水平。

实践中需注意的问题

国家开发银行（以下简称国开行）作为国内最主要的开发性金融机构，多年来一直是支持棚户区改造的主力，积累了非常丰富的经验。但此次棚户区改造的规模和力度远超以往，国开行仍面临很大挑战。

首先是棚户区改造本身固有的问题。棚户区改造是我国城市化进程中出现已久的问题，其广泛、长期存在显示该问题有其固有限制。例如，棚户区拆迁实施难度大、协调时间长，尤其是对于危旧房屋密集、违章建筑多的区域，棚户区改造项目的成本很容易失控；棚户区改造项目未纳入城市总体建设规划，或规划不科学，同时缺乏相应的配套政策，难以发挥棚户区改造区域的经济效益，严重影响地方政府融资和还贷能力；被拆迁的居民安置不善，难以就业，无配套的社会保障措施则容易返贫，形成新的贫民区，影响社会安定。

国开行以服务国家战略为最高宗旨，因而支持棚户区改造项目不能仅为商业利益，在规划先行、贷前评审、贷后监控等环节，都要从优化全局资源配置的角度，帮助地方政府完善城市规划、保障高社会效益项目、监控资金有效使用和回收，切实改善民生，努力克服棚户区改造中易发的种种痼疾。

其次是棚户区改造的信用风险。"大干快上"往往容易产生风险漠视，尤其是当前地方政府的债务风险积聚、房地产市场下行趋势逐渐确立形势下，棚户区改造项目的信用风险尤其值得重视。

国开行通过统一评审、统一授信、统借统还的方式，直接与省级平台对接资金、统筹推进，虽然可以克服低级别地方政府融资能力差、还款保障弱的缺陷，保障项目建设资金安全，但省级平台因财政资源所限，积极性并不高，统筹推进难度较大。

同时，国开行为有效控制棚户区改造项目的信用风险，仍需努力摸清底数，全面掌握地方政府融资需求，从而合理评审项目，并防止因棚户区界定不清晰造成的政策利用扩大化。要坚持规划先行，配合地方政府培育优质项目。要推动棚户区改造配套制度建设，做好棚户区改造业务各环节的衔接，确保项目改造熟化后，有效产生经济效益。

最后是棚户区改造的资金来源和成本。受当前利率市场化影响，国开行的融资成本大幅飙升（如图 3 所示），且该态势在短期内仍将继续。

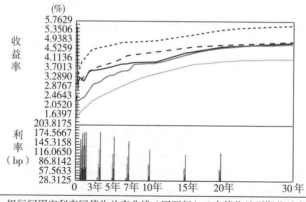

-- 银行间固定利率国债收益率曲线（国开行）（中债收益到期收益率曲线）[2014-06-06]
— 银行间固定利率国债收益率曲线（国开行）（中债收益到期收益率曲线）[2010-06-06]
- 银行间固定利率国债收益率曲线（国开行）（中债收益到期收益率曲线）[2013-06-06]
- 银行间固定利率国债收益率曲线（国开行）（中债收益到期收益率曲线）[2011-06-03]
- 银行间固定利率国债收益率曲线（国开行）（中债收益到期收益率曲线）[2012-06-04]

数据来源：Wind 资讯。

图 3　国开行金融债收益率曲线（2010—2014 年）

　　根据国开行 2013 年年报，其平均生息资产的收益率仅为 5.44%。因此，在市场利率高企情况下，国开行很难大规模发行中长期债券。虽然可以通过过桥贷款等方式克服短期内的密集资金需求，但资金成本高企的根本性解决之策还需依靠资金来源的扩大，以及通过自身经营能力为资产的增信。因此，国开行在不断争取国家政策的同时，还需努力修炼内功，不断提升自身经营能力。

　　棚户区改造是当前国家宏观调控的重要抓手，是深化经济体制改革、保障经济发展模式转型的重要战略选择。开发性金融在支持棚户区改造中可完美发挥自身优势，有能力、有动力、有条件在支持棚户区改造中当仁不让，勇挑重担。当然，我国当前经济发展形势严峻、复杂，棚户区改造本身又有不少沉疴痼疾，国开行作为开发性金融的主力行，有必要克难攻坚，努力完成支持棚户区改造的工作任务。

棚户区改造可抵消房地产
对 GDP 增长的负影响[*]

2014 年 8 月 4 日，国务院发布《国务院办公厅关于进一步加强棚户区改造工作的通知》（以下简称《通知》），要求加快棚户区改造的进度。

"在房地产投资下行的背景下，第二季度全国基建投资增速则从 20% 升至 24%，这其中棚户区改造投资起到了重要作用。"国家开发银行研究院常务副院长、金融研究发展中心主任郭濂对《21 世纪经济报道》分析，因此在房地产市场整体出现下行趋势之时，加大棚户区改造的投资能够有力地对冲房地产对经济下行的影响。

下半年应加大棚户区改造投资，预计全年棚户区改造资金将达到 5000 亿元，可以削减房地产对 GDP 增长的负影响，拉动 GDP 增长 0.21 个百分点左右。

抵消房地产投资下滑的影响

《21 世纪》：棚户区改造在上半年的"微刺激"政策中起了什么作用？

郭濂：根据国家统计局公布的上半年国民经济运行数据显示，上半年我国国内生产总值同比增长 7.4%。分季度看，第一季度同比增长 7.4%，第二季度同比增长 7.5%。

从"三驾马车"增速走势来看，与第一季度相比，今年第二季度消费环比增速基本稳定，出口有明显改善，而投资增速环比小幅下滑。相比 2013 年，2014 年上半年消费贡献 GDP 增速为 4%，基本持平；出口贡献 GDP 增速为 -0.2%，有小幅改善；而投资贡献 GDP 增速为 3.6%，大幅下降 0.6 个百分点。

投资分项数据显示，第二季度全国房地产投资继续下滑，同比增速从第一季度的 16.8% 大幅下降至 12.6%，成为经济增速的拖累。上半年全国房地产开发投资 42019 亿元，同比名义增长 14.1%，第二季度增速比第一季度回

---

　* 本文为《21 世纪经济报道》记者访谈，发表于 2014 年 8 月 6 日。

落 2.7 个百分点。房屋新开工面积 80126 万平方米，同比下降 16.4%。全国商品房销售面积 48365 万平方米，同比下降 6.0%。

而第二季度全国基建投资增速则从 20% 升至 24%，这其中棚户区改造投资起到了重要作用。今年上半年国家开发银行发放棚户区贷款 2195 亿元，其中有 1949 亿元是在 2014 年 4 月 2 日国务院常务会议召开后发放的。

因此，第二季度棚户区改造的投资增长拉动了基建投资的增长，从而部分抵消了房地产投资下滑对经济增长的拖累。

《21 世纪》：《通知》的出台，是否也隐含着一个基本判断，下半年房地产将继续下行？

郭濂：随着 2014 年上半年我国房地产市场的调整，各地商品住房库存量呈现上升之势。监测数据显示，截至 2014 年 6 月底，包括北上广深在内的国内 35 个城市新建商品住宅库存总量环比增长 2.8%，同比增长 22.9%，库存再创历史新高。同时，35 个城市新建商品住宅存销比为 18.1，这也意味着市场需要用 18.1 个月的时间才能消化完这些库存。在低成本房贷一去不返、房地产行业供大于求态势延续，中期面临"去库存"的背景下，国内房地产业下半年行业前景不明朗，房地产投资难以起色。由于房地产业在国民经济中扮演着重要的角色，与房地产相关的建筑、钢铁、建材、装饰装修等行业在国民经济中占有重要份额。因此，房地产行业的低迷将会对经济下行带来一定压力。

棚户区改造投资或拉动 GDP 0.21 个百分点

《21 世纪》：您预计今年国家对棚户区改造资金投入将达到多大规模？

郭濂：为应对房地产下滑对经济增长带来的压力。国家陆续出台铁路建设、棚户区改造等"微刺激"政策，对确保经济稳定增长取得了良好效果。加大棚户区改造力度一方面能够长期优化经济结构，改善民生，另一方面在短期也能起到拉动投资和经济增长的作用。棚户区改造是我国政府为改造城镇危旧住房、改善困难家庭住房条件而推出的一项民心工程。其实质是居民通过让渡土地空间，来换取像样的住房。

在当前宏观经济继续下行之际，棚户区改造资金需求巨大，国开行加大棚户区改造投资来替代房地产投资下滑的影响，可以起到经济托底的作用。

数据显示，2010—2013 年，国家财政对棚户区改造的资金投入分别为 231.25 亿元、555.12 亿元、580.08 亿元和 723 亿元，年均以 50% 以上的速度增长。2010—2013 年计划改造各类棚户区 280 万套、400 万套、300 万套和

304 万套。2014 年计划改造 407 万套，相当于 2011 年至 2013 年我国棚户区改造量的近一半，是 2013 年改造量的 1.5 倍。预计全年棚户区改造资金将达到5000 亿元左右，为稳投资发挥积极作用。

《21 世纪》：据您预测，棚户区改造对 GDP 能起到多大的拉动作用？

郭濂：从历史数据来看，房地产对经济增长的贡献较大。1999—2013 年，房地产业对 GDP 增长的贡献率年均约为 9.9%，平均每年拉动 GDP 增长 0.96个百分点。但从趋势上看，房地产业对经济增长的贡献有所减小。2014 年全年预计房地产投资对 GDP 增长贡献率为 9%，对 GDP 增长拉动为负的 0.33 个百分点。

同时，据国家信息中心测算，今年全年棚户区改造投资对房地产投资的拉动可增加 2.29 个百分点，对固定资产投资的拉动可增加 0.43 个百分点，对 GDP 的拉动可增加 0.21 个百分点。这有利于部分抵消楼市调整带来的对投资的负面效应，起到保投资、拉消费、稳经济的作用。

预计全年通过加大棚户区改造的投资可以削减房地产对 GDP 增长的负拉动至 0.12 个百分点左右。因此，在房地产市场整体出现下行趋势之时，加大棚户区改造的投资能够有力地对冲房地产对经济下行的影响。

PSL 小规模应用取得较好效果[*]

2015 年 3 月 5 日，李克强总理在政府报告中提到，2015 年"要发挥开发性金融、政策性金融在增加公共产品供给中的作用"。

就开发性金融的相关问题，《21 世纪经济报道》记者专访了国家开发银行金融研究发展中心主任郭濂。郭濂认为，经济下行时期，财政和开发性金融成为逆周期调节经济的主力军。对于外界关注的定向调控工具 PSL，郭濂认为目前小规模应用取得了较好效果。

财政和开发性金融成为逆周期调节经济的主力军

《21 世纪》：作为最主要的开发性金融，您认为国开行在未来的公共产品供给中可以以何种形式发挥作用？针对的主要领域将会是什么？

郭濂：国开行坚持以开发性方法和市场化运作服务国家战略，在高铁、水利、棚户区改造及消费型基础设施建设等公共产品、半公共产品供给中大有可为。

在经济新常态下，国开行将在重点领域、薄弱环节和关键时期发挥作用，主要可归结为如下几个方面：

一、提供长期资金。公共产品项目对资金的要求具有大额长期低成本的特点。在国外通常可以通过以政府信用发行长期债券等方法筹集资金，但是我国负债以商业银行为主。商业银行负债期限比较短，如果发生过多的期限错配会增加金融系统的脆弱性。以国开行为主的开发性金融机构以中长期金融债券为主要负债来源，相对可以较好地匹配公共产品供给的回报周期。特别是在目前经济下行时期，财政和开发性金融成为逆周期调节经济的主力军。

二、降低融资成本。公共产品供给项目一般不具有较高的回报率，因此相对要求更低的融资成本。国开行具有丰富的基础设施投融资经验，通过开发性金融机构的增信，做到既尽可能融资降低成本支持公共产品建设，又更好地管控风险。

---

* 本文为《21 世纪经济报道》记者访谈，发表于 2015 年 3 月 15 日。

三、撬动社会资金满足公共产品供给所需的巨量资金。公共产品建设的资金供给都无法完全依赖财政资金。现在的做法是：在国家层面给予国开行金融债券以信用支持，通过金融杠杆撬动大量社会资金参与公共产品的建设。国开行对目前社会融资总量的引领作用还是比较明显的。

PSL 小规模应用取得较好效果

《21 世纪》：2014 年，在棚户区改造领域，人民银行通过 PSL 定向向国开行投放 1 万亿元支持棚户区改造。这次定向投放的运作机制是什么？如何评估这一工具的效果？相关经验如何推广？

郭濂：抵押补充贷款（Pledged Supplementary Lending，PSL）作为一种新的货币政策工具，是一种基础货币的投放渠道。PSL 通过抵押资产从央行获取融资的利率，对于中长期利率具有较好的引导作用，有利于疏通货币政策的传导机制。PSL 作为一项货币政策工具的创新，目前小规模应用取得了较好效果，但其大规模开展的效果，有待未来通过一定时期的实践得到验证，是否大面积推广还将服从于央行等部门的决定。

《21 世纪》：是否有相关数据显示，这笔 PSL 有多大比例已经投放到棚户区改造领域？

郭濂：对于国开行棚户区改造资金的使用，审计等部门会进行严格的检查和监管。根据 2014 年 12 月 16 日中国政府网发布的《本届政府成立以来出台的重要金融政策及成效》报告，"人民银行通过抵押补充贷款（PSL）工具为开发性金融支持棚户区改造提供了 1 万亿元长期稳定、成本适当的资金额度，资金利率较市场利率低约 1 个百分点。截至 2014 年 10 月末，使用 PSL 资金发放的棚户区改造贷款 3127 亿元。"2014 年全年，国开行倾力支持棚户区改造，全年发放棚户区改造贷款 4086 亿元，其中相当大部分的资金来自于 PSL 资金。

《21 世纪》：您能否总体介绍一下国开行在支持棚户区改造方面的最新情况和主要挑战？

郭濂：2014 半年，银监会已经批准国开行住宅金融事业部开业，可办理纳入全国棚户区改造规划的棚户区改造及相关城市基础设施工程建设贷款业务。下一步，国开行力争实现 2015 年全年棚户区改造和危房改造贷款发放超过 4000 亿元的目标。

主要面临的挑战是如何适应新的《预算法》要求，改进和完善现有贷款担保、抵押等方式，处理好市政债、城投债、PPP 和 BOT 等与现有融资机制的关系。

一、棚户区改造本身固有的问题。棚户区拆迁实施难度大、协调时间长，尤其是对于危旧房屋密集、违章建筑多的区域，棚户区改造项目的成本很容易失控；有的棚户区改造项目未纳入城市总体建设规划，或规划不科学，同时缺乏相应的配套政策，难以发挥棚户区改造区域的综合经济效益，严重影响地方政府的融资和还贷能力；少数棚户区改造项目被拆迁的居民安置不善，难以就业，无配套的社会保障措施则容易返贫，影响社会安定。

二、棚户区改造的信用风险。大干快上往往容易产生风险漠视，尤其是当前地方政府的债务风险积聚、房地产市场下行趋势渐渐确立的条件下，棚户区改造项目的信用风险尤其值得重视。

三、棚户区改造的资金成本和使用效率。受当前利率市场化等因素的影响，国开行的融资成本大幅度上升，这一状态在短时间内仍将继续。国开行在争取国家政策的同时，更重要的是努力修炼内功，不断提升自身经营能力为资产增信，以降低资金成本。

开发性金融助力中国经济走向新常态[*]

我国经济正在走向中高速增长、产业结构升级、经济体制深化改革的新常态，开发性金融要为中国经济从旧模式到新常态的顺利、平稳过渡"托底护航"。

2014 年以来，定向宽松成为我国货币政策的重要导向，而以国开行为代表的开发性金融成为定向货币政策的重要传导渠道。

一是再贷款。再贷款是人民银行引导经济结构调整、支持"三农"和小微企业以及新型城镇化建设的重要工具，而国开行就是投放再贷款的重要渠道。2014 年，央行通过国开行释放宽松信号，国开行承接央行的再贷款资金，重点投向新型城镇化及相关民生领域。

二是抵押补充贷款（PSL）。2014 年，央行通过 1 万亿元 PSL 来支持国开行的棚户区改造，而国开行累计发放棚户区改造贷款 4086 亿元，多次下调棚户区改造贷款利率，减免利息金额达 20 亿元。

三是信贷资产证券化。国开行近一年多来成功发行了 10 期证券化产品，包括 5 期铁路专项产品和 5 期混合资产产品，总规模达 1013 亿元，发行期数、规模、种类均居国内银行首位，更好地支持了实体经济发展。

开发性金融保障新型城镇化建设。城镇化项目建设周期长、资金投入量大，主要依靠政策性银行的中长期贷款。国开行积极探索运用开发性金融支持新型城镇化，2014 年共发放新型城镇化领域贷款近万亿元，占全行人民币贷款的近七成。棚户区改造是新型城镇化的重点工程，国开行也给予大力支持，近年共累计发放棚户区改造贷款 8047 亿元（截至 2014 年末），支持了全国 30 多个省份棚户区改造，涉及总建筑面积约 8.6 亿平方米，惠及居民近 875 万户。

"一带一路"战略的实施，投融资体系是其中的重要配套。2014 年 APEC 峰会就把促进基础设施投融资合作作为一个重点议题。根据亚洲开发银行预测，2010—2020 年，亚洲地区需要投 8 万亿美元基础设施资金。国开行是中国最大的对外投融资合作银行，是上合组织国家银联体、中国和东盟国家银

---

* 本文发表于 2015 年 3 月的《证券时报》。

联体、金砖国家银行合作机制的成员行，同时也是丝路基金的联合发起机构之一，其国际业务贷款余额超过 3000 亿美元，巨大的资金支持将为"一带一路"发挥不可估量的作用。

我国当前在中等收入发展阶段的经济增速减缓，为防止掉入"中等收入陷阱"，产业升级刻不容缓。核心优势产业的培育意味着大量科研与开发费用的投入，许多科技创新企业的初始阶段以及老工业基地的改造阶段急需政策性金融扶持。据统计，我国研究与试验开发经费支出占 GDP 比重为 2.08%（2013 年），与世界主要发达国家平均 3% 左右的科研投入差距较大。根据规划，我国"十二五"期间研发支出占 GDP 比重将提高到 2.2%，至 2020 年提高到 2.5%。

国开行作为我国中长期投融资领域中的主力银行，对具有重要意义的科技产业领域给予了大力支持。例如，国开行为华为公司提供低利率中长期贷款，支持其进行科技创新、海外拓展。国开行还为中国南车等企业提供重点项目科研资金，使得我国高铁的建设运营和设备制造跃升为世界领先水平。

2015 年，开发性金融将继续用好定向货币政策，大力支持新型城镇化、"一带一路"、京津冀协同发展以及产业升级，发挥其托底经济、稳定社会、改善民生的作用，为中国经济的新常态之路护航。

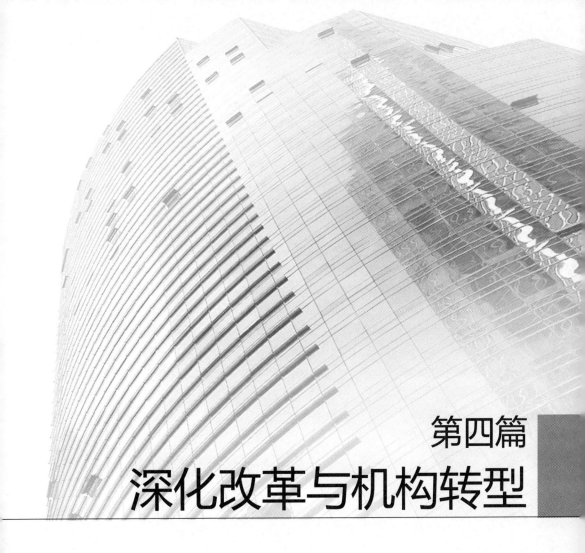

第四篇
深化改革与机构转型

第八章　深化改革

中国影子银行的监管思考[*]

影子银行快速发展有客观必然性

中国的影子银行是 2008 年国际金融危机、政府启动大规模刺激计划之后才开始快速发展的，有客观必然性。

首先，中国银行业的存款准备金率、资本充足率、存贷比等监管指标较为严格，银行为了躲避监管，减少资本占用，少缴存款准备金，绕开存贷比限制，有动力通过各种方式对资产进行转移和包装。其次，中国的产业政策使得某些行业在传统金融市场融资受到限制，比如房地产开发贷款或者地方政府平台贷款，受限行业巨大的融资需求只能通过影子银行体系满足。再次，目前中国居民的储蓄存款利率仍然受到管制，随着居民收入的提高，财富管理的需求不断增长，银行理财产品、信托产品、保险产品、基金专户产品等为影子银行提供了充沛的资金供应。2009—2013 年，中国一直处于政府主导的投资拉动的经济上升周期，资产价格稳步上涨，这一方面激发了基础设施、房地产等重资产行业的资金需求，另一方面放松了投资者对风险的警惕，形成资金供需两旺的正反馈。最后，在金融体系市场化不断推进的大背景下，监管机构对金融业的产品创新、业务创新、渠道创新的态度较为宽松，互联网金融、银行同业业务创新、跨行业的合作等新事物成为了影子银行的重要组成部分。

中国影子银行定位宜中性

中国影子银行虽然在含义和运作方式方面与西方不同，但是仍在金融体系发展和改革过程中发挥了积极作用，拓宽了投融资渠道，提高了融资效率，推动了商业银行转型创新。目前，中国影子银行体系结构比较简单，资金基本上流入了实体经济，促进了实体经济发展。影子银行发展客观上促进了利率

* 本文发表于 2014 年 6 月的《21 世纪经济报道》。

市场化的进程，有助于形成市场化的资金价格，推动金融业进一步改革开放。

因此，结合国外经验和中国实践，建议将中国影子银行定位于中性，而不是将其妖魔化。定位中性有助于客观认识其产生的原因和作用，更好地对其进行识别、分类、监测和统计，进一步完善监管体系，实现影子银行阳光化。

高度重视影子银行蕴藏的风险

首先，资金过多地流入地方政府融资平台和房地产等受到政策限制的行业，加剧了地方债务杠杆压力和对土地财政的依赖，推高了房地产价格和泡沫。大量资金投向产业政策不鼓励的行业，阻碍了经济结构的调整。高利率的影子银行对贷款有挤出效应，削弱了金融对中小企业、居民基本住房信贷的支持力度。

其次，影子银行加剧了金融市场的扭曲。市场经济中资本是信用的核心，但是目前社会总融资中间接融资占比仍然在不断提升，影子银行加剧了这一扭曲，提升了整个社会的债务负担和风险溢价。商业银行为了规避监管和宏观调控，通过表内外的同业科目等腾挪资产，借助证券公司、保险公司、基金公司等作为通道，隐匿了真实风险，提高了实体融资成本，影子银行成为金融机构操纵利润、掩饰不良贷款、非法输送利益的重要工具。影子银行体系横跨不同金融子行业，既有金融机构，也有金融产品和业务，还有渠道合作，现有监管框架缺乏统筹协调，且不同监管当局对金融创新的态度不同，监管政策缺乏一致性。

再次，影子银行加大了宏观调控难度。一部分影子银行具有信用创造功能，实际上增加了金融体系的货币供应量，这部分货币供应是央行不能直接控制的。另一部分影子银行虽然没有增加货币供给，但是加快了货币流通速度（例如银行的理财产品），加剧了货币市场流动性和价格的波动，增大了央行调节利率和货币供应的困难。同时，影子银行成为地方政府融资的重要渠道，加大了地方政府债务杠杆压力，隐藏了地方财政赤字规模，限制了财政政策的有效性。

最后，传统银行体系受资本充足率、存款准备金和存贷比的约束，杠杆可控，但影子银行体系缺少此类约束，理论上杠杆可以无穷大。影子银行自2007年开始快速发展，没有经历过经济大周期波动的系统性压力测试，稳定性较弱。影子银行机构信誉水平较低，流动性管理能力上弱于银行类机构，应对突发危机的能力较差。影子银行和传统金融业务交织在一起，且没有最后贷款人安排，容易成为系统性风险爆发的导火索。

影子银行监管的核心在于阳光化

影子银行监管的核心在于阳光化，要与深入金融改革结合，与完善金融市场体系、稳妥推进利率市场化、健全多层次资本市场同步，有效管控影子银行的规模和风险。

疏堵结合、以疏为主。事实上，有关部门近年来出台了多项政策，监管力度一再加大，但影子银行仍然不断变换各种形式，没有有效遏制住影子银行快速发展。如果不从体制机制的源头上入手，会造成监管越细、影子越大。因此应该采取疏堵结合、以疏为主的思路，做到趋利避害。

加强监管协调。出台适当的监管法律、法规，保持监管的权威性、严肃性和一致性。加强横向监管协调，"一行三会"建立协调机制，形成全覆盖的监管网络。建立高层协调机制，避免监管协调过程中出现的行业保护。建立和健全中央和地方两级监管体系，加强两级监管的协调。明确影子银行机构和业务的监管责任，将一些游离于监管之外的影子银行真正管起来，做到风险隔离、避免溢出效应。探索向影子银行提供必要流动性的支持机制。

以同业业务监管为抓手。要规范同业资产和负债的匹配，限制同业资产和负债占比，限制同业资产投向，要求其符合宏观调控和产业政策要求，明确同业各方的责任和义务，杜绝抽屉协议、暗保等不受管控的方式。将与一般存贷款业务实质相同的同业业务，纳入存款准备金征收范围，计入存贷比考核和资本占用。

夯实金融基础设施建设。建立跨市场的资金监控平台，实时跟踪跨金融子市场的资金流向和最终去向。完善统一的金融统计制度，实现影子银行的分类精准统计，避免重复和遗漏。完善统一的会计准则，防止通过会计差异实现资产虚假出表。加强信息披露，要求对所有产品的整个投资路径进行披露，定期公开最终投资标的的真实信息、产品的资产负债及财务情况，披露者承担法律责任。

进一步深化金融改革。加快存款保险制度建设，防止商业银行采取不正当方式竞争存款，杜绝金融机构隐性担保，打破刚性兑付，逐步形成理性的资金风险定价，建立"卖者有责、买者自负"的健康投资环境。大力发展资产证券化，厘清资产证券化的风险隔离、兑付、清算等业务要素，同步推出CDS等配套产品。支持贷款转让市场发展，降低商业银行资本消耗，盘活存量资产，实现影子银行阳光化。

金融改革再出发[*]

改革开放以来，中国金融发展取得了巨大成就，但仍存在着信贷市场价格管制与数量管制、市场进入与退出障碍、资金跨境双向流动严格限制等诸多约束，成为金融继续深化发展的障碍。

依循党的十八届三中全会《决定》对于金融改革的指导精神，在人口、土地等要素红利日渐消退的背景下，新一轮金融改革需坚持以下几点，才能有效助力中国经济发展。

重新审视四大关系

新一轮金融改革需要重新审视政府与市场、经济增长与社会发展、金融改革与全面深化改革及金融创新与监管四个方面关系。

一是政府与市场的关系。政府与市场作为两种基本的资源配置机制，以否定之否定的形式不断推动着人类经济社会的发展，整个经济学发展史可以看做是一部政府干预主义与市场自由主义不断竞争和融合的历史。

党的十八届三中全会提出"使市场在资源配置中起决定作用"，进一步提升了市场在中国未来经济发展中发挥的重要作用。金融改革作为全面深化改革的重要领域，必须减少政府对金融的过多干预，充分发挥市场的决定性作用，稳步推进资金要素价格（利率、汇率）的市场化，加快实现人民币资本项目兑换，形成市场化的央行目标利率和完善的基准收益率曲线。

二是经济增长与社会发展的关系。经济增长并非社会发展的唯一目的，持续改善民生、促进共同富裕是中国社会发展的重要使命。建立和完善多种类型的金融机构，不断推进政策性金融机构改革发展，以便更好地服务和改善民生，促进公共服务均等化是中国金融改革的一项重要任务。例如，国家开发银行以"增强国力，改善民生"为使命，在促进基础设施建设、棚户区改造、助学贷款等诸多社会瓶颈领域发挥了独特的重要作用，积极支持该机构的改革对完善金融体系建设、发展普惠金融意义重大。

＊ 本文发表于 2014 年第 6 期的《财经国家周刊》。

三是金融改革与全面深化改革的关系。经济体制改革是全面深化改革的重点。金融作为现代经济的核心，是企业发展的动力和血液，货币、信用、金融机构、金融市场、利率、汇率等现代金融核心要素在经济发展中具有重要功能，其改革具有系统重要性。在推进金融改革时，必须注意与财税体制改革、产权制度改革等协调同步，这对于降低金融改革单兵突进、改革缺乏协调带来的系统性风险具有重要意义。

四是金融创新与金融监管的关系。近年来，中国影子银行体系规模迅速扩大、互联网金融蓬勃发展，对中国金融监管造成了一定的冲击。在中国经济发展面临着增长速度换挡期和结构调整阵痛期的形势下，有效防范金融风险确有必要，但同时监管部门也要充分认识到金融创新的积极意义，加强研究完善监管规则，避免"一刀切"造成金融市场化进程的反复。

服务实体经济为出发点

新一轮金融改革必须坚持以服务好实体经济发展为出发点和落脚点，以促进新型城镇化建设为着力点。

当金融脱离实体经济，必然演变成为一种虚幻经济和假象繁荣，2008年发源于华尔街的国际金融危机便是一次惨痛而深刻的教训，新一轮金融改革必须始终坚持将服务实体经济作为改革的出发点和落脚点。

当前中国经济正处在"经济增长速度换挡期、结构调整阵痛期、前期刺激政策消化期"，面临着资金配置扭曲、产能过剩严重和出口竞争力下降等复杂形势，党的十八大提出的新型城镇化建设承载着解决中国农业、农村、农民问题，推动区域协调发展、扩大内需等诸多重任，是今后相当长时期中国经济改革发展的汇聚点和重要推动力。

然而新型城镇化建设涉及户籍、土地、社会保障、收入分配等多项重大制度改革，是一项投入巨大的复杂系统工程，资金需求规模大、期限长、主体多元、结构复杂，涉及贷款、债券、信托、股权融资、金融租赁等多种融资形式和多层次的资金需求，必须要有金融业的大力支持，在此形势下新一轮金融改革要以新型城镇化为着力点。可以说只有创新高效地支持了新型城镇化建设，才是有效地服务了实体经济的发展。

作为中国中长期投融资主力银行，国家开发银行在支持中国城镇化发展上一直发挥着骨干作用（截至2013年底累计发放城镇化贷款约7万亿元，占其人民币贷款累计发放的62%）。面对新型城镇化建设的新要求，国家开发银行将继续推进改革创新，通过构建多元化的中长期投融资体制机制，为新型城镇化发展提供有力的金融支撑。针对中央城镇化工作会议提出的解决城镇化的"三个1亿人"目标，国家开发银行目前已考虑通过"三个专项"（即"发放专项贷款、发行专项债券、设立专项基金"），拓宽城镇化建设融资渠道；设立"三个统一"（即"统一评级，统一授信，统借统还"），有效控制地方政府性负债和金融风险。

加强金融基础设施建设

新一轮金融改革需要以加强金融基础设施建设为重要保障。

一是要加快完善产权制度。现代产权制度是所有制的核心，健全归属清晰、权责明确、保护严格、流转顺畅的现代产权制度对于激发经济活力具有重要作用。

二是积极推进信用体系的构建。信用是市场经济的基石，金融是对信用的风险定价。完善全社会的信用体系建设，对促进金融资源配置效率、构建合理的金融市场结构意义重大。

三是要加快建立存款保险制度，完善金融机构退出机制。存款保险制度是金融机构退出机制的重要组成部分，可以有效避免部分金融机构的退出导致整个金融市场的动荡以及流动性的大起大落。

四是要加强金融信息化管理水平，通过更为有效的信息处理技术，实现金融市场的高效运行与整体稳定。

促消费应以财税改革为动力[*]

当前我国经济进入中高速增长的新常态下，如何扩大内需，提升消费对我国经济增长贡献率成为经济领域讨论的焦点。

在扩大消费上有两种不同路径：一种认为，目前我国银行体系中有大量资金，可以实施刺激消费的金融措施，另一种认为，应该推进财税体制改革，优化国民收入分配和资源配置体制。

对此，国家开发银行研究院常务副院长、研发中心主任郭濂对《21世纪经济报道》记者分析，"我们比较支持后一种观点，认为促进消费和扩大内需不宜再增加金融杠杆，而要靠实施财税改革来推动。"

金融杠杆刺激无助于提高消费能力

《21世纪》：为什么您认为扩大和促进内需不应仅靠再增加金融杠杆？

郭濂：第一，金融杠杆撬动了人们的消费欲望，却不能真正提升居民的消费能力。消费贷款一类的金融措施促进居民消费实质上是寅吃卯粮，在短期内可以提振消费。但这种做法只是利用金融杠杆把未来的消费提前到了当下，而居民的收入并没有增加，未来的消费被抑制。

第二，金融措施在扩大和升级居民消费方面不具有普惠性，不利于社会公平。

在市场经济的条件下，政府应坚持公平的原则实施经济调控，尽可能让政策惠及最大多数群体。然而金融措施在公平性和普惠性方面存在局限，显然，占有优势金融信息和资源的群体更可能从宽松政策中获益；而那些更加需要优惠政策支持的弱势群体会因为自身缺乏金融知识，没有渠道了解信息而无法从政策中得益。更加不公平的是，假如金融系统发生整体风险，弱势群体却要和那些具有资源、信息优势受益者一起分担风险。

＊ 本文为《21世纪经济报道》记者访谈，发表于2014年12月5日。

财税改革培育真正的消费能力

《21世纪》：相比金融刺激，财税改革对促进内需消费有哪些优势？

郭濂：第一，财税改革可以使收入分配、资源配置更合理，培育真正的消费能力，让居民"能"消费。与金融杠杆那种"无中生有"的办法不同，财税改革可以调整现有的收入分配，普惠大众。众所周知，货币的边际效用是递减的。一万元给一个普通工作者带来的效用比给一个亿万富翁带来的效用高得多，因此小幅增加低收入者的可支配收入就可以大大提高他们的效用。

通过财税改革，提高收入较低的群体的可支配收入，会形成一个收入增加，消费扩大继而促进就业和收入继续增加，再促进消费的良性循环，从根本上提升民众的消费能力。

第二，财税改革有助于完善社会保障制度，改善民生，保障广大居民"敢"消费。当前我国居民储蓄偏高，消费不足的一个重要原因是我国社会保障体系不完善。所以，要通过财税改革织好社会保障的安全网，保障改善弱势群体的生活，体现社会公平。

第三，财税改革有助于改善消费环境，使得居民"愿"消费。现在很多富裕起来的人群往往更愿意到国外去消费，很大的原因是同质的产品国外价格更低，这就是因为我国的税负较重所导致的。所以我国应加紧推进"营改增"等税制改革，切实降低居民的消费负担。

以财税改革扩大内需的四项建议

《21世纪》：对通过财税改革促进内需，您有哪些具体的建议？

郭濂：首先，从财税收入的角度，降低企业和居民的税负负担，优化收入分配结构，让居民"能"消费。结合经济结构调整和产业升级，对新兴产业，环境友好产业和中小微企业减负，鼓励电子商务发展，降低物流成本。改革对普通劳动者影响最大的个人所得税制度。提高最低工资标准，实现"个税"起征点动态调整，参考部分国家做法，以家庭为单位征税，让"个税"征收反映纳税人实际负担。

其次，从财税支出的角度，应规范政府支出，尽快完善预算体系。把取之于民的税收用之于民，增加对基础教育、医疗和养老等民生领域的投入，减少居民的后顾之忧，让居民"敢"消费。

最后，从整个财政体制来看，要抓紧改革现行分税制中存在的问题，让中央和地方的财权和事权匹配，纠正中央财权重事权轻；而地方事权重财权轻的问题。

此外，财税改革可以配合市场监管等措施改善消费环境，让居民"愿"消费。例如，加强农村地区的交通、通信和互联网等基础设施建设，方便乡村的优质资源走向市场，便利农民购物消费等。

改善地方债发行体制机制[*]

2014 年年初以来，地方融资发债相关政策频出。4 月 30 日，国务院以国发文批转了发改委《关于 2014 年深化经济体制改革重点任务的意见》，提出"开明渠、堵暗道，建立以政府债券为主体的地方政府举债融资机制"。5 月 19 日，为加强对 2014 年地方政府债券自发自还试点工作的指导，财政部印发了《2014 年地方政府债券自发自还试点办法》，对试点发行的债券的种类、期限结构、评级、承销及披露等提出了具体要求。8 月 31 日，十二届全国人大常委会第十次会议表决通过了全国人大常委会关于修改预算法的决定，决定中规定"经国务院批准的省、自治区、直辖市的预算中必需的建设投资的部分资金，可以在国务院确定的限额内，通过发行地方政府债券举借债务的方式筹措。"

在此背景下，试点地区纷纷试水。6 月下旬，广东省进行三期地方债招标，利率稍低于预期，基本持平于同期限的国债，成为首个自发自还地方债的地区。自财政部确定 10 省市作为 2014 年自发自还地方债试点区域后，目前已有 7 个省市成功发行。地方债自发自还，对建立更透明的地方政府直接举债模式，加强中央政府对地方政府债务的监督管理，强化地方政府对其借贷活动的问责机制具有重要意义。

我国地方债发展历程

我国地方债的发行最早可以追溯到新中国成立初期。在这个时期，我国共发行过两种地方公债。一是东北人民政府发行的"东北生产建设折实公债"，用于东北地区的生产投资；二是 20 世纪 50 年代末 60 年代初，部分地方政府根据 1958 年 6 月 5 日国家公布的《中华人民共和国地方经济建设公债条例》，结合本地区实际发行的"地方经济建设公债"。地方公债的发行，为地方政府开辟了新的财源，有力地支持了地方经济的建设。20 世纪 50 年代后期，由于高度集中统一的计划经济体制逐步形成，国家基本掌握所有的社会

---

* 本文发表于 2014 年第 22 期的《中国金融》。

财力，地方通过发行公债筹集建设资金的做法既无必要也无可能。1959 年，我国开始停止公债的发行，并于 1968 年还清了所有的内外债。

之后，地方政府主要依靠隐性负债的方式筹集地方经济发展所需资金，没有正式发行地方公债。1994 年，我国颁布的《中华人民共和国预算法》第二十八条明确规定："地方各级预算量入为出、收支平衡的原则编制，不列赤字"。除法规和国务院规定的以外，地方政府不得发行地方政府债券，这在法律层面上明确限制了地方政府发行公债的权利。尽管在特定时期，我国地方政府曾以购买国库券、国债转贷地方、以企业债券替代地方政府债券等形式筹集所需资金，但却一直坚守着地方政府无权发行公债的防线。

2008 年 11 月，为了应对国际金融危机对我国经济发展的消极影响，政府推出 4 万亿元刺激计划，以刺激经济稳定增长。为了缓解地方政府在刺激计划中的资金瓶颈，从 2009 年开始中央政府决定每年代地方政府发行一定数量的债券，这是地方债发行方式的重大变革。2011 年 10 月 20 日，经国务院批准沪浙粤深四个省市开展地方政府自行发债试点，酝酿多年的地方政府"自行发债"迈出了新步伐。

发行地方债的重要作用

沉寂多年的地方政府债券重新发行，对我国的经济、金融、财税体制改革及地方债务问题等方面都具有积极的影响作用。

一是有利于规范现有地方政府举债行为，使地方政府隐性债务显性化，有效化解地方政府债务风险。2014 年是地方政府偿债高峰年份，审计署数据显示，截至 2013 年 6 月底，地方政府负有偿还责任的债务为 10.8 万亿元，其中 2014 年地方政府实有负债到期量占 21.89%，即 2.4 万亿元。地方债务问题来源于地方财政赤字，而造成地方财政赤字的根本原因在于中央政府及地方政府财权和事权的不均衡性。地方债的发行使得地方政府可以规范的债务形式取得建设资金，实现地方政府债务公开化、市场化，有助于有效化解地方债务风险。

二是丰富证券市场投资工具，弥补证券市场的结构缺陷，进一步完善我国资本市场。地方债券作为一种创新的投资工具，具有抵押价值高、安全性好、免缴所得税等特点，是一种重要的金融资源配置方式。美国的市政债市场是全世界最发达的地方债券市场，其规模相当于美国国债市场的 50%，为美国经济金融的发展作出了巨大贡献。当前，我国债券市场品种较为单一，不能满足机构和个人的投资需要。发行地方债券，有利于我国债券市场广度和深度的提高，进一步丰富了证券市场投资工具，对于我国资本市场的长期发展具有重要意义。

三是有利于引导民间投资推动地方经济发展，有效促进新型城镇化建设。发行地方债券能够很好地满足公共投资分散化模式下的地方政府建设资金需求，推动经济发展和城镇化进程。从美国经验来看，其市政债券市场发展与城市化基本同步，市政债券市场大发展时期也是城市化加速发展时期。市政债券市场的快速发展，对推动美国的城市建设和经济发展特别是西部开发发挥了极其重要的作用。当前，我国正处于新型城镇化发展的重要时期，各地发展急需大量资金，地方财政吃紧成为制约城镇化进程的瓶颈之一。而另一方面，我国储蓄率较高，民间尚有大量闲置资金却缺乏投资渠道，民间融资利率高企已逐渐成为我国经济发展的潜在风险点，有效引导民间投资势在必行。通过发行地方政府债券，引导民间投资进入基建领域，不仅能够筹集新型城镇化所需资金，对控制民间融资风险也具有重要作用。

四是有利于优化地方政府负债结构，降低系统性金融风险。当前地方政府以贷款、信托和其他理财产品等为主要融资方式，融资较不透明且风险过度集中在银行体系。发行地方债，能够有效降低地方政府面临的期限错配风险，避免风险过度集中在银行体系，从而降低发生系统性金融风险概率。

五是有利于不断提高我国地方政府治理水平，促进地方建设。允许地方政府自主发债，相当于把各地政府直接推向市场，竞争机制下那些政绩显著、财力丰厚、公开透明的地方政府发行的债券更容易获得投资者青睐。从这个角度来看，发行地方债在某种程度上将有利于地方政府不断提高其治理水平并努力培育和维护自身的信用，对于提高资金的利用效率、促进地方建设具有重要作用。

进一步完善地方债发行

修改后的预算法对地方债发行的主体、方式、用途、偿债资金作出了明文规定，并明确地方政府不得在法律规定之外以其他任何方式举借债务及为他人债务提供担保，从法律层面有力地保障了我国地方债的健康发展。除此之外，地方债发行中还要重视以下几个方面的问题。

一是完善分税制，合理划分地方政府财权和事权。1994 年开始实施的分税制改革，对于理顺中央与地方分配关系，调动中央与地方两方面积极性，加强税收征管，保证财政收入和增强宏观调控能力等都发挥了积极作用。然而，当前我国的分税制也存在一些不尽如人意之处，主要表现在中央与地方的财权和事权不匹配。进一步深化财政体制改革，解决好地方财权和事权不对称，对我国地方政府发债影响重大。

二是提高地方财政及地方债务的透明度。一方面，积极推动地方政府编制和公布资产负债表，新发行的债券将计入其中，加大财政收支状况的透明度。资产负债表公布后，投资者、学者和财务人员可据此判断地方政府的财政稳健性，进而比较不同地方政府的偿债能力，这将对地方政府的债务总量及各种显性和隐性的担保行为构成制约。另一方面，对于债券募集资金的使用情况、偿债计划、项目进展等信息也要及时进行披露，以保障广大投资者的知情权。

三是对地方政府进行客观公正的评级。中国各地经济发展水平差异较大，地方财力也不尽相同，如果各地政府的债券获得与自身财力不匹配的信用评级，失真的价格将严重不利于地方债市场的发展。为了保护投资人的利益和保障地方债券市场健康发展，必须对发债的地方政府进行正确评级。以美国为例，大部分市政债发行主体的评级集中在 Aa 级和 A 级，真正获得 Aaa 级的比例并不高，甚至有少部分得到 Baa 级及以下评级。

四是建立地方债风险预警管理系统。地方债风险预警管理系统目前在我国仍处于起步阶段，地方政府应在地方财务体系透明化努力的基础上，推进地方债务风险预警管理系统向更加规范的方向发展，逐步建立起完善的制度或形成专门的法律规范。同时，借鉴西方预警机制并结合我国实际情况，根据不同预警结果制定不同的对策呼应，提前做好防范债务危机的预案，达到预防和化解地方债务潜在风险的目的。

五是建立合理的监督机制。为了提高地方债务的安全性，必须对地方政府举债融资的去向进行严格监督。监督体制包含国家机关监督、公民个人监督、社会监督等多个层面。国家监督方面，要发挥好人大及各级审计机关在资金使用过程中的监督作用，同时也要发挥民主党派、政协、舆论等社会力量进行多维监督。

美国债券市场对我国的借鉴作用[*]

近年来，我国债券市场取得了较大的发展，为整个金融体系的稳健运行和经济发展作出了巨大贡献，但我国债券市场起步较晚，存在着市场分割、市场结构单一和基础设施薄弱等问题，需要加强关注促进发展。美国资本市场较为发达，对我国债券市场持续发展具有一定的借鉴意义。

美国债券市场特点分析

逐步形成于独立战争期间的美国债券市场，在不同时期发挥了不同的重要作用。独立战争结束后，美国政府通过发行国债和市政债券为公共投资建设等提供了资金支持。南北战争后，美国进入工业化大发展阶段，美国债券市场在技术进步、产业升级、经济结构调整中扮演着重要角色。第二次世界大战结束后，美国债券市场有效解决了环境污染问题及满足市政建设与公共设施投入的需要。美国债券市场为地方经济基础建设、市场经济发展作出了巨大贡献，具有以下特点。

（一）市场规模庞大、种类丰富

20世纪70年代的两次石油危机之后，布雷顿森林体系崩溃，市场利率波动剧烈，市场对债券对冲风险、提供流动性的需求大增；同时利率市场化和金融自由化使得企业和政府开始主要依靠债券市场获取资金。在此大背景下，美国债券市场规模迅速增长，当前已成为全球最重要的融资场所之一。截至2014年6月底，美国债券市场存量约为45万亿美元，是股票市场规模（股市总市值为24万亿美元）的1.8倍。美国债券市场种类丰富，按发行主体可分为国债、市政债券、抵押支持债券和资产支持债券、公司债券、联邦机构债券、货币市场工具等。

（二）二级市场换手率高，流动性良好

美国债券市场是全球流动性最高的市场，交易活跃、增长速度较快。从1996年的2740亿美元增长到2009年10月的8738亿美元，十年增长了3.26

倍。美国债券市场以场外交易为主，双边报价商制度和电子交易系统的普遍应用，在增强市场的流动性的同时也提高了交易效率。2012 年美国债券年换手率达到 11.97 倍，而我国债券市场同年换手率仅为 1.23 倍。

（三）投资者结构较均衡，近年来国际投资者持有比例逐步上升

从投资者结构来看，美国债券各类投资者比例比较均衡。美国债券投资者主要有银行、基金、个人、保险公司以及国际投资者等。近年来，美国政府为弥补巨额财政赤字大量发行国债，而国内储蓄不足的现状迫使其转向国际融资，以欧亚地区投资者为主的国际投资者持有美国国债比例逐步上升。

（四）债券市场收益率曲线比较完备

国债收益率曲线不仅具有直观反映宏观经济变化的作用，而且对宏观经济调控和金融产品定价具有一定的参照指导作用，建立一个发达的国债市场是国债收益率曲线上述功能发挥和应用的重要前提。美国债券市场上的债券种类很多，由一个时间序列的国债按不同期限的收益率形成的美国债券市场收益率曲线较为完备，为国内外投资者提供了重要参考。

（五）具有完善的评级机制、信息披露和债权保护制度

美国债券市场评级制度严格，发行人除了披露财务、业务情况外，还要披露银行贷款偿还、贷款集中度、历史信用违约记录等历史信用记录，并且要对已经发行的债券进行严格监管。美国债券市场特别注重对债权人的保护并推动制度化，例如债权托管人制度。债权托管人代表债权人利益与发行人签订债权契约，并在募集说明书中披露债券契约的核心内容，明确发行人和债权人的权利义务。

对我国债券市场发展的启示

（一）扩大债券市场规模，丰富和发展我国债券品种

当前，我国债券市场的总体规模和品种创新亟须发展。在美国，整个社会金融资产中 80% 以上的融资是通过证券融资（债券是其中一个重要部分）。而我国则主要依靠间接融资，债券融资的比例不超过 10%。截至 2014 年 6 月末，我国债券市场余额达到 32.2 万亿元，与美国债券市场同期存量 45 万亿美元相比相去甚远。从债券品种上看，我国债券品种较少，不能满足投资者投资和广大企业的多样化需要。因此，必须进一步扩大债券发行规模并积极鼓励债券创新，增加债券品种以满足不同投资需求。

（二）不断增强银行间和交易所市场互联互通

我国债券市场存在证监会主管的"公司债券"、发改委主管的"企业债

券"、央行主管的"金融债券"与"非金融企业债务融资工具"等债券品种，三者的发行和监管制度相互独立、差异明显，并形成银行间债券市场与交易所债券市场两个相互割裂的监管体系。弥合割裂，深化中国债券市场的互联互通，对于推动中国建立层次丰富、功能完善的统一债券市场，促进中国债券的繁荣发展具有重要意义。

（三）改善投资者结构，促使我国债券市场健康发展

我国债券市场投资者包括国有商业银行、股份制商业银行、城市商业银行、保险公司、基金管理公司等。投资者虽多但持有比例极不均等，四大国有商业银行债券持有总量占总存量的80%左右，而其他投资者和个人持有量则极少，债券市场投资者结构不尽合理。债券持有的高度集中容易导致债券市场单向发展，从而诱发市场风险，不利于我国债券市场的稳定有序发展。

（四）促进债券市场利率市场化，不断完善收益率曲线

2014年11月2日，财政部首次发布了中国关键期限国债收益率曲线，这对于发挥国债市场化利率的定价基准作用、健全国债收益率曲线以及促进国债市场持续稳定健康发展具有重要意义。下一步须增强国债利率弹性，不断完善国债市场运行机制，抓紧研究实现国债收益率曲线从关键期限国债扩展到涵盖短中长等期限国债的完整发布。

（五）加强基础设施建设，完善做市商、信用评价等配套机制

一是加强基础设施建设。应结合FMI相关标准，在宏观审慎管理框架下按照先易后难、循序渐进的原则，继续强化托管结算系统、清算系统、统一交易平台和信息库等核心基础设施建设，实施高标准的监管，防范系统性风险。二是完善做市商制度，提高市场整体流动性。当前，我国做市商报价制度存在券种较少、期限品种不全、报价缺乏连续性等缺点，直接影响了债券市场的流动性。要积极建立承销商、公开市场交易商与做市商的联动机制，细分市场层次减少做市商之间的相互冲击。三是完善信用评级制度机制。我国债券市场尚未形成良好的商业文化和信用文化，评级机构缺乏良好发展的外部环境。应加快评级机构的规范发展，保证评级的客观公正。

我国债券市场互联互通建设[*]

债券市场是多层次资本市场的重要组成部分，主要发达经济体普遍拥有发达的债券市场。中国目前加大铁路投资和保障房、棚户区改造的投资等，很大程度上要依靠金融市场和债券市场。

而债券市场要不断发展扩大，须尽快实现两个市场的互联互通，才能进一步发挥各个市场的优势和潜力，最终实现债券市场的统一。

在促进债券市场互联互通方面，监管层近年陆续出台了一系列政策。实际操作层面，一些具有标志性意义的产品也已开启了破冰之旅，但全面实现互联互通仍须付出持续的努力。

割裂之痛

中国债券市场长期以来一直是以银行间为主、交易所和商业银行柜台为辅的市场结构。

中国的金融体系以银行为主导，所以在银行间市场集聚了绝大多数的债券品种、债券托管量和交易主体。而交易所债市则相对边缘化，市场规模小。根据央行数据显示，当前中国债券市场总托管量约30万亿元。其中，银行间债券市场债券托管量约28万亿元，占总托管量的94%，银行间债券交易市场"一家独大"。

目前三个债券市场之间存在严重的分割，主要表现为市场交易机制不同、清算托管方式不同、交易主体不同、交易品种不同。严重分割之下，统一的收益率曲线难以形成，制约了债券市场的发展。

由于银行间债券市场投资门槛高等原因，交易主体以金融机构为主，个人投资无法参与。而交易所和柜台市场交易主体比较多元化，非银行金融机构、机构和个人都可以参与。交易所市场的连续竞价，连续交易机制对价格形成机制、价格连续性和价格发现有独特优势，有助于形成真正的价格曲线和收益率曲线，且交易所债券市场高度透明。

---

* 本文发表于2014年第17期的《财经国家周刊》。

但目前交易所市场品种少，规模小，占整个债券市场的比重仅 3% 左右。因此，交易所债券市场还具有很大的潜力和空间，可以使更多的投资者尤其是个人参与债券市场的投资。

互通之益

弥合割裂，深化中国债券市场的互联互通，对于推动中国建立层次丰富、功能完善的统一债券市场，促进中国债券的繁荣发展具有重要意义。

第一，债券市场的互联互通，便于债券的跨市场交易，进一步打通各个市场的融资者和投资者的交易渠道，有利于提高债券的流动性；第二，有利于盘活社会资金，提高资金使用效率，更好地支持实体经济；第三，有利于债券的创新，为企业拓宽融资渠道，为个人投资者提供更多的投资机会；第四，有利于化解"影子银行"风险，使金融市场发展更加阳光化；第五，有利于降低金融市场的流动性风险，分散银行等金融机构的经营风险；第六，将使各市场债券之间的价差逐步收窄，有利于促进债券收益率曲线的完善，推进利率市场化进程，进一步发掘市场配置的决定性作用。

长期以来，中国直接融资比例过低。尽管近年来各类公司债券有了一定发展，但发展规模总体上仍然较小，滞后于其他金融市场的发展。直接融资的发展不足不仅会造成银行风险的积累，影响金融体系的稳定，而且也会影响金融市场的广度和深度，限制市场功能的发挥和市场效率的进一步提高。

破冰之旅

有鉴于此，自 2008 年起，中央就陆续出台各项政策推动债券市场互联互通。在政策的助推下，"互联互通"的步伐日益坚定。

2014 年 6 月 23 日，平安银行"1 号小额消费贷款证券化信托资产支持证券"正式登陆上交所，成为首只登陆交易所的银行信贷资产证券化产品（ABS），开启了中国信贷资产证券化登陆证券交易所的里程碑，标志着银行间市场与交易所市场的融合又迈出了实质性的一步。

在 2013 年底，经中国人民银行和证监会批准，国家开发银行在上交所试点发行政策性金融债，先后四次，共发行 2 年、5 年和 15 年期限债券 300 亿元，完成政策性金融债的跨市场试点工作，实质性地推动了中国证券市场的互联互通，对于打破中国债市一直以来的银行间和交易所两个市场分割问题具有标志性的意义。

国开金融债在上海证券交易所的发行给交易所带来了大量增量资金。很多上市银行的开户资金进入交易所，带来了增量资金，包括 QFII 和 RQFII 资金也大量进入，大概购入了国开金融债近三成。

未来之路

但统一债券市场的建立并非一夕之功，随着国家相关规定的出台，监管部门和金融机构均应积极推动债券市场的进一步互联互通。

监管部门可着重解决各交易市场的监督机制、交易机制、清算托管方式等影响债券市场互联互通的障碍。一是要增加市场透明度，强化债券发行主体的信息披露；二是要推动债券评级机构发展；三是培育合格的投资者；四是要不断提高市场监管水平，既要推动债券市场发展，又要注重防范债券市场规模不断扩大、机制越来越复杂所带来的风险；五是要加强市场基础设施建设，完善债券的发行、承销、托管和清算等环节。

金融机构应大力开展债券创新，开发出满足各个交易市场、各类投融资者的产品。

首先要不断完善债券的期限结构和风险收益。例如，交易所数量巨大的小型机构投资者和个人投资者更愿意投资期限较短的债券，应当鼓励发行人发行短期债券品种，从而吸引更多的现金管理类机构和个人投资者参与交易所债券市场。完善的短、中、长期债券期限结构，也可以为债券基金、券商资管等只能在交易所市场投资的小规模投资管理账户提供更加丰富的资产配置标的。

其次，可发展债券衍生品。目前，债券市场衍生品种类稀缺，无法满足各类投资者套期保值、规避风险的需求。为进一步提高交易所市场的流动性，可研究借鉴银行间市场的经验，推出利率互换、信用违约互换等基础衍生产品，作为风险对冲工具。还可选择流动性较高的国债、央票、政金债等债券组成指数基金，可以帮助投资者降低费用、分散风险。而信贷资产证券化等各类资产证券化产品在交易所发行，在增加资产流动性，分散银行风险、增加银行收入的同时也能使贷款人资金成本下降，并使更多的投资者获得较好收益。

"十三五"规划应重点推动市场化改革[*]

国家已经启动"十三五"规划的编制。

国家开发银行研发中心主任郭濂对《21 世纪经济报道》记者介绍,"十三五"规划从时间上看具有两个特点,它是第一个百年即全面建成小康社会目标的"收官"性规划,也是全面释放以改革为核心对第二个百年目标进行全面布局的规划。

郭濂建议,制定"十三五"规划重点在于通过改革处理好政府和市场的关系,更好地发挥政府的作用,经济领域要以市场建设为中心,构建市场、扩大市场、完善市场、服务市场。相关政策也要围绕市场建设,并通过完善的市场来解放生产力、激发创造力,从而推动社会和经济的发展来实现既定目标。

"十三五"规划的四个目标

《21 世纪》:"十三五"规划应当确定怎样的总体目标?

郭濂:经过十多年的高速增长后,我国已处于中等收入国家。但原有粗放式增长难以为继,面临着产业结构升级、体制深化改革的新阶段。因此"十三五"规划的核心目标是促进我国经济成功转型升级,稳定地适应新常态,最终成功跨越"中等收入陷阱",向高收入国家行列迈进,实现"中国梦"。

《21 世纪》:为了实现这一总体目标,应该确定哪些具体目标?

郭濂:首先是创新驱动经济的转型升级和结构优化。当前我国正处于新常态的"三期叠加"阶段。"十三五"规划首要目标就是要促进经济平稳度过三期叠加期,成功转型升级。这就需要合理的宏观调控和积极的政策引导。可从金融财政、产业政策的制定,投融资体制的改革和调节市场供求等方面入手。压缩或转移落后过剩产能,支持和激发新兴产业和高科技产业发展。

其次,缩小城乡差距,提高城镇化率和人民生活水平。近几年我国城镇

---

* 本文为《21 世纪经济报道》记者访谈,发表于 2015 年 3 月 27 日。

化率有了显著提高。但城乡差距并没有缩小，城镇化率仍有很大空间，利用好这个不足，可以将其转变为我国新常态经济发展的驱动力。因此，"十三五"规划的一个重要目标就是要积极促进城乡一体化发展，缩小城乡差距，提高城镇化率和人民生活水平。可从改革农村集体经济模式、土地经营与流转、户籍与保障制度、收入分配、民生设施建设等方面入手。进一步释放农村劳动力，连通城乡市场，提高农民收入，从而推动经济增长和城镇化率提高。

再次，严抓节能减排，改善生态环境。经济新常态下，要侧重追求发展质量，保护和珍惜资源与环境，这也是"中国梦"的强烈诉求。因此，"十三五"规划中，实现节能减排，改善生态环境是必不可少的主要目标之一。可从金融、产业、环保政策入手，通过行政手段、市场手段和法治手段相结合的方式，要坚持并提高对节能减排指标的要求，切实引导各级政府和企业加大环保投入。

最后，深化对外开放，积极开拓国际市场。新常态下，全球的市场和科技仍然是我国经济发展必不可少的要素。尤其是对于我国过剩产能的转移、优势产业的输出和技术创新尤其重要。然而，当前国际市场的形势和政策，以及西方国家试图主导的国际贸易、金融等规则，对我国发展对外经济、开拓国际市场提出了更高要求。因此，在"十三五"规划中，深化对外开放，推动对外开放战略的实施，积极开拓国际市场是至关重要的一部分。可从金融、产业、进出口政策，以及自贸区战略、区域合作战略、国际贸易规则谈判等领域入手，为我国产品、企业、文化"走出去"和人民币国际化提供积极支持。

如何深入经济改革与开放

《21 世纪》：上述目标的实现有赖于深化改革的推进，那么您认为"十三五"规划应如何深化经济体制改革和开放？

郭濂：继续深化行政体制改革，强化政府在市场经济条件下进行社会管理和提供公共服务的基本职能，切实推进从经济增长型政府向公共服务型政府的转型，进一步转变各级政府增长理念，弱化 GDP 指挥棒职能，在政府考核中引入如社会发展、生态环境等多种衡量指标，减少经济增长指标比重，使各地官员从"GDP 竞赛"转向"科学转型发展和节能减排竞赛"。

同时，"十三五"规划要进一步推动经济领域开放，构建对外开放新格局。国内市场进一步开放、生产要素进一步自由流动，这要求消除产业、地域等各种壁垒。可通过产业规划、产业政策来消除行业壁垒。通过顶层设计、区域规划等来构建区域合作机制、区域经济发展一体化机制。例如，加强推动"长江经济带"、"京津冀区域经济一体化"和淮河流域等战略的实施。在国际上，一方面要通过政治、经济、外交、文化等途径，积极参与国际贸易、金融规则的谈判和制定，提升我国话语权。另一方面，通过金融、产业、财税等政策支持我国企业积极"走出去"。例如，积极推动"一带一路"、"人民币国际化"、东盟"自贸区"、亚太"自贸区"、欧亚"自贸区"以及相关双边自由贸易等战略，加强与相关国家互联互通，构建新的、更加紧密的国际贸易圈。

《21世纪》：金融是经济发展的重要要素，也是经济调节的阀门。如何在金融领域推进配套改革？

郭濂：金融资源的配置效率直接影响经济发展的效率。我国经济的市场化改革也必然要求我国金融业的市场化改革。金融改革要做到数量改革与价格改革相结合，货币政策目标要更加聚焦，并按照宏观经济发展的需要进行阶段性重点调整；货币发行的方式和流动性调节方式要更加优化，金融改革要做好银行、证券、保险、信托、租赁和典当之间的配套，并与财政改革密切互动，更好地发挥金融内部以及与财政税收之间的协同互补效应。通过推进利率市场化程度、扩大我国资本市场、债券市场等金融市场的规模可以进一步优化金融资源的配置，降低企业资金成本。"十三五"时期，加快推进各个金融市场的互联互通建设，如扩大"沪港通"，推进"深港通"，推进全国债券市场、资本市场、股权交易市场的进一步互联互通。同时通过构建多元化的金融体系能够有效地化解金融系统性风险，并能更好地满足小微企业、高科技企业等特殊行业的金融需求，支持我国的科技创新和产业升级。如通过互联网金融，推进银保合作等支持小微企业和消费金融；鼓励设立创投基金、产业基金支持高科技企业；发挥开发性金融优势重点支持民生领域等。当前，金融支持科技创新引领美国经济发展的成功经验和欧日创新不足导致经济徘徊的现象充分说明了高效、多元的金融体系对于我国新常态经济发展的重要意义。

同时，为支持我国的"走出去"战略和人民币国际化，要进一步推进我国国际金融体系的改革。一方面要积极参与国际金融规则的制定，推动金砖国家开发银行、亚投行、丝路基金等新兴国际金融机构的设立和运营。另一方面，我国可结合自贸区等开放战略，研究制定金融领域的对外开放，安全可靠地与国际金融市场进一步对接，推动人民币成为国际贸易主要结算货币之一。

货币市场利率的定价分解与趋势把握[*]

随着利率市场化进程的不断深入，央行对短期利率的引导和调控日益重要。货币市场利率作为利率市场化的关键环节，其变动能够敏感地反映金融市场资金的余缺。作为货币市场利率之一的 7 天回购利率，由于市场回购交易量大且灵活，已经成为短期市场利率的代表。

本文试图从泰勒规则公式入手，拟从基本面因素来定价 7 天回购利率，并对其波动率进行合理的解释，期望能从量化的角度来把握货币市场利率的未来走势。这对货币市场利率的定价具有现实意义，也期望对利率市场化做出些许贡献。

货币市场利率底线支撑在于超额准备金利率

如果将回购利率作为一种资产收益来分析对待，该资产收益的高低主要受到供求因素影响，但是其存在一条底线支撑。

这条底线支撑是商业银行的超额准备金利率，目前为 0.72%。那是否应该考虑商业银行的总负债成本，用总负债成本作为底线呢？显然不是，因为在 2009 年期间（货币政策季度宽松时期），7 天回购利率曾跌破过 1%，已经明显低于商业银行的负债总成本。两害相权取其轻，因此回购利率的底线是超额准备金利率，在此底线基础上，其方向变化幅度变化均取决于市场资金的供需。

中央银行始终是市场资金的主要提供主力，其行为、态度主导了市场资金面的波动。特别是在未来进入利率市场化过程中，中央银行原有的调控指标利率——法定存贷款利率将面临消失，其有必要再度重塑一个指标基准利率，借此来反映其政策意图，传递政策预期，应该说货币市场回购利率是首当其冲的。

---

* 本文发表于 2015 年 4 月的《上海证券报》。

货币市场利率趋势性主导力量来自基本面因素

如果说中央银行是针对货币市场利率作为调控目标的，则其货币数量操作必然反映到该利率的变化上。因此回购利率的变化必然反映中央银行的宏观调控思路，而不是一个简单的随行就市的变化。那么中央银行的行为决定回购利率的趋势重心，而中央银行在做出这一决定的时候考虑的因素有哪些呢？

从成熟发达国家的经验来看，中央银行对于基准指标利率调整一般遵循泰勒规则，即考察通货膨胀与经济增长的实际增速与目标增速之间的缺口。依此目标来确定指标利率的定位，并通过一系列公开市场操作将该指标重心定位于此，并根据经济基本面的变化而不断进行调整。

应该说，中国央行如果将货币市场回购利率作为基准指标来进行定位，则也大概率遵循上述规则，即形成"经济基本面变化——中央银行政策意图——公开市场操作工具——货币市场回购利率定位"的传导逻辑。

我们基于2000年1月至2006年12月84个月度数据建立模型，并用2007年1月至2013年8月80个月度数据对模型的拟合效果进行检验。

我们发现，从泰勒规则所拟合而出的指标利率拟合值走势与实际上的7天回购利率走势高度吻合相关（以月度为时间跨度），可以说，在很大程度上，我国的7天回购利率是符合于泰勒规则的。

但是在细致观察2000年至2013年以来的数据后，我们可以得出如下一些基本结论：

1. 货币市场利率的变化与银行体系的资金成本无关，其底线支撑不是银行体系资金成本，而是商业银行的超额准备金利率；

2. 货币市场利率的趋势变化可以用泰勒拟合值进行充分解释，特别是考虑CPI缺口的泰勒规则拟合；这说明货币市场利率的趋势性主导力量依然来自于基本面因素，特别是通货膨胀率的变化；

3. 如果以基本面主导的拟合值作为货币市场方向变化的趋势性力量，则实际值与该趋势中枢的差异是我们需要分析的焦点。

波幅受供求力量相对强弱变化影响

在得出一些基本结论后，我们进一步深入探讨和分析，认为删除基本面主导后的波动幅度是受到供求力量想对强弱变化的影响。

基本面力量决定了货币市场利率的趋势性，其可以用泰勒拟合值表达，而实际运行值与拟合值之间的差异则是我们分析的焦点，应该说该部分因素反映的更多是由供求力量对比所主导。

资金供给方的主要构成是中央银行以及商业银行，而前者是主导；资金需求方的主要构成更加分散一些，主要由非银行体系所构成。由于中央银行综合调整货币量过程中并非能做到完全可控，很难将货币利率精准地调控到理论拟合值附近，因此产生了实际值与拟合值之间的偏差。在资金供应中，中央银行虽然是主导决定力量，但是还要受到商业银行行为或者是外部因素的制约，特别是以外汇占款为主导的外部因素，该因素极大地干扰了中央银行的调控效果。

货币市场利率难有趋势性走高可能

据此，在此分析中，我们将货币市场利率分解为两部分：由基本面因素主导的趋势性变化＋由阶段性供需力量对比而产生的幅度差异。前者可以利用泰勒规则所拟合，其决定货币市场利率变化的趋势方向，后者则需要在历史经验和未来供需对比中外推供需力量的相对变化强弱。

首先，我们可以顺利地拟合出未来 12 个月份理论值的变化（借助于 CPI 的预测，2015 年 CPI 的目标值是 3.0%）。从目前中性假设条件看，我国未来 12 个月的 CPI 变化呈现先下后上的走势，但是绝对水平较低，CPI 同比增速将处于低迷状态。整体来看，并不具备系统性趋势走高的风险。

其次，我们需要进一步探讨其波动幅度（实际值—理论拟合值）的变化，这是一个难点。首先逻辑外推资金供应方力量是否存在被干扰的可能。从历史上看，干扰供应方力量的主要因素在于外汇占款的变化上，其会相对强化或削弱中央银行的供应力量。我们认为，外汇占款总量持续为负的概率非常有限，因此从供应方角度而言，波动幅度存在被下修的可能性更大。

而逻辑外推资金需求方力量的变化，在外部新因素没有出现前，则依然聚焦于理财业务和同业业务的拓展上。事实上理财业务所衍生的资金回表出表都是在阶段性的增强资金需求，导致了波动幅度的变化，但是这个影响会出现逐渐衰减的可能，原因有三：1. 伴随商业银行开始习惯于定期定点的资金需求增加或减少，其管理流动性的成本也在降低。事实上，理财发展初期是商业银行最难以应对的时期，因为大量资金新需求出现，导致了商业银行管理流动性的成本瞬间提高。而伴随商业银行开始习惯此模式，该风险溢价存在被降低的可能；2. 理财业务的发展也面临不少变局，特别是从今年对理财产品进行整顿规范以来，理财产品为存款服务的要求也在发生变化，正在逐步改变原有的那种季末到期、为存款服务的理念。当这种模式发生逐渐改变后，理财产品的回表出表要求会显著降低，也不再集中体现在对于某一特定时点的冲击，会令资金需求更为平缓一些；3. 同业业务的发展，特别是短借长用模式的错配是否会进一步加剧，这个是判断其对于波动幅度影响的关键。从目前监管导向来看，未来的趋势一方面是要降低期限错配，另一方面会适当压制同业业务的拓展。从趋势意义上看，该因素对于资金需求的冲击也会收敛下来。因此从总体趋势意义上看，资金需求力量的变化会进入到一个收敛的状态中，从需求方角度而言，波动幅度也存在被下修的可能。

利率市场化因素对货币市场利率的影响

最后还有一个问题值得分析探讨：即如果在后期市场面临利率市场化，例如存款利率上限被进一步打开，那么该因素会对货币市场利率定位产生什么样的影响？

当存款利率上限被进一步打开，在初期必然产生类似于加息的效果，因为多数银行会将存款利率一浮到顶。那么，其是否会对货币市场利率产生影响呢？

利率市场化所导致的存款利率上行和加息周期所导致的存款利率上行本质属性不同，为什么在加息周期中，货币市场利率一定会出现上行呢？其根本原因不在于存款利率上行导致了银行资金成本上，而在于加息周期中一定对应了通货膨胀问题。针对于该基本面的变化，泰勒规则所主导的趋势拟合值一定呈现上行，这个是导致回购利率上行的本因，而非银行资金成本所推动。事实上，我们在前期也论述过回购利率的底线非银行资金成本，而是超额准备金利率。

在利率市场化过程中，并不一定伴随基本面的改变（例如通货膨胀的走高），因此从泰勒规则来看，货币市场利率没有走高的趋势性基础。那么利率市场化是否会导致资金供需力量发生相对变化，而导致趋势价值中枢外的波动幅度发生变化呢？这个似乎也很难，首先，其对于资金供应方力量（中央银行意图和外汇占款）不会产生影响，而对于需求方力量而言，理财产品与同业业务的扩张已经处于完全市场化的状态中，利率市场化对该两部分业务的边际冲击不大。而且考虑到多数银行面对利率市场化，会统一进入一浮到顶的做法，也很难产生储蓄资金在银行之间大规模流转而增加银行的流动性管理难度。因此，利率市场化对于需求方力量的影响也有限。

由此，利率市场化所对应的所谓"加息"效应与周期性"加息"意义完全不同，从上述分析框架中无法推导出必然提高货币市场利率的结论。

注册制落地　信贷资产证券化新出发[*]

4月3日央行发布《中国人民银行公告〔2015〕第7号》，规定"已经取得监管部门相关业务资格、发行过信贷资产支持证券且能够按规定披露信息的受托机构和发起机构可以向中国人民银行申请注册，并在注册有效期内自主分期发行信贷资产支持证券"，期待已久的信贷资产支持证券（CLO）发行注册制正式落地。

继去年11月银监会发布《关于信贷资产证券化备案登记工作流程的通知》，规定对已经取得资质的银行其信贷资产证券化业务由审批制改为备案制后，央行的公告标志着我国信贷资产证券化产品"银监会备案+央行注册"模式正式确立，将为资本市场注入新活力。

政策利好

公告规定，已取得相关资质并发行过CLO产品的机构，在注册有效期内可自主分期发行资产支持证券，即可自主选择发行时间和金额，解决了审批制下审批时间过长可能导致的资产池贷款到期、影响发行时机选择等问题，节约相关的发行成本。

更重要的是，根据公告第四条"按照投资者适当性原则，由市场和发行人双向选择信贷资产支持证券交易场所"所述，CLO产品或可登陆交易所市场，其交易将不再仅仅局限于银行间市场，对于丰富产品的投资主体、提高证券化市场流动性、防止风险在银行业内部循环传导具有重要意义，可谓是深化金融改革的重要举措。

通过信贷资产证券化，金融机构将缺乏流动性但预期可产生稳定现金流的存量信贷资产打包出售给特殊目的机构（SPV），后者再以这些信贷资产所产生的未来现金流为担保，向投资者发行资产支持证券融资。在这一过程中，作为信贷资产原始受益人的银行通过真实出售基础资产获得现金/流动性，同时将信贷资产及其风险由表内转移到表外，从而将原本集中在银行系统内的

---

[*] 本文发表于2015年5月的《第一财经日报》。

风险大幅分散，促进整个金融体系的稳定。同时由于高信用评级的 CLO 产品的风险权重远低于一般企业债权，即使其作为资产组合的一部分为银行所持有，也有助于提升银行资本充足率，从而节约监管资本。

银行发展 CLO 产品，通过真实出售资产获得流动资金，不失为一种新的融资方式。尤其是在利率市场化背景下，传统的依赖存贷利差的盈利模式的可持续性面临挑战，而规范的信贷资产证券化业务将为银行引来新的业务增长点。一方面，通过资产证券化，银行将原本需要持有至到期的贷款业务提前转化为流动资金，投资于收益更高的标的，大大降低了对存款资金的依赖性，在负债风险出表的同时实现资产组合的多样化；另一方面，在信贷资产证券化过程中，银行也可以作为中间管理机构，拓展中间业务，这些都有利于银行经营模式的创新。

随着银行降息和房地产市场降温，社会资本亟待拓展投资渠道。CLO 作为标准化产品，流动性较强，通过破产隔离和多项资产组合分散风险，能够满足不同风险偏好者的投资需求，有利于吸收市场中过剩的流动性资本，帮助社会投融资需求对接。

作为一种结构性融资方式，信贷资产证券化区别于传统的股票、债权等金融工具，是以一组特定资产而非发行人的全部资产作为信用基础。其运作机制中，更是加入了破产隔离、信用增级等保障措施。安全性的提高意味着融资成本的降低，帮助原本难以融资的中小企业获得贷款。

信贷资产证券化的风险

美国在 2001～2007 年宽松货币政策环境下，金融衍生品市场快速增长。以 2008 年次贷危机中具有代表性的资产证券化产品 MBS 和 CDO 为例，其以房地产市场景气程度和贷款者还款情况为基础，通过复杂的产品结构设计，使得企业、居民和金融机构间的融资杠杆率快速攀升。这一在低利率环境下有效运行的精巧机制终结于美联储的连续加息，房价下跌和加息的双重重压引发低信用居民违约危机，并在杠杆作用下不断传染放大，结构化融资工具的抛售压力与该市场的流动性紧缩相互作用，市场在恐慌下引发相互逼债的连锁反应，最终引爆整个金融体系的流动性危机。

发达国家金融市场上的证券化产品，其过于复杂的结构严重妨碍了投资者有效识别风险。类型多元的 CLO 产品通过复杂的层级设计和增信机制，本意是分散降低资产组合的风险，但客观上却造成投资者根本无法弄清这一巨大的结构化产品背后资产池所对应的基础资产。信息不对称背景下，评级机构成为众多投资者的依赖对象。然而当前评级机构三分之二的收入来自"发行人付费模式"，其隐含的道德风险使其评级的客观性和公正性令人担忧。本轮次贷危机中的表现也印证了这一事实。

信贷资产证券化可能引发银行类金融机构的道德风险。由于可以通过 CLO 将贷款违约风险转移给市场投资者，银行就有了扩大信贷规模降低信贷标准负面激励。而低利率环境下投资者对高收益投资工具的需求上升很可能与这一道德风险联动，并相互作用。

以美国为代表的金融市场上，CLO 产品在完全市场化条件下飞速发展，但监管并未跟上这一速度。同一登记的托管机构的缺失使得监管机构难以获取市场交易信息，加上公开信息披露的缺失，更增加了监管难度。

现实因素制约证券化发展

事实上，信贷资产证券化在我国的发展历程可以追溯到 2005 年以前。自 2005 年 4 月央行、银监会推出《信贷资产证券化试点管理办法》已经过去了十年，其间经历了金融危机后的停滞阶段，最终于 2011 年重启发展至今。

从 2005 年国开行发行首只 CLO 产品，到 2014 年 CLO 发行量 2833 亿元，我国信贷资产证券化经历了漫长的起步阶段，终于迎来了爆发式发展，其中银监会将审批制改为备案制功不可没。当前注册制的落地实施，诚然有利于进一步提高发行效率，但长远来看，未来 CLO 产品的发展最终取决于市场供求。

需求方面，利率下行背景下股热债冷，CLO 产品的收益率对于投资者而言相对下降。而长期以来我国 CLO 产品发展的另一个弊端——集中于银行间交易市场且多持有至到期，使得 CLO 产品的流动性相对不足。短期内难以改变的现实很大程度上制约了市场需求的扩大。

而在供给方面，经济下行和利率下行的压力叠加，长期来看银行优质资产的稀缺从根本上不利于证券化基础资产的发展。而股市升温与优先股发行也缓解了银行监管考核的压力。当前利率下行本就挤压银行盈利空间，而银行贷款利率与 CLO 发行利率之间的利差空间不足。这些因素都影响着银行的发行意愿。

在定价方面，当前我国 CLO 产品多以商业银行优质信贷资产为基础资产，隐含发起人信用，包含较高的信用溢价。投资者结构单一，市场规模较小，同时以银行为代表的多数投资者纷纷选择持有至到期，又推高了流动性溢价。定价偏高也是未来制约我国 CLO 产品发展的重要因素。

政策建议

银监会王岩岫主任认为，我国资产证券户的系统性风险因素主要来自于两个方面：投资主体类型单一和流动性较低。作为资产支持证券最主要投资者的银行业金融机构占比接近80%，CLO产品也因此集中于银行间交易市场。同时由于未形成市场认可的公允价格，加之质押回购等相关交易制度尚未建立，资产支持证券市场规模的发展受到制约，流动性不足，风险在银行体系内部循环。因此，完善资产支持证券交易制度、做市商制度势在必行，这也在本次公告中明确体现。除此之外，建立制度融资性质押支持政策，扩大产品规模和投资者类型范围，依然将是推动资产支持证券发展的重要举措。

CLO产品的风险有相当一部分来自于信息不对称。数量巨大的基础资产经过分割重组以及一系列的信用增级后，投资者和监管机构很难对其进行有效的风险识别和跟踪记录。因此，建立完善的产品信息披露制度和交易信息统一登记制度，便于监管审查和投资者参考势在必行。

由于发行者具有扩大贷款降低门槛的道德风险，因此发起机构应与投资者共同持有自己发行的CLO产品，并对其持有比例的上下限做出规定，既要防止持有比例过小无法遏制道德风险，也要防范持有比例过大侵害中小投资者利益。

当前制约我国信贷资产证券化发展的因素之一即为发行成本相对较高影响发行意愿。而造成CLO产品定价较高的诸多因素中，流动性较低和信用溢价的降低等很难在短期内得到改善。因此，可以考虑在信贷资产证券化发展前期给予适当的税收倾斜，降低发行人成本，做大市场规模。

第九章　机构转型

建设一流智库　增强竞争软实力*

智库是一个国家软实力的重要体现，是国家参与国际竞争的重要方面，是我国现阶段发展的迫切需要。软实力是一种能力，是一国综合实力中除传统的、基于军事和经济实力的硬实力之外的另一组成部分。

随着全球化的持续深入和信息技术的快速发展，世界各国之间的竞争日趋激烈，以思想、观念、文化为核心的"软实力"成为新的竞争焦点，智库作为创新思想的源泉成为"软实力"竞争的关键。习近平总书记指出，智库是国家软实力的重要组成部分，随着形势的发展，智库的作用会越来越大。

建设一流智库是我国深化改革的必然选择。国开行智库通过研究可以有力推动政府的职能转变，作为决策方案的建言者和政策效果的评估者，为党和政府设计和实施改革，当好"智囊团"。

客户的需求将为国开行建设一流智库提供不竭的动力。国开行董事长胡怀邦认为，实现客户与自身价值最大化是国开行经营的根本目标。各级地方政府是国开行的主要客户群体，正是在与各级地方政府的通力合作下，国开行才能够在支持地方经济社会发展的同时实现自身的快速成长。各级政府，不仅需要国开行为地方发展提供融资，还需要国开行为地方发展战略出谋划策，推动政府的职能转变。

国开行在服务国家战略的过程中，与大量的重要客户建立起战略合作关系，双方优势互补，为推动国家战略的实施发挥合力。例如，国开行在海外开发国际业务，与五矿、中石油、中石化等通力合作，为保障国家的能源资源安全贡献了力量。国开行的战略客户，希望国开行在融资的同时提供融智的咨询服务，为客户实现更好的自身发展、服务国家战略提供可行的咨询方案。

建设一流智库是深化开发性金融实践的必要选择。胡怀邦认为，开发性金融以市场化方式服务国家战略，必须坚持"项目自身的战略必要性、整体业务的财务可平衡性和机构发展的可持续性"三大原则（以下简称"三性"原则）。"三性"原则思想性强，逻辑严密，是对开发性金融发展方向的全新

---

* 本文发表于 2014 年 1 月的《金融时报》。

表述，是国开行既要服务国家战略，又要实现自身可持续发展的必由之路。开发性金融破解体制、机制障碍，服务经济社会瓶颈领域，需要结合实际，不断创新模式和方法，需要智库强大的创新能力作为支撑。

建设一流智库是国开行改革发展的迫切要求。国开行改革影响着国开行的持续稳健发展，同时与整个国家经济金融体系的安全密切相关。国开行改革致力于破解制约当前开发银行更好服务国家战略的体制障碍，主要包括债信评级、特许性业务工具、差别化监管、科学考核等方面的问题。

国开行党委高度重视国开行智库建设，将"研究"置于国开行业务的最前端。经过5年多的发展，国开行建设智库，研究成果初具影响，初步形成理论研究与战略研究相结合的研究框架。首先是借助理论研究推动国开行改革。开发性金融理论从形成到不断完善，从国内走向国际。推动国内学术界，创设新世界政治学理论和新国际经济学理论体系，服务以中国为中心的国际经济体系建设。更重要的是，开发性金融研究为推动国开行改革，明晰新时期的国开行定位提出了重要的参考依据。

其次是依托战略研究支持国开行发展。国内对城镇化的研究，国际对亚非拉国家市场建设的研究，以及对国内外产业革命的研究一系列战略研究为国开行把握正确的发展方向奠定了坚实的基础。

国开行建设智库，培养了复合型的人才，汇聚形成了有战斗力的队伍。一是研究人才覆盖各个领域。国开行研究院汇聚了政治、经济、金融、产业、法律等各领域的研究人才，充分发挥多学科优势，开展智库研究。二是培养了组织型和专业型兼备的复合型人才。国开行研究院属于小机构、大网络，在研究创新的过程中，不仅需要发挥专家的引领作用，更需要发挥知识整合平台的作用，在这样的需求下，对研究院的工作人员提出了更高的要求，使朝着组织型和专业型兼备的复合型人才方向发展。

在看到成绩的同时，我们也应清醒地意识到当前国开行智库建设还存在一些问题。例如：定位不明晰带来的研究不够聚焦，不利于充分发挥影响力和培育研究创新能力；资源整合不充分，行内行外的智力资源都急需研究院发挥统筹作用；对外合作虽已初具规模，但合作成果影响力有限，与投入的资源不匹配，原因在于合作深度不够，不能充分实现优势互补；因为品牌的缺失，研究成果影响力受到严重的局限；内部研究人员无论从数量上还是从能力上都与行党委的高要求和外部日益增长的研究需求不匹配，亟须充实高水平人才队伍。

为了进一步加强智库建设，需要重点做好以下几方面工作：

一是找准定位，实现三个面向。国开行建设一流智库必须进一步明晰服务对象。研究成果必须面向服务对象形成有针对性的政策建议。方向的缺失必然带来研究不聚焦和资源浪费的问题，也无法产生有效的影响力，不利于研究创新力的培养。做好三个面向（面向党中央、国务院；面向各级政府和战略客户；面向国开行党委），提供有益的决策参考，应成为国开行智库发展的根本方向。

二是整合内部资源，发挥国开行优势。国开行建设一流智库，必须充分利用依托国开行的优势。国开行被外界誉为专家的银行，国开行内部各方面的资源并不缺少，关键在于整合。没有整合就形成不了合力，也无法形成研究特色，成果的影响力也将失去依托。

加强总分行联动，突出研究院的研发归口管理职能，有利于充分整合各类研究资源，包括：专家资源、客户渠道资源、地方政府渠道资源以及宝贵的经济信息和情报采集资源。

三是坚持开门办院，在深化合作中谋求共同发展。开门办院是国开行智库建设的核心理念。开门办院就是要与各类研究机构实现互通有无和优势互补。一方面，在合作过程中要找准切入点，找到双方的利益契合点；另一方面，要充分发挥科研经费的杠杆作用，四两拨千斤，提升资源配置效率，服务重点研究方向。

以往的对外合作以科研院所为主，今后要向商业性研究机构倾斜，发挥商业性研究机构专业化、市场化的优势，以我为主，在深化合作中谋求共同发展。

四是加强成果宣介，提高成果影响力，打造国开行品牌。国开行智库还没有公开出版物，对于打造智库品牌十分不利。国内外同业和国际一流智库的经验表明，公开出版物是加强研究成果宣介，扩大研究成果影响力的需要；是体现机构软实力、打造机构品牌的需要；是国开行智库主动出击引导舆论，服务改革发展的需要。

研究设立《国开智库》公开出版物，聚焦国内外经济金融的热点领域，围绕国开行中长期投融资的特点和服务国家战略的定位，系统汇集总分行研究人员的各类研究成果，邀请国内外知名专家为国开行改革发展建言献策，将促进国开行研究更好地面向高层决策，面向国开行改革发展，面向各级政府和战略客户。

五是加强科研管理和人才培养。充分借鉴国内外一流智库的建设经验，以项目为中心，推行扁平化管理，优化资源配置。一方面充分发挥高水平专家对研究的引领作用，通过团队协作，为高水平专家做好支撑保障；另一方面强化学习机制和学习文化，加强机构的学习积累，提升机构的研究能力。

　　在科研管理方面，可重点从研究选题、质量评估和成果应用三方面入手。在研究选题方面，把握应用价值，进一步突出应用对象，区分长期研究和热点研究，主要建议有：长期跟踪研究方面，确立长期跟踪研究的领域，每年都出常规或定期的研究成果与报告；在热点问题研究方面，对研究成果的形式与完成时间进行事先规划，力求研究成果在合适时机对决策产生重要影响；在机制建设方面，可借鉴中国社科院的重大课题选题指南制度和彼得森国际经济研究所的滚动议程机制。

　　在质量评估方面，严把出口关，提高结项要求，可借鉴中央党校等国内一流智库在重大课题结项方面的有关要求，如：专家双向匿名通讯评审、成果刊载的一流出版社和一流期刊清单等。

　　在成果应用方面，应加强分类应用和重点推广，加强与媒体的沟通与合作。首先是对成果的应用对象进行分类，打通成果报送渠道，建立相应的成果推广机制。其次是为重要成果制订系统的推广方案，提升应用效果。借鉴国际知名智库在媒体合作方面的先进经验。借鉴国际知名智库在设定议程、引领讨论方面的先进经验。最后是对成果的应用情况加强事后评估。

利率市场化条件下
商业银行经营发展的突破口[*]

中国人民银行于 2013 年决定全面放开金融机构贷款利率管制，这意味着金融机构与客户协商定价的空间将进一步扩大。但是，利率市场化改革后，商业银行特别是中小商业银行发生危机的概率也将大大提高。随着利率市场化进程的逐渐深入，以利差为主要盈利来源的传统发展模式将难以为继。如果商业银行不能及时调整发展模式，发展金融创新产品，最终将举步维艰。

小企业信贷经营模式亟待突破

现阶段，我国的小型和微型企业已经成为国民经济发展的生力军，在稳定增长、扩大就业等方面发挥着极为重要的作用。因此，加强小微企业金融服务，是金融支持实体经济和稳定就业、鼓励创业的重要内容，事关经济社会发展全局，具有十分重要的战略意义。

随着小企业贷款在银行信贷业务中的地位不断上升，小企业信贷已经成为我国商业银行优化信贷结构、培育新的利润增长点和实现长期可持续发展的必然选择。但是利率市场化后，商业银行为了争夺优质客户，会向他们提供优惠利率发放贷款；同时会给予这些客户较高的存款利率，以稳定存款。在商业银行竞争激烈的情况下，贷款利率会趋于下降，而存款利率则会上升，使得商业银行的存贷款利差收窄。由于我国国有商业银行的利润收入绝大部分依靠存贷款利差收入，一旦利差收窄，银行的经营将不可避免地出现困难，增大了银行经营危机产生的可能性。一方面，银行为了吸收存款，竞相提高存款利率，使银行的融资成本不断提高，为了获利，银行只能采取冒险的贷款行为，不可避免地会出现信贷膨胀。另一方面，由于银行和贷款企业在投资风险上的信息存在不对称，在贷款利率提高时，风险偏好的贷款人将更喜欢成为银行的客户，这样就产生了"逆向选择效应"，而同时，较高的贷款利率只会鼓励借款人把资金投入到高风险的项目里，这样就引致了"道德风险

* 本文发表于 2014 年 10 月的《21 世纪经济报道》。

效应"，甚至连风险厌恶型的贷款人也会倾向于改变自己的项目性质，以获取较高的收益。为了追求高利润和抢占市场份额，银行会把资金投到房地产和证券业等高风险行业，从而形成资产泡沫。一旦泡沫破灭，银行的不良资产必然大幅提高，加大了银行的经营风险。

从商业银行的发展来看，利率市场化不仅有利于促进金融机构采取差异化的定价策略，降低企业融资成本；也有利于商业银行不断提高自主定价能力，转变经营模式，提升服务水平，加大对企业、居民的金融支持力度；更有利于优化金融资源配置，更好地发挥金融支持实体经济的作用，更有力地支持经济结构调整和转型升级。按照国家统计局的标准，我国95%以上的企业都是中小企业，小企业贷款和零售业务具有户数多、金额小、报表不健全、管理成本大、利润贡献小的特点。由于受到人员、成本、风险等因素的限制，大部分商业银行难以按照传统的大客户服务模式来管理和维护数量庞大的小企业客户。我们需要借助先进的理念、工具、方法和成功的经验，在小企业信贷经营模式上取得突破。那么，如何在成千上万的存量小企业客户中发现潜在需求，实现产品交叉销售？如何应对市场营销中的不利选择？不同的客户群体有什么样的风险特征？如何实现小企业客户前端和后端的风险管理？如何实现不同类型中小企业客户的风险定价？这一系列复杂的问题，已经成为商业银行在利率市场化条件下生存与发展的关键之所在。

金融产品创新水平亟待提高

众所周知，在利率市场化的情况下，当利率竞争基本趋于稳定以后，非价格竞争将成为主要的竞争形式。在一个完善的金融市场中，传统的存贷款业务的收益会明显下降，商业银行不得不大力拓展新的业务领域。利率市场化后，商业银行需要依靠非利差收入的增长来弥补利差收入的下降，以维持利润的增长。商业银行通过开发创新金融产品来与同业竞争，在使银行客户得到更多金融产品服务、满足理财需要的同时，也增加了自身的竞争能力。

目前，不仅发达国家在原有市场基础上不断改进金融产品，而且新兴的市场经济国家和地区也利用后发优势大力地发展金融创新产品。我国市场经济发展正逐步融入世界经济一体化的潮流中，但目前资本市场品种单一，结构与功能还不完善，金融衍生品市场发展远远落后于发达国家已成为不争的事实。从发达国家的经验来看，现代金融发展集中反映在金融产品创新的快速发展上。如刚刚成为全球金融行业市值第一的美国富国银行就以成功的小微业务实践，获得了社会的广泛赞誉，也获得了超越同业约1%的息差水平。

由此可见，金融产品创新是市场经济发展到高级阶段的必然结果。从我国银行实践来看，富国银行最可借鉴之处在于其中小企业业务与"交叉销售"的营销模式。富国银行将自己的零售网点称为"商店"，并在店面设计上采用了许多零售和超市的概念，以此强调顾客和服务的重要性。其经营目标是"满足客户在财务方面的所有需求，帮助他们在财务上发展成功"，成为为客户提供所需要的任何产品的"百货超市"式的全能金融机构。为此，富国银行以客户为中心设计了八十多个业务单元，覆盖了客户整个生命周期中可能产生的主要金融需求，这成为富国银行实施"一站式"金融超市服务的坚实基础。我国中小企业融资需求非常旺盛，仅存量市场就至少可为银行带来现有利息收入30%以上的增长。然而我国贷款服务仍处于劳动密集型的阶段，服务比较精细但是市场开拓难度大。富国银行"交叉销售"的业务模式既兼顾了成本与效率，又成为了行之有效的经营战略。其客户人均购买金融产品数5.92个，远高于同业人均2~3个金融产品的水平，将单一客户创利最大化。以此分析，金融产品创新有利于提高金融市场深度和广度，目前我国本土金融市场的一个重要缺陷就是金融产品创新远远不足，当出现大量的金融需求和资金供给时，无法提供多样化的金融工具和金融产品来满足投资需求。

金融创新作为金融机构提高服务水平和竞争能力的重要基础，也是有效对冲和分散风险的重要手段。从根本上讲，创新是竞争环境下的现实选择，加快金融创新是我国金融业发展的当务之急。一方面，随着金融市场化的进一步加深，我国金融业面临尽快提升市场竞争力的紧迫要求；另一方面，随着城乡居民收入的不断提高，人们不再满足于传统的储蓄业务和简单的投资形式，需要有多元化的投资产品和投资方式满足其投资、避险和保值增值的需求。

借鉴富国银行"泛资产管理"经营模式

长期以来，在特有的运行机制下，我国银行业逐渐形成了重信贷指标、轻内部管理，重数量增长、轻质量增长的经营特点。随着国际大融合的趋势，管理手段和工具相对落后的国内商业银行面临严峻的竞争和挑战。如何利用技术手段，推行成本精细化管理，降低经营成本，全面提升管理水平，构筑行业竞争优势，成为现阶段银行财务管理的核心内容。

全美国最佳的零售银行——美国富国银行，在小企业及零售业务方面的实践取得了举世瞩目的成就。它利用商业智能，实现小企业业务和零售业务全流程自动化的科学管理，做到庞大客户数量的风险量化评估，实现业务精细化管理，提高效率、降低成本、提高收益。在目前我国利率市场化条件下，商业银行可以借鉴富国银行的商业模式：成为一家提供全能服务的银行，也就是"泛资产管理"经营模式，其业务范围包括社区银行、投资和保险、抵押贷款、专门借款、公司贷款、个人贷款和房地产贷款等。银行的服务是以客户为中心的，而不是以产品为中心的，这一点成为富国银行的核心理念和发展的动力，贯穿在产品设计、销售和服务中。这值得国内银行业借鉴和学习。目前，富国银行拥有小企业及零售客户已超过3000万家，均已经全面实现精细化管理，并实现了极低不良贷款率。

富国银行的成功经验何在？首先，"交叉销售"的模式大大提高了其对客户资源的利用能力。其次，它十分注重对风险的控制，尤其是风险的分散化。富国银行拥有80个业务单元，分别为客户一生中可能产生的各种金融需求提供合适的产品，这样就把业务的风险分散化了，使其不容易受到经济周期的影响。这也是富国银行不良贷款率低的主要原因。最后，它十分注重渠道的建设，柜台、电话、网络和ATM的建设都十分完备，能使客户随时随地享受服务。

如何完善风险管理体系

随着金融市场的发展，利率市场化改革的逐步推进，银行间竞争不断加剧。利率市场化条件下将面临较大的同业竞争，资金来源和资金成本将增加很多不确定性。一方面，商业银行需要面向市场筹集资金；另一方面，可以考虑通过加快金融业务和产品的创新增加资金来源。非利息净收入中包括保险业务收入、手续费及佣金收入、交易性收入、资产管理收入、投资收益等项目。同时，要大力发展中间业务和其他新兴业务，实现业务发展多元化，使金融创新成为谋求发展、增加效益、提高竞争力的有效途径，并为银行从源头控制经营风险创造很好的支撑。

金融创新和金融衍生产品的迅速发展，虽然能增加银行的资金来源，也会使银行与金融市场的关系更加密切，银行面临的经营环境日趋复杂，这就需要银行进一步提高风险管理能力，防范新的跨市场金融风险。从当前商业银行金融业务和金融工具的创新上看，已越来越多地涉及各类有价证券、外汇及其衍生产品交易，横跨了货币市场、债券市场等多个市场，由此隐含的利率风险、汇率风险、流动性风险等市场风险也摆在了面前。长期以来，我国商业银行的风险管理主要集中在信用风险管理上，缺乏管理利率波动带来的市场风险的经验，对一些新兴业务风险的认识和重视远远不够。相对信用风险来说，市场风险更具复杂性和不确定性。银行在金融市场上直接进行交易和投融资活动，利率、其他资产价格的变化以及经济波动，都会对银行产生很大影响。而且，这些因素来自市场，相互联系、影响、传导，瞬息万变，更加剧了市场的不可预测性。国际经验表明，金融衍生产品的蓬勃发展，使市场风险的度量更加困难，风险也具有了更大的隐蔽性和危害性。应从风险是否可控、成本是否可算、信息披露是否充分这三个方面进行严格管控，进而完善风险管理体系。

推进政策性金融体系改革与立法刻不容缓[*]

当前，我国经济社会处于新型城镇化、工业化、信息化和农业现代化建设的重要发展阶段。一方面是基础设施建设任务艰巨，产业基础薄弱，消费还未成主要拉动力；另一方面是投资项目资本金匮乏，巨额的"储蓄资金"和"社会资金"不能转化为集中、大型、长期的建设资金，这已成为我国投融资格局中的基本矛盾。因此，构建合理、有效的政策性金融体系、推动立法体系建设，对于发挥政策性银行的优势和作用，支持国家实现发展战略目标，将起到十分关键的作用。

构建政策性金融体系的客观必然性与重要性

政策性金融有别于一般商业性金融，其主要功能包括：填补瓶颈领域融资空白或不足，发挥前瞻性、战略性投入的先行者作用；在市场不足和制度缺失的领域，培育、建设和完善融资市场和制度，发挥制度建设者作用；吸引、带动社会资金进入资金短缺的领域，发挥民间资本引导者作用；服务于政府的某些特定发展目标，促进社会公平，并协助化解金融风险，发挥公共利益和社会稳定的支持者作用。

从总体来看，我国政策性金融的框架体系还不健全、不完善，诸如缺乏法律规范、政策性银行和商业银行的业务存在交叉、风险补偿和补贴机制不健全、政策性银行评价标准的缺失、政策目标的弱化、功能的模糊、监督架构不健全、筹集资金方式单一等。政策性业务与商业性业务之间的矛盾化解和政策金融体系改革过程远未结束，政策性金融体系可持续运行的制度保障尚未有效建立。此外，政策性担保融资、城投债融资、基础设施建设特许权授予融资等领域仍然存在一些问题。

构建合理、有效的政策性金融体系，总体框架的主要内容应包括：确定我国政策性金融的业务范围；我国政策金融包含的各项业务的实现方式；为了实现政策性金融的各项业务，我国需要构建哪些、何种治理结构的政策性

* 本文发表于 2014 年 12 月的《21 世纪经济报道》。

金融机构；合理设置政策性金融的监督管理机构。

有效的监督是政策性金融健康发展的必要条件。就我国而言，首先要逐步建立政策性金融的法律框架；其次是建立和完善政策性金融的监管委员会制度。在法人治理模式上建议吸纳德国、美国和日本模式三者的优点，并结合中国的实践，建立以利益相关人为基础的法人治理结构，业务开展实施专业化分工、政策性金融机构与商业性金融机构合作的市场化动作模式。

从战略角度看待我国政策性金融改革

从政策性金融的发展历程看，我国对其认识从一开始就并不清晰，其发展定位也存在明显错位，仅仅将政策性银行当做专业银行商业化改革的"副产品"，对国家开发银行、中国进出口银行、中国农业发展银行三家政策性银行所从事的政策性业务范围的界定始终不清晰。这不仅影响到政策性金融体系构建的完整性，而且也影响到决策层对政策性金融存在必要性的判断。

基于此，设计我国政策性金融体系改革思路，需要具备战略思维，要从长远的眼光看待这一问题。从政策性金融体系的战略发展角度而言，根据我国经济发展所处阶段和政策性金融需求的实际情况，政策性金融体系所包括的领域应该是非常广泛的，现有的业务范围是远远不能包含的，应更加重视发挥政策性金融的作用，合理规划业务领域，增强政策性金融机构的作用。不能只顾眼前，片面强调政策性金融机构造成的不公平竞争、利润化导向不足等负面效应，更不能将此作为确定政策性金融改革路径的主要因素与考量依据。

中国正处在"全面深化改革"和"经济转型与产业结构调整"阶段。我国经济对外依存度不断提高，中小企业融资难问题也一直难以解决，"三农"领域的发展长期滞后，城乡差距日益扩大，在发展过程中出现的巨大资金需求很难获得商业性资金的支持，带有较明显的"市场失灵"特征，迫切需要政府政策性资金的介入。在锁定"新型城镇化"和"走出去"战略目标的情况下，我国需要借政策性金融大力促进经济结构升级和发展方式转变。

借鉴国际成功经验推动政策性金融立法

与大多数发达国家不同，我国政策性银行是在缺乏完整法律法规制度的条件下不断发展的，至今也未形成关于政策性银行的明确法律定位，这造成了我国政策性银行运作无法可依、监管无章可循的尴尬境界。

　　国外的政策性银行有法可依，如战后日本依据《日本复兴金融库法》建立了日本复兴金融公库，依据《日本政策性银行法》建立了日本政策性银行，依据《中小企业信用保险公库法》设立了中小企业信用保险公库等。德国根据《复兴政策性银行法》成立德国复兴信贷银行。韩国也根据《韩国中小企业银行法》、《农业协同组织法》、《韩国进出口银行法》等组建了具有不同功能的政策性金融机构。国外政策性银行立法有如下特点：根据制定的国家政策性银行法成立相应的政策性银行；对不同的政策性银行进行独立立法；形成了具有一国特色的政策性银行法律体系。

　　我国政策性银行法的长期缺位衍生出各种问题，如市场定位不明确、业务手段单一、行政干预较多、融资能力较低、与政府关系不顺畅等。因此，政策性银行立法具有切实的必要性和紧迫性，应当尽快提上日程。

　　借鉴国外成功经验，我国在制定《政策性银行法》时应明确几个问题：

　　首先是债信问题。无论是显性的还是隐性的，继续保持国家主权债券评级是非常必要的。国外的债券类金融机构，例如德国复兴银行、韩国产业银行、日本政策投资银行等都是维持零风险权重。所以，应通过制度性安排，明确政策性银行长期主权信用等级，确保政策性银行更好地履行服务国家战略职责，维护金融市场的平稳运营。

　　其次是税收减免政策问题。国家应给予政策性银行税收减免政策，让经营利润全部作为资本补充金滚动发展。

　　再次是监管问题。国外对政策性银行的监管是区别于商业银行的，如对资本充足率的要求比商业银行要低等。鉴于政策性银行的特殊性和战略性，实行政策性银行监管标准是应有之义，而不是政策性银行要求"差别监管"。

　　最后是经营业绩考核问题。国家对政策性银行的经营业绩考核导向，要区别于国有控股商业银行，实行分类考核。实行政策性银行考核标准：鉴于政策性银行服务国家战略的任务，以及筹资和业务的特殊性，应在绩效考核上给予政策性银行以政策性银行监管的平等待遇。《政策性银行法》必须对上述问题给予明确清晰的规定，为政策性银行的健康、稳定发展提供法律保障。

开发性金融的监管改革[*]

开发性金融与政府增信

党的十八届三中全会提出，经济体制改革是全面深化改革的重点，核心问题是处理好政府与市场的关系，使市场在资源配置中起决定性作用和更好地发挥政府的作用。国家开发银行（以下简称国开行）在长期的发展中形成了一套有效发挥政府和市场作用的机制，创造性地构建了政府增信的发展模式。

这种政府增信模式不同于财政信用和财政拨款，它不是靠补贴与国家贴息资金运转，也不是对政府信用的简单分配，而是在依靠政府信用运转的基础上，不断运用和放大政府信用在市场建设中的功能与作用，将政府的组织优势与国开行的融资优势相结合，成为市场经济分配资源的新的基础性平台和支柱，通过建设市场实现政府意志。

政府增信的核心在于运用国家及政府信用，建设市场配置资源的基础和支柱，这就需要建立一个风险控制机制和信用体系，从而使被增信一方能够有效防范风险和减少损失。它是政府信用在财政、货币、机构的不同表现形式，也是政府与金融机构的一种合作方式，双方通过共建信用体系和制度体系来防范风险，体现一种共识、共建、协调、合作的关系。通过政府增信，金融机构能够充分发挥政府的组织优势和政治优势，有效弥补现有金融制度的不足。

政府组织增信的原理既适用于大型基础设施项目，也适用于社区金融等中小企业融资；既有利于增强经济活力，又有利于加大宏观调控力度，还有利于控制行业和项目风险。地方政府通过与特定金融机构的合作，能够将政府组织优势与金融机构的融资优势相结合，并将其转变为信用优势，建设新型的市场经济优势，弥补信用建设空白，促进经济社会发展。

---

* 本文发表于 2014 年第 7 期的《中国金融》。

开发性金融发展的国际经验

开发性金融机构早在一个半世纪以前就出现了，但真正引人注目是在第二次世界大战以后。当时很多发达国家和新独立的发展中国家都制订了加速本国经济发展的计划，但是却面临着资金难题，商业性金融机构难以涉足投资数额大、期限长的国家优先发展领域，这就为开发性金融的兴起提供了条件。自 20 世纪 40 年代以后，开发性金融机构在世界范围内蓬勃兴起。

在长期的发展过程中，国外的开发性金融主要形成了以下主要发展模式和监管经验：

第一，在组织制度方面，普遍在总行（总部）下面设立适量有限的分支机构（分行或代表处、办事处），也有一些国家只设立一个银行，其业务委托商业银行或其他机构代理，如德国的开发性金融机构。

第二，在业务运作方面，开发性金融机构的资金来源主要有财政融资和市场融资两部分，其中财政融资主要是政府提供注册资本金和政府直接或间接提供借款两种方式，而市场融资是开发性金融机构依照市场规则，根据自身的经营业绩和政府提供的信用支持，从金融市场上融通资金。

第三，在处理利益相关者关系方面，国家财政部门通常对开发性金融机构有更大的影响力，包括财政对开发性金融机构的负债和贷款提供担保、财政提供资本金来源和给予利差补贴等，中央银行一般不直接管理开发性金融机构，而是在业务上给予指导。

第四，在监管模式上，大多数国家对开发性金融的监管都是建立在法治基础上，即由国家立法机构制定和颁布单独的开发银行法作为监管的基础；由政府直接控制开发性金融机构的主要人事任免权，政府相关部门参与协调与制约，国家审计机构定期或不定期地专门审计（稽核）监督，由政府相关部门、权威专家或其他行业人员代表国家和公众利益组合成董事会（理事会），对开发性金融机构具体行使最高的决策、监督和协调职能。

推动我国开发性金融监管改革

国开行的监管在其成立之初的《国务院关于组建国家开发银行的通知》中就有所体现；《国家开发银行章程》明确规定"国家开发银行是直属国务院领导的政策性金融机构，在金融业务上接受中国人民银行的指导和监督"。1997 年财政部又发布了《国家政策性银行财务管理规定》，对政策性银行的

"资金筹集和运用、财务计划的申报与审批、利差补贴、利润分配"等内容作了更为详尽的说明。通过以上几点规定可以看出，国开行从建立开始，就是在国务院统一领导下，由财政部、人民银行、审计署等多个部门共同监管的。

随着我国经济的发展和金融环境的变化，国开行逐步成长为一家兼具政策性、商业性、国际化的中长期综合开发性金融机构，与成立初期的情况发生了很大变化，但是监管模式和标准却没有随之改进，仍然是承接政策性银行的监管体制架构，并且在监管指标方面更多的是按照商业性银行的要求进行监管，存在着分工不清、职责不明、监管空白与监管过度并存的问题，不利于开发性金融功能的发挥。

国开行业务的特殊性决定了其监管指标与商业银行应有不同，特别是政策性业务的监管指标不能用普通的盈利指标和风险指标来衡量，因此，必须针对国开行业务制定有针对性的监管指标体系。

国开行既承担着政策性金融的使命，又开展商业性金融业务，鉴于政策性业务和商业性业务的不同性质，应该使用不同的监管标准，在宏观审慎和微观审慎相结合的框架内，结合国开行的具体情况，构建包括政策性业务、商业性业务和安全性指标在内的全面监管指标体系。

首先是政策性金融业务监管指标。政策性业务的监管主要看能否达到预期的政策目的、业务活动是否合规以及因开展业务而面临的特殊风险监管。根据国开行的业务实际，可以重点关注合规风险监管指标、政策性投资效益指标和海外投资的国别风险监管指标三个指标。其中，合规风险是指因没有遵循法律、规则和准则以及国家相关规定而遭受到的法律制裁、监管处罚、重大财务损失和声誉损失的风险。政策性投资效益是指按照国家部署向急需资金的产业、区域、项目提供金融支持而产生的效益，由于政策性贷款具有明显的长期性、非营利性、大额性、逆经济周期等特点，其社会效益远大于经济效益，因此必须对此进行单独核算。同时，国开行在扩大海外贷款的同时，也承担了巨大的国别风险。国开行的海外投资不是追求自身利润的行为结果，而是其服务国家战略这一核心职能的体现。

其次是商业性金融业务监管指标。国开行的商业性金融业务也面临着市场风险、操作风险、流动性风险和信用风险等，但是这些风险的具体内容可能与商业银行不同，所以国开行商业性金融业务的监管指标与一般商业银行也应有所差异，可以重点关注市场风险监管指标、操作风险监管指标、流动性风险监管指标、信用风险监管指标、盈利能力监管指标、杠杆率监管指标等。

最后是安全性监管指标。一方面，国开行的信用基础是国家信用，加强运营安全性监管就是维护国家信用；另一方面，国开行既要服务国家战略，又要开展营利性业务以维持自身的可持续发展，两者都对资金的安全运营提出了较高要求。确保经营安全的指标可以重点关注资本充足率监管指标、资产质量监管指标、公司治理及相关监管。

除了监管指标之外，对国开行的监管还应关注以下问题：首先，作为一家中长期综合开发性金融集团，国开行在我国金融体系中扮演着市场建设先锋者和行业开拓者的角色，履行服务国家战略这个核心职能的同时，也注重开展市场化业务，即国开行同时具备了政策性银行和商业银行的许多特征，但又不同于这两类金融机构。所以，对国开行的监管具有特殊性，既不同于以往对政策性银行的管理与考核，也不同于一般商业银行的监管。其次，需要尽快出台相关法律以完善国开行的监管体系。大多数国家的政策性、开发性金融机构都是先立法再组建，可谓"法律先行"。但是我国至今没有出台关于开发性金融的法律法规，使得国开行在改革发展、属性定位、监管考评等许多方面无法可依。

为了尽快出台相关法律法规，在立法步骤上可以先制定行政法规，再逐步过渡到一般法律的形式。当务之急是尽快由国务院有关部门抓紧制定和批准颁布开发性金融机构条例，在时机成熟之后，再适时修改并逐步上升至由全国人大常委会制定和批准颁布的一般法律形式。

在立法内容上，我国的开发性金融机构法律至少应涵盖以下几个方面的内容：开发性金融机构的职能与定位；开发性金融机构的法律地位；关于开发性金融机构的资本金规定；开发性金融机构的内部机构设置原则和人事管理制度；开发性金融机构的资金筹集渠道和业务操作办法；开发性金融机构的财务会计、税收减免的规定；开发性金融机构的监管安排，包括监管体制框架、监管原则与目标、监管标准等。

开发银行改革的重要布局*

2014 年 4 月 2 日的国务院常务会议对进一步发挥开发性金融对棚户区改造的支持作用进行了部署。会议强调，加快棚户区改造，让亿万居民早日"出棚进楼"，是改善民生的硬任务，也可以有力拉动投资、促进消费，是以人为核心的新型城镇化的重要内容。会议确定，由国家开发银行成立专门机构，实行单独核算，采取市场化方式发行住宅金融专项债券，向邮储银行等金融机构和其他投资者筹资，鼓励商业银行、社保基金、保险机构等积极参与，重点用于支持棚户区改造及城市基础设施等相关工程建设。

根据会议精神，2014 年要更大规模地推进棚户区改造，必须抓住资金保障这个"牛鼻子"，把政策支持和市场机制有效结合起来，尤其要发挥好依托国家信用、服务国家战略、资金运用保本微利的开发性金融的"供血"作用，为棚户区改造提速提供依法合规、操作便捷、成本适当、来源稳定的融资渠道，保证资金需求，并努力降低资金成本。

国开行的转型压力

国家开发银行经营发展面临一系列挑战和制约：从资产和负债两端看，短期内现有模式还有一定的发展空间，但中长期面临逐步加大的转型压力。在宏观经济增速换挡、中高速发展成为新常态的形势下，银行业规模高增速、业绩高指标、利润高增长的时代已经成为历史，盘活存量、用好增量、调整结构、提质增效成为大势所趋。而国家开发银行主营业务尤其是地方政府融资平台的发展面临约束，开发银行资产高速增长的势头难以持续。

一是高速增长势头难以持续。随着经济结构调整的推进以及宏观调控方式的变化，固定资产投资、银行信贷投放的增速也要换挡，保持在合理水平。国家开发银行的业务以中长期重大项目为主，与宏观经济政策联系最为密切，受到的冲击最为直接和刚性。中长期看，GDP 增速的下降意味着政府支出的减少，意味着政府投资和贷款的减少。2013 年，国家开发银行资产增速不到

---

* 本文发表于 2014 年第 9 期的《中国金融》。

9%，是这一趋势的直接反映。

二是平台业务发展约束增强。政府债务风险的积累，导致融资平台发展将受到更严格的监管。在控制和化解地方政府性债务的背景下，监管部门强调要坚持"总量控制、分类管理、区别对待、逐步化解"，重点抓好全口径管理、风险评级预警体系建设和存量风险处置，对平台贷款风险严防死守。平台是国家开发银行与地方政府合作的主要载体，随着平台监管力度的加大，以及市政债推出降低地方政府对平台融资的依赖，将对国家开发银行整体业务发展空间造成较大影响。

国家开发银行的资金来源尤其是货币市场发债面临挑战，亟须开辟多元化、低成本、可持续的资金来源渠道。国家开发银行是以发行中长期债券为主要资金来源的银行，随着金融改革的不断深化，利率市场化、金融脱媒将趋势性地抬高银行的筹资成本。存款上限的逐步放开推升了商业银行资金成本，使银行发债成本水涨船高。金融脱媒使得资金表外化日益严重，影子银行迅速扩张，存款流失不断加剧。国家开发银行发行债券75%的投资者来自银行业金融机构，存款流失在给商业银行经营带来影响的同时，也压缩了投资开发银行债的空间，商业银行购债意愿大幅降低。受市场流动性趋紧、存款利率市场化推进、主要投资人购债意愿下降等多种因素影响，国家开发银行筹资压力持续增加，发债难度不断增大、发行成本不断攀升。此外，国家债信不能彻底解决，也将提高开发银行的融资成本。

住宅金融是转型的重要方向

发展住宅金融符合国家战略，可以成为国家开发银行转型的重要方向。国际经验表明，住宅政策性金融是现代政策性金融的重要组成部分，是政府对住宅产业实施宏观调控、实现中低收入人群住宅有效供给的重要手段。以日本为例：日本的住房投资占GDP比重长期维持在5%左右，其中日本的住宅政策性金融机构（住宅金融公库）的占比约为30%。类比中国（GDP以50万亿元/年计算），住房投资需求约2.5万亿元/年，贷款需求可以达到2万亿元/年。

住宅政策性金融业务的基本模式是：依托国家信用发行中长期债券，为中低收入家庭提供住房抵押贷款，进而通过住房抵押贷款的证券化为二级市场提供流动性。以日本住宅金融公库为例：其资金来源采用独特的财政投融资体制，即将长期的邮政储蓄、福利养老金、国民养老金和简易人寿保险等靠国家信用归集起来的资金与财政预算资金协调运用，为公共团体、符合政府住房政策的民间住宅开发企业和个人提供服务。其业务范围涵盖个人房贷、中低收入住房开发、公租房开发等方面，贷款利率为 3 年期定期存款利率或 10 年期国债利率，采用了与商业银行相结合的运营模式。

国家开发银行发展住宅政策性金融业务具备比较优势。国家开发银行在发行中长期债券、资产证券化、地方政府合作等方面具备了成熟的运作经验，并且是支持棚户区改造等保障性安居工程建设的主力银行，发展住宅政策性金融业务基础较好。2005 年，国家开发银行在辽宁首创大规模棚户区改造，累计发放保障性安居工程贷款 6235 亿元，余额 4363 亿元，惠及 835 万户中低收入家庭，贷款行业占比达 60%。

一是依托国家信用，提供成本相对较低、稳定的融资来源。开发性金融依托国家信用发行金融债券，高效率地把小额、零散、短期的个人储蓄资金转化为集中、大额、长期建设资金。开发性金融运用综合金融手段，如过桥贷款、债贷组合、投贷结合等，有效减轻了项目建设的资本压力，多渠道筹集和引导社会资金。根据《国务院关于加快棚户区改造工作的意见》提出的 5 年 1000 万户的棚改目标，设计总投资约 2.5 万亿元。国家开发银行将安排棚户区改造专项贷款 7000 亿元，其中过桥贷款 1000 亿元。

二是发挥政府与市场的桥梁作用，有效控制风险。开发性金融不断完善运作模式，以开发性方法和市场化运作，推动信用建设、市场建设、规划制度建设，弥补市场空白和缺损，同时推动建立"政府政策主导、专门机构实施、开发性金融支持、社会公众监督"的"四位一体"建设体系。

开发性金融与地方政府深入合作，能通过规划先行从源头上控制风险。通过规划先行，实现成批量、成系统、高效率的项目开发与构造；编制融资规划，将项目建设建立在符合地方经济社会发展方向和财力增长趋势的基础之上。

开发性金融可通过与地方政府合作，整合资源，搭建市场化运作的融资平台，推进企业治理结构、法人、现金流和信用四项建设，构建严格的资金"借、用、管、还"运作机制，使借款人逐步具备市场化独立运作的能力和融资、还款能力。

开发性金融可力促省级统贷平台建设，推动"统一评级、统一授信、统借统还"，促进地方编制和完善资产负债表，落实还款保证机制，从总量、结构上控制风险。统一评级，即对各级地方政府资信进行评级，动态调整，严格审查资产负债表，设立负债"天花板"。统一授信，即在统一评级的基础上，对各类客户统一授信，控制债务融资额度，使各金融机构在授信范围内投资和贷款，避免投融资总量失控。统借统还，即按项目、客户、行业进行统一评审，完善信用结构，测算效益平衡，以丰补歉，控制信贷风险。

国开行改革的重要布局

建立住宅金融事业部，将推动完善国家开发银行的集团架构，提升公司治理水平。就国家开发银行改革而言，搭建集团架构是其中的关键环节。集团架构将为政策性业务的后续制度安排和政策配套提供前提。住宅金融作为新业务，以事业部方式开始试点，改革阻力相对较小，改革成本相对较低，将来还可以过渡到政策性业务的子公司模式。在当前全面解决债信问题有困难的情况下，通过事业部的安排为住宅金融业务单独提供国家债信支持，具备较强的可操作性，可有效降低协调成本。同样，以住宅金融事业部为试点，可以为差异化监管、差异化考核以及后续的立法积累经验。

住宅金融事业部是国家开发银行设立的支持国家棚户区改造等保障性安居工程建设的特设机构。住宅金融事业部作为搭建集团架构的突破口，向上对接国家住宅政策、规划，向下深化与地方政府的合作，横向发挥对商业银行和社会资金的引导作用，有利于充分发挥国家开发银行作用，更好地支持棚户区改造等保障性安居工程建设。住宅金融事业部将坚持"政策业务、市场运作、自主经营、自我约束、单独核算、保本微利、高效透明"的经营原则，依托开发银行整体优势和中长期投融资特点，发挥开发性金融建设市场、制度、规则和融资融智的功能，建立权责利相结合的经营管理体系和运行机制，加强风险管控，实现住宅金融业务的集约化、专业化管理和长期可持续发展。

住房金融制度的全球经验[*]

党的十八届三中全会提出研究建立城市基础设施、住宅政策性金融机构。2014 年 4 月，国务院总理李克强主持召开国务院常务会议提出，由国家开发银行成立专门机构，实行单独核算，采取市场化方式发行住宅金融专项债券，向邮储等金融机构和其他投资者筹资，重点用于支持棚户区改造及城市基础设施等相关工程建设。当前，国家开发银行正在加快组建住宅金融事业部。

正在完善中的中国住房金融制度需要借鉴他山之石。对德国、新加坡、日本、英国、美国和中国香港的住房金融制度进行的比较研究发现，各地住房金融制度虽然呈现出显著的差异，但殊途同归，都能够较好地满足当地居民的住房需求，有效推动当地经济社会发展。

德国住房储蓄银行制度

德国的住房储蓄银行制度以自愿互助性储蓄为主，政府奖励为辅。一方面，由储蓄者与专门银行签订住房储蓄合同，先进行一段时间和一定数额的存款（一般 5~7 年，存款达到房价的 50%），在满足贷款条件后获得贷款用于住宅的购买与建造。另外政府对于积极参加储蓄的居民提供总额相对于购房金额的 10% 作为奖励，并实行多种减免退税政策。

德国住房储蓄银行制度的主要特点有：一是制度安排的专营性保证了资金运用的谨慎性。德国住房储蓄银行是根据特定法律设立的，除住房储蓄外不能从事其他金融业务。同时住房储蓄银行虽然属于政策性金融机构，但是采用了企业化经营管理模式，具有财产与风险的硬性约束，有利于相关责任方规范信贷行为，降低经营成本，避免盲目决策，提高经营效率。二是贷款机制合理，储蓄者权利义务分明。这种机制逆向作用于储蓄者，使之根据自己的实际能力来选择存贷金额，既保证了住房资金的长期充足，也在一定程度上规避了信用风险。而一整套贷款筛选机制，保证了贷款分配的公开、公正、公平。三是运行体系的封闭性与独立性。将住房储蓄与其他资本市场隔

* 本文发表于 2014 年第 13 期的《财经国家周刊》。

离的安排保证了住房储蓄市场长期稳定，避免随着经济的起伏产生大范围的波动。

新加坡的住房公积金制度

按照产权划分，新加坡的住房可以分为政府组屋和私人房产两种。其中政府组屋占新加坡房地产的绝大部分，并承担着保障性住房的职能。

新加坡政府组屋的全部相关事项都由建屋发展局（Housing Development Board，HDB）负责，它是新加坡政府组屋政策制度和融资方式高效运行的核心部分。

新加坡政府对建屋发展局的支持体现在以下几个方面：一是颁布了《土地征用法令》，该法令规定政府有权征用私人土地用于国家建设。根据该法令，建屋发展局可以在新加坡任何地方征用土地，且被征用的土地价格由国家确定，不受个人与市场影响。这样，建屋发展局能够以远低于市价的价格获得土地，从而从根本上保障了大规模的政府组屋建设。二是政府能够以低于市场利率 0.5 ~ 1 个百分点的价格向建屋发展局提供低息贷款，用于政府组屋建设。三是由于建屋发展局不仅负责建造、出租、出售政府组屋，还负责其周边基础设施建设及其维修管理，所以政府还从每年财政预算中安排专项的运营补贴。

新加坡法律规定所有新加坡公民和有永久居留权的居民都必须参与公积金储蓄计划。目前，每月缴存的公积金占居民收入的 10% 左右。庞大的公积金存款不仅为建设政府组屋提供了有力的保障，而且新加坡居民可以提取的公积金基本能够覆盖其购买政府组屋的支出，也大大减轻了居民的相关负担。

日本的住宅金融公库制度

1950 年日本颁布《住宅金融公库法》，由政府全额注资成立了特殊法人——住宅金融公库。住宅金融公库的主要业务范围包括：为个人建房购房提供金融服务；为公营和公团开发面向中低收入者住宅提供资金支持；为民间企业开发租赁性住房提供长期低息资金支持；为旧城改造、城市重建提供金融支持等。

日本的住宅金融公库制度的主要特点有：一是机构相对独立，与政府行政机构分离；二是业务专业性较强，既不实行行政化管理，也不以盈利为目的；三是由大藏省和相关产业主管部门监管，而非中央银行；四是资金投向由市场需求决定。

住宅金融公库的资本金完全来自政府注资，但其运营资金并不来自政府的财政拨款，而是来自日本独特的财政投资融资体制，即"将长期的邮政储蓄、福利养老金、国民养老金和简易人寿保险等靠国家信用归集起来的资金与财政预算资金相协调，有偿借贷给公共团体，符合政府住房政策的民间住宅开发企业和个人的运作体系"。

除了以上财政投资融资体制的贷款，日本住宅金融公库的营运资金还来自以下几个方面：中央政府给予的息差补贴；以公营特殊法人名义发行的特殊债券；回收的借贷资金等。

英国的 PPP 模式

英国在保障性住房方面已经发展出一套完整的体系，其融资体系中占有重要地位的就是 PPP 模式。

英国保障性住房的基本建设方式是：中央政府提供补贴，地方政府负责投资、规划和管理保障性住房，具体负责部门是地方政府下属的住房管理局，而保障性住房的实际建设则由私营公司完成。此外，英国还通过给予住房协会（Housing Association）和 RSL（Registered Social Landlord）等机构一些优惠政策，如低息贷款和财政补贴等，使其作为 PPP 的一个环节执行保障性住房政策，保证居民的基本居住需求得到满足。

英国 PPP 模式的主要特点有：一是政府可以用低廉成本保证住房建设；二是政府和私人部门均可以获得相应利益；三是分工明确，中央政府提供补贴，地方负责投资、规划与管理，实际建设由私营公司完成。

中国香港特区的 RETs 模式

REITs 源于 19 世纪的美国，但是直到 20 世纪 70 年代之后才进入高速发展时期，目前 REITs 广泛存在于美国、欧洲、澳大利亚、日本、韩国、新加坡、中国香港等市场经济和证券市场较为发达的国家和地区，为房地产投资建设筹集了大量的资金。

中国香港特区 REITs 的主要特点：一是对投资区域的限制。最初规定 REITs 只能投资于香港的房地产，而其他国家和地区则没有类似规定。在几年的稳定实践后，目前香港 REITs 地域限制已经取消。二是拥有较高的收入分配限制。香港《房地产投资信托基金守则》明确规定，REITs 每年应将税后净收入的 90% 以上以股息的形式分配给持有人，这个要求是相对较为苛刻的。三是推动因素不同。在以美国为代表的国家和地区，REITs 的发展基本是由税收优惠进行驱动，而在中国香港，由于 REITs 面临着双重课税，所以主要驱动因素依然是市场活跃与较高的回报率。

美国的住房抵押贷款证券化模式

住房抵押贷款证券化起源于美国 20 世纪 60 年代末，是最早出现的资产证券化品种。1970 年，美国政府国民抵押协会（Government National Mortgage Association，GNMA 或 Gin - nie Mae，简称"吉利美"）推出了第一只住房抵押贷款证券，这也标志着资产证券化时代的开始。

随后，由联邦发起的两大抵押贷款公司——联邦国民抵押协会（Federal National Mortgage Association，FNMA 或 Fannie Mae，简称"房利美"）和联邦住房抵押贷款公司（Federal Home Loan Mortgage Corporation，FHLMC 或 Freddie Mac，简称"房地美"）纷纷仿效，分别于 1971 年和 1981 年以其持有的住房抵押贷款为基础资产发行住房抵押贷款证券。由于住房抵押贷款证券能使发放住房抵押贷款的金融机构以较低的成本融得资金，转移信用风险、利率风险等，同时由于有政府或准政府机构的担保，投资者将住房抵押贷款证券视为高流动性、低风险证券，因此住房抵押贷款证券一经问世便迅速发展。

美国的住房抵押贷款证券化模式的主要特点有：一是具有健全的住房金融体系。发达且完备的住房金融体系是美国住房贷款证券市场建设最重要的基石。二是政府为住房抵押贷款证券提供一定担保。三是完善的法律体系和规则为其提供有利的政策环境。四是有统一的贷款制度和标准化合约，使市场交易更加规范。

可以看出，美国模式是在政府的全面协调下，结合市场化方式运作的。美国政府通过建立健全的住房金融体系、为弱势群体提供担保服务、完善法律及相应会计、税收等制度建设、维护市场秩序等对市场进行全面协调，这在住房抵押贷款证券化的运作中至关重要。这种模式极大地促进了美国住房抵押贷款市场的发展。

村镇银行的普惠力量[*]

村镇银行是农村金融体系的重要组成部分。国家开发银行创新运用开发性金融原理，整合各方力量，建立完善了"以市县合作为基础，以平台与合作机构建设为手段，以多级风险分担和补偿为保障"的融资机制和村镇银行经营发展模式，为金融支持现代农业发展和新农村建设，实现金融普惠，探索出了一条符合中国国情的新路。

我国村镇银行快速发展

党的十八届三中全会对深化农村改革做了全面部署，当前推进的以土地确权和土地流转为核心的农村土地制度改革，包括土地的节约集约利用和试点建立经营性建设用地入市制度等，将进一步释放人力资本、增加土地资源供给、优化资源配置，为我国"三农"发展注入新动力。传统的农业生产已经逐步向综合发展、综合经营的产、购、销、加工、流通相结合的现代农业生产方式转变，农村经济发展面临新机遇。农村地区对金融服务的需求越来越表现出多层次、主体多样化、地区发展不平衡等特征，农村资金需求缺口很大，农村金融服务存在广阔发展空间。据测算，截至 2014 年上半年，我国全部金融机构农业贷款余额达 3.25 万亿元，比 2013 年末增长 7.56%。2014年我国农业固定资产投资额超过 1.1 万亿元，同比增长约 27%，尽管预计未来增速有所回落，但农业领域投资增速仍将保持高位，预计达 20% 左右。

村镇银行作为农村金融体系中的新兴力量，对于发展现代农业、支持新农村建设和实现金融普惠有重大意义。发展村镇银行能够增加金融服务提供主体，弥补农村金融服务的不足，缓解"三农"和小微企业贷款难问题；引入竞争，改变农村金融机构形式单一、效率低下的旧格局，为农村金融市场注入活力；为商业银行提供跨区经营的渠道，为民间资本参与金融市场提供广阔空间，促进农村资金回流，缓解地区发展不平衡问题；有助于发挥贴近市场、企业和农民的优势，创新商业模式，满足村镇多元化发展的金融需求。

* 本文发表于 2015 年第 4 期的《中国金融》。

多项政策优惠和发展优势，如注册资本低、无营运资金限制、创新的金融产品、灵活的公司治理、财政补贴和税收优惠、75% 存贷比五年缓冲期等，吸引了很多金融机构纷纷发起设立村镇银行。自 2006 年 12 月银监会发布《关于调整放宽农村地区银行业金融机构准入政策，更好支持社会主义新农村建设的若干意见》以来，村镇银行经历前三年的缓慢发展，2010 年开始相对明显地扩张。根据银监会数据，截至 2013 年末，全国 31 个省份设立村镇银行，覆盖 57.6% 的县（市），覆盖国定贫困县 182 个，占国定贫困县总数的 31%。从地区分布来看，东部地区村镇银行数量在全国占比最高（33.9%），增速最快（30%），西部地区村镇银行数量占比 30.2%，中部地区占比 24.4%，东北地区占比 15.5%。村镇银行已发展成为支农支小的金融生力军和民间资本投资银行业的重要渠道。截至 2013 年末，村镇银行农户和小微企业贷款余额达 3280 亿元，占各项贷款余额的 90%，累计向 129 万农户发放贷款达 3808 亿元，向 35 万户小微企业发放贷款 6427 亿元，有 4000 多家企业股东和 8000 多名自然人股东投资村镇银行。

开发性金融的村镇银行发展新模式

开发性金融以国家信用为依托，以资金运用保本微利为原则，以市场化为基本运作模式，以建设市场、信用、制度为核心原理，以规划先行为工作切入点，以银政合作和社会共建为主要抓手，以中长期投融资推动为载体，支持现代农业发展和新农村建设，助力金融普惠。如，在支持现代农业发展的过程中，开发性金融提前介入项目规划，帮助客户制订融资方案，设计贷款品种和期限，整合信用资源，搭建信用结构；为化解中小企业融资难的问题，开发性金融创新形成组织平台、融资平台、担保平台、公示平台和中小企业信用协会的"四台一会"贷款业务模式，为中小企业培育"造血"机能，以批发的方式解决零售问题。

面对农村金融成本高、收益低、抗风险能力不强、缺乏有效抵质押物等问题，开发性金融创新村镇银行经营发展模式，整合政府、人民银行、国家开发银行、担保公司和保险机构等各方力量，在有效控制风险的基础上，建立起了"以市县合作为基础，以平台与合作机构建设为手段，以多级风险分担和补偿为保障"的融资机制，形成村镇银行现代农业贷款模式。政府提供政策支持，对符合条件的项目给予资金补贴，或提供贷款的风险补偿金和担保基金；人民银行为村镇银行提供支农再贷款，对符合贷款投向的涉农项目提供流动性支持；国家开发银行利用投、贷、债、租、证的综合金融服务优势，融资融智；村镇银行实施和发放贷款，大力支持当地农业和小微企业发展。

开发性金融支持村镇银行发展的业务模式有如下特点：第一，引入央行的政策指导和流动性支持，为该模式的发展提供了政策保障。第二，借助政府组织增信，成立专业农业担保公司，引入农业补贴资金、扶贫基金等增加担保实力，扩大融资规模。第三，与政府合作，整合农村信用资源，选择符合贷款投向的家庭农场、种植大户、专业合作社和加工物流业为贷款主体，搭建生产、加工平台，建立直贷模式，资金封闭运行，对合作社农户进行组织化、批量化贷款。第四，建立多级风险保障体系和贷款止损机制。合作社社员按一定资金比例存入银行专户的风险金作为第一级风险补偿金；担保公司为担保范围内的贷款提供担保作为第二级风险分担；保险公司以农业保单形式提供第三级风险补偿，化解村镇银行涉农贷款风险。第五，建立了在公示平台基础上的信用体系建设。

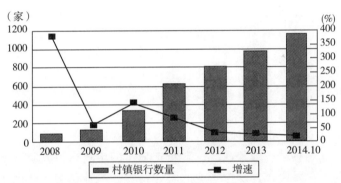

数据来源：中国银监会网站。

图1　2008—2014 年第三季度我国村镇银行数量及增速

自 2007 年 3 月国家开发银行发起成立第一家村镇银行——甘肃平凉汇通村镇银行以来，截至 2014 年第三季度，国家开发银行共投资设立 15 家村镇银行及 4 家支行，资产总额达 119.5 亿元，负债总额 96.8 亿元，贷款余额 66.6 亿元，农户和小微贷款占比 90.7%，实现净利润 1.9 亿元。村镇银行日益成为开发性金融支持"三农"、民生等基层金融业务的重要组成部分，极大地支持了当地特色产业和龙头企业的发展。吉林镇赉国开村镇银行创新贷款模式，支持烤烟种植成为镇赉县的特色产业。青海大通村镇银行设计开创了"国开农贷"模式，自 2013 年以来，通过该模式发放涉农贷款占总额的 80%，涉及设施农业、食品加工业、养殖业、批发零售业等多个行业，支持了当地现代设施农业的发展。巴中国开村镇银行克服农户贷款单笔需求小、需求数多的困难，推出"农户、专业合作社、担保公司、银行"相结合的信贷模式，采用动产抵押、存货质押、股权质押、订单融资等多种担保形式，稳步推进当地"三农"发展。湖北宜城村镇银行积极发放养殖专业户和粮食加工企业贷款，填补原先的农村金融空白。达拉特村镇银行的青年创业贷款、农民工创业贷款，解决了达拉特旗青年创业群体集中、创业融资难的问题。

村镇银行发展展望

当前，我国村镇银行的发展仍面临一些瓶颈问题。一是资金来源渠道受限。由于村镇银行成立时间短，总体认可度不高，较少开展银行卡业务和异地通存通兑业务等，严重制约了村镇银行存款规模的增加。此外，很多较早设立的村镇银行五年存贷比考核缓冲期满，面临很大的存款压力和考验。二是法人治理结构存在制约，业务易与主发起行同质化。主发起行最低持股比例为15%，处于主导地位，易导致村镇银行与主发起银行运营模式、体制机制、经营管理趋同。三是风险控制有待提高。村镇银行的农业贷款以信用贷款为主，往往缺乏抵质押物，即使有也常受各种条件制约难以变现，贷款风险的可控性较差。针对村镇银行发展中的制约因素，需政府、监管机构进一步加强引导，促进村镇银行的可持续发展。

第一，村镇银行要坚持政策定位，因地制宜地实现差异化发展。村镇银行应明确"立足县域、服务社区、支农支小"的市场定位，制定支农支小发展战略，创新发展模式，发挥当地的农业特色和产业优势，合理布局。银行业监管机构可出台配套相关政策和激励机制，鼓励在中西部地区发展村镇银行，吸收孟加拉国乡村银行覆盖面广的特点，深入支持"三农"、小微企业、社区的经济发展，稳固农村金融市场的客户基础和重要地位。在城市化水平相对较高地区设立的村镇银行，可借鉴美国社区银行模式，立足社区，吸收当地存款用于当地建设，综合评价借款人的个性化因素。

第二，村镇银行要进一步完善法人治理结构。主发起行应按照"不缺位、不越位"的原则，履行股东职责。村镇银行应不断提高自我管理、创新发展、自负盈亏的能力，在获得主发起行支持的同时，不断完善法人治理结构，坚持股权民营化和股东本土化原则，通过民资的引入，有效化解法人银行经营风险、优化股权结构、健全治理机制和提高管理水平。2014年12月15日，银监会发布《关于进一步促进村镇银行健康发展的指导意见》，进一步加大了民间资本引入力度，此举将为村镇银行的健康发展营造更加良好的条件。

　　第三，村镇银行应进一步完善风险处置机制。受经济放缓和区域经济下行影响，部分村镇银行不良资产和潜在风险有所增加，对信用风险、流动性风险和操作风险都需严格把控。应建立切实有效的风险识别、评估、处理和预警机制，严格信贷审批流程，深入调查，健全客户的资信档案，可借鉴孟加拉国乡村银行经验，建立信用自律组织，通过农户的联保自控机制，防范金融风险。联合农户、合作社、担保公司和保险公司，建立多级风险防范和补偿机制以及止损机制。适当增加政府对村镇银行的财政税收支持力度，解决财政补贴和税收优惠不能按期落实等问题，为村镇银行发展创造良好的环境。

　　第四，探索尝试互联网金融解决"造血难"问题。互联网金融能在资金需求方和供给方之间提供有别于传统银行业和证券市场的新渠道，利用大数据分析解决信息不对称和信用问题，提供更多样化的金融产品，提高资金融通效率，有利于降低交易成本和分散风险，目前发展势头迅猛。为应对村镇银行资金来源困难和存贷比考核压力，目前，已出现村镇银行逐步尝试和探索与互联网金融 P2P 平台的合作。其做法是由村镇银行向 P2P 平台推荐授信客户作为借款人，平台通过网络募集资金，村镇银行出具融资性保函，为投资者的本息兑付提供连带责任担保。这种合作的可行性、P2P 平台的选择和风险的把控，亟待监管部门综合考虑，在探索创新村镇银行发展模式、进一步支持县域经济发展的同时，严格把控风险。

开发性金融智库建设[*]

2015 年 4 月 12 日，国务院批复同意《国家开发银行深化改革方案》，国家开发银行（以下简称"国开行"）开发性金融机构的定位得以明确。作为开发性金融机构，国开行始终把为各级政府、企业提供智库服务作为其工作的重要内容，智库服务已成为开发性金融发挥其独特作用的核心元素。

多年来，智库服务支撑开行创新发展，以市场化服务国家发展战略，向我国基础设施建设、棚户区改造、新型城镇化建设、支持"走出去"等经济建设重点领域和薄弱环节提供大量资金支持，凸显了中长期投融资和开发性金融对我国经济社会发展的重要作用。

开发性金融中的智库元素

回顾过去，国开行立足于中长期投融资的市场定位和中国特有的国情，成就了国开行智库不同于普通智库的独特价值，集中体现在以下方面：

首先，与地方政府开展合作，是国开行推进开发性金融实践的重要抓手，也是智库有效发挥作用的重要平台。伴随着中国的体制改革和城市化进程，国开行主动创新金融合作方式，把地方政府"自上而下"的组织优势运用起来，遵循市场经济的基本规律来发展经济，不断探索和完善开发性金融合作框架，使银政合作逐渐形成、发展和深化，实现了三次大的飞跃，为国开行支持地方发展提供强有力的保障。一是金融合作阶段，以安徽芜湖城市基础设施建设为标志，在合作中强调项目信用，以政府协调为载体，有效地促进了本息回收和提高资产质量。二是信用合作阶段，以云南省级政府信用评审工作为标志，政府组织协调优势和国开行融资优势实现进一步融合，建立了长期稳定的完善信用结构合作，强调构造社会信用体系。三是开发性金融合作阶段，以制定《开发性金融合作协议》框架为标志，建立开发性金融合作机制，强调以市场建设为核心。

其次，建设市场，培育项目，是国开行智库工作的核心内容。与商业金

* 本文发表于 2015 年第 11 期的《中国金融》。

融被动运用制度和市场不同，开发性金融是主动地运用和依托国家信用进行制度建设和市场建设，在没有市场的地方建设市场，在有市场的地方充分利用和完善市场。

在运行中，开发性金融不直接进入已经高度成熟的商业化领域，而是从不成熟的市场做起。多年来，开发性金融在没有先例可循的情况下，坚持培育市场，培育项目。只要是市场缺损、法人等制度缺损，而又有光明市场前景的投融资领域，能够进行制度建设的、以整合体制资源获得盈利的，特别是政府关注的热点和难点，都是开发性金融发挥作用的领域。通过市场建设、制度建设和信用建设手段，国开行沿着政府路径，以融资为杠杆，对项目法人进行孵化、培育、完善、考核，推动治理结构、法人、现金流和信用的建设，使国家信用、银行信用、地方政府信用转化成企业信用，培育出大小不一的市场主体。如，在城镇化建设领域，以市场化方式支持城市基础设施建设，把过去完全依靠财政资金、道德风险巨大的领域变成可以市场化运作和商业资金可以进入的成熟领域；在普惠金融领域，主动培育市场机制，支持保障性住房、中小企业、助学贷款等。

最后，规划先行，统筹全局，是国开行智库支持科学发展的利器。规划先行是开发性金融的重要原理，是中长期投融资提高前瞻性、把握主动性的重要途径。中长期、大额投融资的业务特点要求国开行坚持规划先行。规划先行要求不仅局限于具体的单个项目，而是要站在全局发展的高度，统筹考虑，立足中长期，科学确定经济社会发展的目标和路径。

实践中，国开行紧密围绕国家经济外交战略、区域协调发展、产业转型升级、重点领域建设开展规划研究工作，注重发挥规划先行的战略谋划功能，为指导国开行发展，巩固优势，保持主动，推进业务提供支撑。通过规划先行深化与各方合作，赢得发展空间，巩固国开行在经济社会发展全局中的战略地位；通过规划先行抓住发展源头，成批量、成系统、高效率地开发构造项目；通过规划先行把风险防范向前延伸，提升融资质量和效率，避免走弯路和盲目重复建设；最终把国开行建设成为以规划拉动的金融机构，全面提升应对市场竞争的能力和运行效率。

新时期开发性金融运作模式的完善

根据国务院批复的《国家开发银行深化改革方案》，新时期国开行要进一步完善开发性金融运作模式，积极发挥在稳增长、调结构等方面的重要作用，加大对重点领域和薄弱环节的支持力度。

面对下行压力不断加大的经济形势，深刻变化的金融环境和全面深化改革的繁重任务，开发性金融运作模式的完善，关键在于要坚持开发性金融机构定位，适应市场化、国际化新形势，充分利用服务国家战略、依托信用支持、保本微利的优势，发挥好国开行智库研究的支持作用。

一是要进一步完善和发展银政合作模式。新时期，国开行要适应政府职能转变和财税体制改革的要求，主动作为、探索实践，不断深化银政合作，大力推进投融资模式创新。一方面，加大探索力度，发挥创新引领作用，破解中长期投融资难题。利用开发性金融介于政府与市场之间的职能优势，培育市场主体、建设市场信用、完善市场机制、激发市场活力，积极引领社会资金，以更符合市场化要求的运行方式，服务国家发展战略。另一方面，加快推进融资模式创新，从促进政府职能转变、激发市场活力的高度去认识和创新政府类项目融资机制，通过深化银政合作，帮助地方政府完善 PPP（政府与社会资本合作）、政府采购模式，推动设计政府和社会资本利益共享、风险共担机制，协调落实财政贴息、奖补支持政策，引导社会资本进入公共设施领域。支持地方政府和融资平台建立新型契约合作关系，推进融资平台市场化转型，继续承担城市建设职能。

二是要平衡好服务国家战略和自身可持续发展的关系。与商业金融不同，开发性金融服务国家战略，项目战略意义大，社会经济综合效益良好，但自身财务自偿性低，贷款额度大、周期长，还款资金来源与贷款资金的使用用途不一定严格对称。为更好发挥开发性金融在重点领域、薄弱环节和关键时期的"供血"功能和骨干作用，应在以市场化方式服务国家战略的同时注重和保持整体的财务可平衡性与机构发展的可持续性，必须坚持"服务战略、管控风险、合理盈利"的经营方针，持续推进降本增效，向管理要效益、向创新要效益、向风控要效益、向服务要效益，深化综合金融服务，拓展中间业务收入，稳步提升非利息收入占比，确保国开行保本微利，不断增强内源性资本补充能力。

建设国开行智库的研究体系

党中央、国务院 2015 年初印发了《关于加强中国特色新型智库建设的意见》（以下简称《意见》）。《意见》明确指出中国特色新型智库是党和政府科学民主依法决策的重要支撑，是推进国家治理体系和治理能力现代化的重要内容，是国家软实力的重要组成部分。《意见》从顶层设计、管理体制、保障体系、组织领导等方面为中国智库的发展指明方向，并为其拓展提供了广阔的舞台。

新的形势为国开行智库的建设和发展提供了新的机遇和挑战。为了在日趋激烈的竞争中继续保持竞争力与政策影响力，国开行智库须进一步突出自身特点，完善研究体系，打造"拳头产品"，树立"智库品牌"。

一是坚持战略研究和对策研究双轮驱动。高质量的研究是智库发挥影响力的前提。战略研究方面，应坚持"全球视野，国家战略，开行作用"的研究导向，密切关注国内外宏观经济形势和金融市场变化，高度警惕各类潜在的风险隐患，准确把握国家最新方针和政策思路，注重对国民经济发展的深层次重大问题的长期跟踪研究，保持研究的前瞻性和形势研判的准确性；对策研究方面，应加强和完善与各类服务对象的沟通，准确把握研究需求，开展调查研究，深入基层，及时提供切合实际并有针对性的政策建议。

二是强化资源整合和品牌建设。资源整合方面，应充分发挥和利用国开行自身的优势，着力构建研究资源平台。一是要汇集总行及分支机构的研究力量，形成合力，在实践中总结，在研究中推动业务发展；二是要坚持"开门办智库"，与国内外各类研究机构实现互通有无和优势互补，集思广益，在深化合作中谋求共同发展。建设品牌方面，借鉴国内外一流智库的经验，打造"拳头产品"。进一步探索建设"国开智库"系列出版物，不断强化国开行智库的品牌形象。

后 记

　　开发性金融是一种独特的金融形态。伴随着中国的发展，开发性金融在中国经济社会发展全局中的独有作用日益获得各界人士的重视和认同。近日，国务院批复同意《国家开发银行深化改革方案》，明确将开发银行定位为开发性金融机构，寄望开发银行在重点领域、薄弱环节和关键时期继续发挥独特作用，这对我们每位开行人既是一种鼓励，更是一种鞭策。

　　究竟如何理解当前的中国经济形势？经济新常态下，如何更好地发挥开发性金融的作用？全面深化改革背景下，如何助力政府实现职能转变？如何实现开发银行自身的可持续发展？这些问题构成了研究院同仁日常工作中研究思考的核心内容。本文集正是对我们一段时间以来所思所想的一个记录和小结。

　　2014年全年，开发银行取得了优良的业绩，资产从8万亿元增长到10万亿元，在稳增长、调结构和促改革中日益发挥了举足轻重的作用。面对日益激烈的市场竞争，优良业绩的取得离不开开发银行一线工作人员在实践中的不断创新。记录和总结开发银行的创新实践构成了本文集另一块重要内容。

　　这里要特别感谢付建敏、纪飞峰、陆俊秀、邵峥、龙岩、孙柯洋、王福卿和耿晶晶几位同事。他们是我研究工作的得力助手，为这些文章的顺利发表倾注了大量的心血，取得了丰富的研究成果。与他们的讨论给了我很多灵感和帮助，使我获益良多。看到年轻人的不断成长也使我倍感欣慰。

　　我们心中都有一个共同的愿望。我们希望通过自己的研究工作为开发银行的发展添砖加瓦，为中国的改革发展建言献策，为开发性金融事业贡献力量。

郭濂

二〇一五年六月一日